Spahn-Skrotzki

Klimabildung – Leitlinien für alle Schulen und Fächer

AF630614

Mit dem untenstehenden Download-Code erhalten Sie die PDF-Version dieses Buches.

So laden Sie Ihr E-Book inside herunter:

1. Öffnen Sie die Website: http://www.beltz.de/ebookinside
2. Geben Sie den untenstehenden Download-Code ein und füllen Sie das Formular aus.
3. Mit dem Klick auf den Button am Ende des Formulars erhalten Sie Ihren persönlichen Download-Link.
   [Für den Einsatz des E-Books in einer Institution fragen Sie bitte nach einem individuellen Angebot unseres Vertriebs: buchservice@beltz.de. Nennen Sie uns dazu die Zahl der Nutzer, für die das E-Book zur Verfügung gestellt werden soll.]
4. Der Code ist nur einmal gültig. Bitte speichern Sie die Datei auf Ihrem Computer.
5. Beachten Sie bitte, dass es sich bei Ihrem Download um eine Einzelnutzerlizenz handelt. Das E-Book ist für Ihren persönlichen Gebrauch bestimmt.

Download-Code

63PC26W92F

Für meine Kinder und alle jungen Menschen.

Gudrun Spahn-Skrotzki

Klimabildung – Leitlinien für alle Schulen und Fächer

BELTZ

PD Dr. Gudrun Spahn-Skrotzki ist Lehrerin für die Sek I und II und Privatdozentin und Lehrbeauftragte an der Universität Kassel. Sie bietet seit vielen Jahren Seminare zu Klima- und BNE-Themen in der Ausbildung von Lehramtsstudierenden an. Bei der Deutschen Klimastiftung in Bremerhaven hatte sie die Projektleitung für den Aufbau des KlimaBildungszentrums. Sie engagiert sich bei Scientists for Future und ist Mitglied in einer Themenwerkstatt des Klimarats der Stadt Kassel. Mit dem »Informationszentrum Verantwortlich Handeln« bietet sie Fortbildungen für Lehrkräfte und Schulen an und hält Vorträge. Veröffentlichungen zur Klima- und Biodiversitätsproblematik.

E-Mail: g.spahnsk@posteo.de

FSC www.fsc.org MIX Papier aus verantwortungsvollen Quellen FSC® C089473

Dieses Buch ist erhältlich als:
ISBN 978-3-407-25925-7 Print
ISBN 978-3-407-36932-1 E-Book (PDF)

1. Auflage 2023

in der Verlagsgruppe Beltz · Weinheim Basel
Werderstraße 10, 69469 Weinheim

Lektorat: Heike Chan Hin
Umschlaggestaltung: Michael Matl
Umschlagabbildung: © Gudrun Spahn-Skrotzki

Satz und Herstellung: Michael Matl
Druck und Bindung: Beltz Grafische Betriebe, Bad Langensalza
Beltz Grafische Betriebe ist ein klimaneutrales Unternehmen (ID 15985-2104-100).
Printed in Germany

Weitere Informationen zu unseren Autor:innen und Titeln finden Sie unter: www.beltz.de

Inhalt

PRAXIS

Vorwort von Mojib Latif

Vor nunmehr 50 Jahren, 1972, veröffentlichte der Club of Rome – der Club ist ein Zusammenschluss von Experten verschiedener Disziplinen – den Bericht »Die Grenzen des Wachstums«. Dieser Bericht zur Lage der Menschheit warnte vor dem Zusammenbruch der menschlichen Zivilisation innerhalb der nächsten 100 Jahre, also noch im Verlauf dieses Jahrhunderts sollten sich die damals beobachteten Trends wie zum Beispiel das Bevölkerungswachstum, das Wirtschaftswachstum auf Kosten der natürlichen Ressourcen der Erde oder die zunehmende Umweltzerstörung weiter fortsetzten. Die Welt würde ins Chaos stürzen, die Weltbevölkerung drastisch zurückgehen und in Hunger und Elend versinken.

Mit »Die Grenzen des Wachstums« hatte der Club of Rome den Menschen den Spiegel vorgehalten. Der Bericht verdeutlichte, dass ein »Weiter so, wie bisher« keine Option sei, dass man die Erde also nicht beliebig ausbeuten könne. Doch die Menschen haben die Botschaft bis heute nicht verstanden. Die Trends haben nicht nur angehalten, sie haben sich sogar noch beschleunigt. 50 Jahre später nähern wir uns tatsächlich den Wachstumsgrenzen, und einige haben wir längst überschritten. Das ist in vielerlei Hinsicht sicht- und spürbar. Beispiele sind die durch die Menschen verursachte Klimakrise und deren Auswirkungen wie die Zunahme von Wetterextremen oder die steigenden Meeresspiegel wie auch die Zerstörung von Landflächen, die Verschmutzung der Weltmeere mit Plastikmüll oder das Artensterben.

Die Menschen verdrängen die gewaltigen Umweltprobleme. Nehmen wir als Beispiel die Klimakrise. Die ersten quantitativen Berechnungen zur globalen Erwärmung wurden 1896 von dem schwedischen Physiker und späteren Chemienobelpreisträger Svante Arrhenius publiziert. Seine wissenschaftliche Arbeit von damals trägt den Titel »Über den Einfluss von Kohlensäure in der Luft auf die Bodentemperatur«. Mit Kohlensäure ist das Kohlendioxid (CO_2) gemeint, das Gas, das seit Beginn der Industrialisierung in großen Mengen von den Menschen in die Atmosphäre emittiert wird und für die globale Erwärmung hauptverantwortlich ist. Ende der 1980er wurden die ersten computerbasierten Klimamodelle entwickelt. Deren frühen Berechnungen stimmen mit der tatsächlichen Klimaentwicklung während der letzten Jahrzehnte sehr gut überein. In den 1990ern gelang der Nachweis, dass die Menschen für die globale Erwärmung verantwortlich sind. Diese bahnbrechenden Leistungen wurden 2021 mit dem Physiknobelpreis gewürdigt.

Offensichtlich gibt es schon lange kein Erkenntnisproblem mehr, wenn es um die Ursache der globalen Erwärmung geht. Und dennoch haben es die Menschen bisher nicht fertiggebracht, sich gegen die drohende Klimakatastrophe zu stemmen. Die alljährlichen Weltklimakonferenzen sind wirkungslos. Warum kommen wir in Sachen Klimaschutz nicht voran? Das liegt zum Teil daran, dass die Welt bei der Begrenzung der globalen Erwärmung vor einer völlig neuen Art von Herausforderung steht. Das Problem ist wegen der extrem langen Verweildauer des CO_2 in der Atmosphäre nur von allen Ländern gemeinsam zu lösen. Der Ort des CO_2-Ausstoßes ist irrelevant. Das Gas verteilt sich buchstäblich in Windeseile um den Erdball und ist damit überall wirksam. Warum sonst würden die Pole schmelzen, obwohl dort so gut wie kein CO_2 ausgestoßen wird? National kann man sich nicht vor der nahenden Klimakatastrophe schützen. Wir müssen solche Zusammenhänge begreifen. Und das fängt in der Schule an.

Der Schutz der Umwelt ist auch eine Frage der Gerechtigkeit, die man in der Schule thematisieren sollte. Die Menschen im globalen Norden sind maßgeblich für die globalen Umweltprobleme verantwortlich, aber nicht so stark von ihnen betroffen wie die Menschen im globalen Süden. Arme Menschen leiden mehr als reiche, zum Beispiel, weil sie keinen Zugang zu medizinischer Versorgung haben. Es geht auch um die Gerechtigkeit zwischen den Generationen. Die heutige Generation lebt auf Kosten der nachfolgenden Generationen. Einige Auswirkungen des Mangels an Klimaschutz beispielsweise treten erst mit einer Zeitverzögerung ein, weswegen sie vor allem unsere Kinder und deren Nachkommen treffen werden. Ein »Nach uns die Sintflut«-Denken darf es nicht geben.

Wir müssen einen ganzheitlichen Blick auf die globalen Umweltprobleme haben. Dieses Buch leistet dazu einen wichtigen Beitrag

Einleitung

Wir befinden uns inmitten einer Klimakrise, die inzwischen bedrohliche Ausmaße annimmt. Derzeit steuern wir auf eine Klimaerwärmung von mehr als drei Grad Celsius zu, was für alles Leben auf dieser Erde katastrophale Auswirkungen hat. Darüber hinaus findet ein Massenartensterben statt, das es in Anbetracht des kurzen Zeitraums so noch nie auf der Erde gegeben hat. Beide Entwicklungen gefährden zunehmend auch die menschlichen Lebensgrundlagen, insbesondere die der jungen Menschen und der kommenden Generationen.

Die Lage ist ernst und verlangt dringend nach grundlegenden Veränderungen. Dennoch passiert viel zu wenig. Den existentiellen Problemfeldern kommt immer noch viel zu wenig öffentliche Aufmerksamkeit zu. Im Bewusstsein der Menschen sind sie noch viel zu wenig angekommen oder werden ausgeblendet. In politischen Entscheidungen finden sie viel zu wenig Berücksichtigung.

Auch im Bildungsbereich, in den Schulen und im Unterricht, sind die Themen »Klima« und »Biodiversität« nicht ausreichend etabliert. Sie sind Randthemen, denen zu wenig Zeit und Raum zugebilligt werden.

Dass sich das angesichts der zunehmend dramatischer werdenden Situation dringend ändern muss, ist offenkundig. Klima- und Biodiversitätsbildung muss endlich in Schulen und im Unterricht grundlegend verortet werden, und dieses Buch möchte einen Beitrag dazu leisten.

Das Buch richtet sich an alle Lehrkräfte. Die Problematik kann nicht nur in einzelnen Fächern behandelt werden. Die Klima- und Biodiversitätskrise betrifft uns alle existentiell in vielen Bereichen, und wir alle sind gefordert, sie aufzuhalten. Sie ist die größte Herausforderung unserer Zeit, und es ist nötig, dieses endlich anzuerkennen und endlich einschneidende Veränderungen vorzunehmen. Dafür brauchen wir alle Schulen und alle Lehrer*innen! Bildung ist ein Schlüssel zu Veränderung. Schulen und alle Lehrkräfte haben die Chance, hier als wichtige Multiplikator*innen zu wirken und die notwendige gesellschaftliche Transformation zu einem verantwortlichen und nachhaltigen Lebensstil voranzutreiben. Es geht sowohl um Veränderungen bei jedem einzelnen als auch um eine grundlegende Veränderung unserer Gesellschaft und unseres Wirtschaftssystems. Es geht weiterhin darum, Akzeptanz für nötige Klimaschutzmaßnahmen zu schaffen.

In den ersten Kapiteln des Buchs wird die Problematik verdeutlicht und dargestellt, dass es keine Alternative zu grundlegenden Veränderungen gibt, wenn wir denn eine Perspektive für ein weiterhin gutes Leben auf dieser Erde haben wollen – insbesondere auch für die jungen Menschen, d. h. auch die Menschen, die jeden Tag in den Schulen unterrichtet werden.

Im Praxisteil des Buchs geht es darum, wie man Klimabildung in Schulen umsetzen kann. Klimaschutz muss gelebt werden, das ist eine Grundvoraussetzung. Wie er an Schulen umgesetzt und gelebt werden kann, wird anhand von Beispielen beschrieben. Perspektiven für die unterschiedlichen Schulformen von Grundschulen bis zur Oberstufe werden aufgezeigt, und dass jedes Fach wichtige Beiträge leisten kann, wird an vielen Beispielen demonstriert. Auch alternative Lehr-Lernformen sind wichtig für eine gute Klima- und Biodiversitätsbildung, daher werden hier sinnvolle Ansätze vorgestellt. Viele außerschulische Lernorte, die wichtige Lernerfahrungen im Bereich Klima- und Biodiversität ermöglichen, werden aufgeführt und ebenso viele (Online-)Adressen, die gute Materialien zur Verfügung stellen.

Klimabildung ist ungemein wichtig und nötig. Dieses Buch appelliert an jeden Lehrer, an jede Lehrerin, damit zu beginnen und Klimabildung in den Schulen umzusetzen – im eigenen Unterricht, im Schulleben, in Kooperationen mit den Schüler*innen, Lehrkräften, Schulleitungen, Eltern ... Die Problematik betrifft alle, und alle sind gefordert! Es geht darum, endlich zu handeln und etwas zu verändern. Es geht darum anzufangen und andere mitzunehmen. Dafür kann und muss man nicht warten, bis Verordnungen »von oben«, von den Schulämtern und Ministerien kommen. Das geht viel zu langsam und passiert noch viel zu wenig. Die Zeit drängt. Machen Sie sich auf den Weg, werden Sie Multiplikator*in, um die große gesellschaftliche Transformation für eine lebenswerte Zukunft auf diesem Planeten anzustoßen, um diese wunderbare Erde mit all ihrer verletzlichen Vielfalt und Schönheit als Lebensgrundlage für uns alle zu erhalten – und für unsere Kinder und alle, die noch kommen werden.

FAKTEN

1. Die Notwendigkeit von Klima- und Biodiversitätsbildung

1.1 Die Problematik unseres Lebensstils: Externalisierung

Der Soziologe Stephan Lessenich setzt sich in dem Buch »Neben uns die Sintflut« (Lessenich 2017a) mit den Auswirkungen unseres Lebensstils auseinander und bezeichnet unsere Gesellschaft als *Externalisierungsgesellschaft.*

Externalisieren bedeutet, dass etwas nach außen verlagert wird. Lessenich setzt den Begriff ein, um zu beschreiben, dass wir – der globale Norden – die Kosten, die unser vermeintlich gutes Leben verursacht, auf andere – insbesondere den globalen Süden – auslagern. So werden zum Beispiel die Folgen und Schädigungen, die bei der Produktion von Konsumgütern entstehen, nicht von den Verursachern getragen, sondern sie gehen zu Lasten anderer, d. h. wir lagern die Kosten für unser vermeintlich gutes Leben auf andere aus. Ein Kollektiv junger Wissenschaftler*innen (vgl. ILA-Kollektiv 2017) spricht in seiner gleichnamigen Veröffentlichung davon, dass wir »auf Kosten anderer« leben. Marktökonomisch bedeutet externalisieren, dass ein Unternehmen/ein Konzern nicht für alle Schädigungen, die durch die Produktion entstehen, aufkommt. (Vgl. Lessenich 2017b)

Ganz offenkundig ist dieser externalisierende Lebensstil gegenüber der Mitwelt (ich bevorzuge den Begriff »Mitwelt« gegenüber »Umwelt«, weil er nicht uns Menschen ins Zentrum stellt, um die herum alles andere angeordnet ist, sondern uns in Bezügen zu allem anderen Leben sieht, ausführlich dazu s. auch Kap. 2.2): Konzerne und Unternehmen müssen zum großen Teil nicht für Schäden, die bei der Produktion entstehen, aufkommen, z. B. für Luft- und Gewässerverschmutzungen, für Zerstörung von Biodiversität, für CO_2-Emissionen etc. Wenn sie dafür aufkommen müssten, wäre der Gewinn niedriger. So profitieren sie stillschweigend von Verschmutzung und Zerstörung.

Aber auch Menschen werden durch die Externalisierung beeinträchtigt, besonders massiv im globalen Süden, wo ihnen durch dort produzierende Unternehmen und Konzerne gesunde Lebensgrundlagen genommen werden bzw. sie mit ihrer Arbeitskraft Opfer der Auslagerung werden. Der globale Norden lässt fast alle seine Konsumprodukte im globalen Süden produzieren. So können dort Menschen zu Hungerlöhnen beschäftigt werden, es werden keine Sozialabgaben fällig, es können gesundheitsschädliche Substanzen eingesetzt werden etc. Der Gewinn ist dadurch für die Produzenten höher, und auch die Konsumenten profitieren durch niedrigere Preise. Tatsächlich funktioniert unser Wirtschaftssystem nach dem Prinzip: Wer am meisten ausbeutet, hat den höchsten Gewinn.

Zwischen dem Profit der einen und der Ausbeutung der anderen gibt es also einen direkten Zusammenhang. So betont Lessenich: »Wir leben gut, weil andere schlechter leben. Wir leben gut, weil wir *von* anderen leben – von dem, was andere leisten und erleiden, tun und erdulden, tragen und ertragen müssen.« (Lessenich 2017a, S. 25) Unser Wohlstand hängt direkt mit dem schlechten Leben anderer und den ökologischen Ausbeutungsstrukturen zusammen. Unser Wirtschaftssystem und unsere gesellschaftlichen Strukturen könnten nicht in der jetzigen Form existieren, ohne Ausbeutung und Plünderung der natürlichen Mitwelt und ihrer Ressourcen nach sich zu ziehen. Obwohl diese Zusammenhänge skandalös sind und unseren gesamten Lebensstil und unser Wirtschaftssystem in Frage stellen, werden sie kaum thematisiert. Warum dieses so ist, dafür führt Lessenich eine einfache Begründung an: Diese Zusammenhänge werden stillschweigend geduldet, weil wir alle davon profitieren. (Vgl. Lessenich 2017a, S. 25 ff.)

Wirtschaftsliberale Positionen führen einen »Fahrstuhleffekt« an, um die bestehenden Strukturen, zu rechtfertigen: Wenn es der Wirtschaft gut gehe, die Reichen und auch die reichen Länder immer reicher würden, zöge das alle anderen mit sich, und der Lebensstandard aller, also auch der Menschen im globalen Süden, würde steigen. (Vgl. Lessenich 2017a, S. 28 ff.)

Dass dieses nicht funktionieren kann, zeigt ein Blick auf die Ressourcen der Natur. Diese sind endlich, und folglich ist auch Wachstum endlich. Der Club of Rome machte schon 1972 auf diese Problematik aufmerksam, die unser Wirtschaftssystem seitdem ignoriert. In einer begrenzten Welt kann es kein unbegrenztes Wachstum geben.

Schon jetzt ist der Ressourcenverbrauch der Länder des globalen Nordens so hoch, dass dieser, wenn er auf alle Menschen weltweit übertragen würde, die Ressourcen von circa drei Erden benötigte. Spätestens hier setzen »Gerechtigkeitsfragen« an. Wenn der Lebensstandard der Menschen des globalen Nordens mit seinem enormen Ressourcenverbrauch nicht für alle Menschen weltweit möglich ist: Wie können die Menschen des globalen Nordens diesen für sich reklamieren? Und wie können wir einen Lebensstil für uns beanspruchen, der permanent auch kommenden Generationen die Lebensgrundlage nimmt?

Es wird deutlich: Wir brauchen tiefgreifende Veränderungen, eine grundlegende gesellschaftliche Transformation. Wir können nicht weiterleben wie bisher.

Die Klimakrise ist übrigens ein, wenn nicht der Höhepunkt der Externalisierung. Hier wirkt sich der der Lebensstil einiger massiv auf andere aus und beeinträchtigt die gesamte Mitwelt und Biosphäre und trifft vor allem auch wieder die Menschen, die nicht Verursacher sind: die Menschen im globalen Süden und die kommenden Generationen. Was sie jedoch von anderen Externalisierungsformen unterscheidet, ist, dass wir, die Verursacher, inzwischen auch Auswirkungen zu spüren bekommen, etwa im Sommer 2021 die Bewohner des Ahrtals, in den Hitzewellen des Sommers 2022 ganz Deutschland und weite Teile Europas, wenn auch längst noch nicht in so großem Ausmaß wie in anderen Teilen der Welt. Aber auch bei uns werden die Auswirkungen weiter zunehmen.

Im Folgenden werden, um die Klimakrise in den Kontext unseres Lebensstils einzuordnen, zunächst verschiedene Bereiche von Externalisierung in den Blick genommen, um für diese zu sensibilisieren. Daran anschließend werden Fakten zur Klima- und Biodiversitätskrise dargestellt, um die Dringlichkeit von grundlegender gesellschaftlicher Transformation aufzuzeigen.

Für weitere Informationen

Brand, Ulrich / Wissen, Markus: Imperiale Lebensweise. Zur Ausbeutung von Mensch und Natur im globalen Kapitalismus. München 2017. (Oekom)
I. L.A. Kollektiv (Hrsg.): Auf Kosten anderer? Wie die imperiale Lebensweise ein gutes Leben für alle verhindert. München 2017. (Oekom)
Lessenich, Stephan: Neben uns die Sintflut. Die Externalisierungsgesellschaft und ihr Preis. Berlin 5. Aufl. 2017a. (Hanser)

1.1.1 Mitwelt

Dass Externalisierung gegenüber der Mitwelt (zum Begriff Mitwelt s. auch Kap. 2.2) stattfindet, ist in vielen Bereichen sichtbar: Zerstörung von natürlichen Lebensräumen, Biotopen und Ökosystemen, z. B. Wäldern, Flussauen, Wattlandschaften, Mooren, Wiesenlandschaften etc. Es gibt Luftemissionen, Eutrophierung von Gewässern, Pestizideinträge, Plastikeintrag, unwiederbringliche Vernichtung von Arten, Veränderungen der gesamten Biosphäre durch Treibhausgase und vieles andere, das die natürliche Mitwelt massiv beeinträchtigt.

Das Fachmagazin »nature« veröffentlichte im Dezember 2020 eine Studie von israelischen Forschern, in der festgestellt wird: »Global human-made mass exceeds all living biomass«. Im Jahr 2020 hat die künstlich erzeugte Masse, d. h. alle anthropogenen Produkte, zum ersten Mal die natürliche Biomasse, die einer permanenten Vernichtung unterliegt, überschritten, d. h. es gibt inzwischen mehr künstliche Masse als Biomasse. (Elhacham et al. 2020, S. 442)

Dramatisch ist die Lage für viele Arten, wir befinden uns derzeit im größten Massenaussterben aller Zeiten (s. ausführlicher Punkt 1.3), damit werden auch menschliche Lebensräume zunehmend beeinträchtigt. Externalisierung findet auch gegenüber Nutztieren statt, die in nicht-artgerechter Tierhaltung entgegen ihrer natürlichen Bedürfnisse für unsere Zwecke missbraucht werden.

Neben Zerstörung von Lebensräumen, Artenvernichtung und Ausbeutung von Tieren externalisieren wir unsere Abfallprodukte in die Mitwelt: Es gibt inzwischen keinen Liter Meerwasser mehr ohne Mikroplastikpartikel. Der Filmemacher Werner Botte recherchiert in seinem Film »Plastic Planet« die Verbreitung von Plastik und stellt fest, dass es eigentlich keinen Ort der Erde mehr ohne Plastik gibt. Plastik findet sich überall in der Nahrungskette und auch im menschlichen Körper, wo es kanzerogen wirkt und sich auf die Fruchtbarkeit auswirkt. (Vgl. Botte 2009) Im Nordpazifik gibt es einen Müllstrudel, den »Great Pacific Garbage Patch«, der größer ist als Mitteleuropa. (Vgl. Plastikalternative o. J.) In Afrika, z. B. in Ghana, entstehen neue »Gebirgszüge« aus unserem Elektroschrott, die große Teile von Landschaft und Stadt mit giftigen Chemikalien verpesten und die Gesundheit vieler Menschen beeinträchtigen. (Vgl. Global Citizen o. J.) Viele Müllprodukte werden noch viele Jahre die natürliche Mitwelt beeinträchtigen und auch kommende Generationen. Die Zersetzung von Plastik dauert z. B. 350 bis 400 Jahre. (Vgl. Botte 2009) Besonders lange wird unser Atommüll eine tödliche Gefahr für die Mitwelt und für kommende Generationen sein: Ca. 100.000 Jahre. Radioaktiver Abfall ist für einen Zeitraum von mindestens 100.000 Jahren gefährlich. Um sich die Zeitspanne besser vorzustellen, kann man »zurückdenken«. Es gibt Höhlenzeichnungen, die sind etwa 40.000 Jahre alt. Wir wissen nicht, welche Sprache die Menschen damals gesprochen haben. 100.000 Jahre in die Zukunft wäre zweieinhalbmal die Zeit. Wie will man Menschen in Zukunft vor diesem gefährlichen Material warnen? Welche Sprachen werden die Menschen sprechen? Wie werden sie leben? Allein zwischen der Zeit Jesu und uns heute liegen 2000 Jahre. Schon diese Lebenswelt ist sehr verschieden von unserer. Diese Zeitspanne muss man sich 50-mal vorstellen, um die Dauer erfassen zu können, für die der Müll gefährlich ist.

Externalisierung findet also nicht nur in der Gegenwart statt, sondern reicht auch weit in die Zukunft. Ein oder zwei Generationen produzieren radioaktiven Abfall, der noch 3000 weitere Generationen beeinträchtigen wird.

Der Klimawandel wird übrigens, wenn ihm nicht entschieden und zeitnah Einhalt geboten wird, die Lebensgrundlagen für noch längere Zeitspannen verändern.

In all diesen Beispielen, die hier nur kurz angedeutet werden konnten, wird deutlich: Externalisierung gegenüber der Natur mit extremen Ausbeutungsstrukturen von Individuen und Lebenszusammenhängen ist grundlegender Bestandteil unseres Lebensstils.

Für weitere Informationen

Lesch, Harald / Kamphausen, Klaus: Die Menschheit schafft sich ab. Die Erde im Griff des Anthropozän. München 2018. (Knaur)

Weizsäcker, Ernst-Ulrich von / Wijkman, Anders: Club of Rome: Der große Bericht. Wir sind dran. Was wir ändern müssen, wenn wir bleiben wollen. Eine Aufklärung für eine volle Welt. 2. Aufl. Gütersloh 2017. (Gütersloher Verlagshaus)

Film: Plastic Planet. Botte, Werner Österreich 2009.

1.1.2 Globaler Süden

Wir lagern permanent Kosten für viele, bzw. für die allermeisten, unserer Konsumprodukte in den globalen Süden aus. Wenn man sich die Produkte in unserem nächsten Umfeld anschaut, gibt es i. d. R. kaum etwas, von dem wir sicher sagen können, dass es ohne Ausbeutung von Menschen des globalen Südens hergestellt wurde. Zum Beispiel arbeiten für unsere Kleidung vielfach Menschen zu prekären Bedingungen in Nähereien in Bangladesch, Indien, China … Deutsche und internationale Konzerne produzieren i. d. R. da, wo es am günstigsten ist, d. h. da, wo Löhne unter dem Existenzminimum gezahlt werden können, wo es keine oder nur wenig Arbeitsrechte gibt, wo es keinen Gesundheitsschutz gibt, wo nicht in Gesundheitsvorsorge etc. investiert werden muss, wo möglicherweise auch Kinder als besonders billige Arbeitskräfte ausgenutzt werden können, wo keine Umweltstandards gelten etc. Produktionen zu solchen Bedingungen erhöhen die Gewinnspanne für die Konzerne und ermöglichen den Kunden Kleidung zu billigen Preisen. »Fast Fashion« kennzeichnet unseren Kleidungsstil. Es gibt viele neue Kollektionen pro Jahr (bei H&M z. B. 12 bis 16, bei Zara 24), jeder Deutsche kauft im Durchschnitt 60 neue Kleidungsstücke pro Jahr, Tendenz steigend, ein neues Kleidungsstück wird im Durchschnitt viermal getragen, bevor es aussortiert wird. Millionen Tonnen Kleider landen auf Müllhalden, häufig auch in Afrika. Fertigungszyklen werden immer kürzer, Lieferfristen immer knapper. Das volle Risiko tragen die Fabrikbesitzer*innen in Fernost, die den Preis- und Leistungsdruck an ihre Arbeiter*innen weitergeben. Massive Arbeitsrechtsverletzungen sind an der Tagesordnung. (Vgl. Christliche Initiative Oscar Romero: Kritischer Konsum / Kleidung / Fast-Fashion o. J.) Doch das Problem liegt nicht nur bei billigen Anbietern wie Primark, H&M, Zara usw. Auch teure Markenkleidung garantiert keine besseren Arbeitsbedingungen für die Näher*innen. So veröffentlichen beispielsweise Adidas, Nike, Boss, Benetton, Esprit, Levi Strauss, s.Oliver u. v. a. keine Informationen darüber, welche Löhne sie zahlen; die Arbeiter*innen, die für diese Konzerne arbeiten, verdienen i. d. R. nicht genug, um davon leben können. (Vgl. Fashionchecker o. J.) 93 Prozent der von der Kampagne für Saubere Kleidung befragten Mode-Unternehmen (Anzahl 303 Unternehmen) zahlen ihren Arbeiter*innen keinen existenzsichernden Lohn. »Die meisten Textilarbeiter*innen können sich von ihrem Lohn nicht einmal den täglichen Grundbedarf leisten. Ein fairer Lohn für Arbeit ist zwar ein grundlegendes Menschenrecht, und doch zahlt keines der großen Modeunternehmen seinen Arbeiter*innen einen Lohn, von dem sie wirklich leben können.« (Vgl. Fashionchecker o. J.)

Auch die Produktionsbedingungen unserer Smartphones sind häufig katastrophal. »Etwa 30 Metalle und viele weitere Rohstoffe sind in einem Mobiltelefon zu finden. Ihre Gewinnung ist zumeist mit sozialen und ökologischen Problemen verbunden: Große Flächen werden für den Abbau der Erze zerstört, die Arbeit in den Minen ist häufig gefährlich, der Lohn gering und Kinderarbeit keine Seltenheit. In Konfliktregionen wie dem Osten der DR Kongo wird der Rohstoffhandel zudem mit der Finanzierung der anhaltenden kriegerischen Auseinandersetzungen in Verbindung gebracht. Die Rohstoffe werden zumeist in Ländern mit niedrigen Löhnen – oft verbunden mit Gesundheitsgefahren, großem Druck und Zwang zu Überstunden zu einzelnen Komponenten des Handys weiterverarbeitet.« (Vgl. Südwind-Institut: Mobiltelefone o. J.)

Das Südwind-Institut berichtet immer wieder über sehr problematische Arbeitsbedingungen bei den großen Herstellerfirmen und ihren Zulieferern. (Vgl. Südwind-Institut o. J.: Mobiltelefone) Nur 16 Prozent des in Deutschland verkauften Kakaos (Schokolade) stammt aus fairem Anbau. Hinter 84 Prozent der Schokolade stehen Löhne weit entfernt von einem existenzsichernden Einkommen und häufig auch ausbeuterische Kinderarbeit. (Vgl. Fairtrade Deutschland o. J.)

Unsere Nahrungsmittel beeinträchtigen in vielerlei Hinsicht andere Menschen und die Mitwelt. Allen voran unser Hunger nach Fleisch. Durch eine pflanzenbasierte Ernährung könnte man weltweit bis zu 12 Milliarden Menschen ernähren. Mit der derzeitigen Ernährungssituation und der riesigen Verschwendung von Getreide als Futtermittel in der Massentierhaltung, das zum überwiegenden Anteil aus Ländern Südamerikas und inzwischen auch Afrikas importiert wird, schaffen wir es nicht einmal, die derzeitigen knapp 8 Milliarden zu ernähren. Die Hungerproblematik ist dramatisch und steht in direktem Zusammenhang mit dem externalisierenden Lebensstil des globalen Nordens. Viele andere Probleme gehen mit der Problematik Fleisch und Massentierhaltung ebenfalls einher. Auf den Punkt Ernährung und insbesondere auch Fleisch wird unter Punkt 3.1 noch ausführlicher eingegangen.

Die unterschiedlichsten Lebensmittel unseres täglichen Gebrauchs stammen aus verschiedenen Weltregionen, wo sie häufig unter menschenrechtswidrigen Bedingungen produziert werden und z. T. auch vielfältige ökologische Probleme verursachen, etwa

- Rodung des Regenwaldes für Futtermittel und Weideflächen und damit Zerstörung der Lebensgrundlagen der indigenen Bevölkerung;

- Tomatenproduktion in Südspanien mit massiven Ausbeutungsstrukturen von illegalen Einwanderer*innen;
- Wasserproblematik beim Avocado-Anbau, der ganze Landschaften trockenlegt mit gravierenden Auswirkungen auf die Bevölkerung;
- Pestizideinsatz im Bananenanbau mit gravierenden Auswirkungen auf die Gesundheit der Arbeiter*innen;
- Zerstörungen von Lebensräumen für Palmöl, Menschenrechtsverletzungen bei der Plantagenarbeit u. v. a.

Die Erwartung, alle Lebensmittel permanent, d. h. das ganze Jahr über, in unseren Supermärkten verfügbar zu haben, führt zur Externalisierung der Produktion in weit entfernte Länder mit Zerstörung der dort gewachsenen Strukturen, zu intensiver Landwirtschaft mit ihren problematischen Auswirkungen auf Menschen und Mitwelt, z. B. durch hohen Pestizideinsatz, Bodenerosion, Wasserverknappung und -verschmutzung usw. Ein hoher Energieeinsatz mit hohen CO_2-Emissionen entsteht durch Produktion und Transportwege etc. Auch für unsere Ernährung zahlen anderswo Menschen und Mitwelt also einen hohen Preis.

Neben absolut prekären Arbeitsbedingungen, zu denen viele Arbeiter*innen im globalen Süden für uns arbeiten müssen, gibt es auch im 21. Jahrhundert Sklavenarbeit. Sie ist zwar in allen Ländern der Welt verboten, aber nie waren Sklaven billiger als heute (vgl. 3-Sat-Dokumentation: Die unsichtbaren Hände. 2015). Das Wilberforce-Institute der University of Hull geht davon aus, dass mehr als 40 Millionen Menschen weltweit als Leibeigene anderer Sklavenarbeit leisten. (Vgl. Wilberforce-Institute o. J.) Der Experte für »modern slavery«, Kevin Bales, berichtet z. B. in der 3-Sat-Dokumentation »Die unsichtbaren Hände« von Kindersklaverei in Nepal, wo es vorkommt, dass ein Kind, wenn es sich verletzt, einfach liegen gelassen wird, weil es billiger ist, ein neues zu kaufen als das verletzte zum Arzt zu bringen. Zum Teil kosten Menschen nicht mehr als 50 Euro. In der Elfenbeinküste können beispielsweise Kinder für die Arbeit auf Kakaoplantagen gekauft werden. Dem Dokumentarfilmer Miki Mistrati wurden Kinder zum Kauf für 230 Euro angeboten. (Vgl. 3-Sat-Dokumentation: Die unsichtbaren Hände 2015) Der Übergang zwischen prekären Arbeitsverhältnissen und »modern slavery« ist häufig fließend.

Die Wirtschaftswissenschaftlerin Evi Hartmann fragt: »Wenn Sie wie ich Kleidung tragen, Nahrung zu sich nehmen, ein Auto fahren oder ein Smartphone haben, arbeiten derzeit ungefähr 60 Sklaven für Sie und mich. Ob wir wollen oder nicht. … Wie fühlen Sie sich damit?« (Hartmann 2016, Klappentext)

Es gibt Rechner im Internet, vergleichbar den »Ökologischen Fußabdruckrechnern«, die berechnen, wie viele Menschen unter menschenrechtswidrigen Bedingungen für uns jeweils arbeiten. Durchschnittlich sind das 50 bis 60.

Für weitere Informationen

Christliche Initiative Oscar Romero: Diverse Materialien. www.ci-romero.de/.
Dillon, Justin und Made in a Free World: www.slaveryfootprint.org/
Hartmann, Evi: Wie viele Sklaven halten Sie? Über Globalisierung und Moral. Frankfurt/New York 2016. (Campus)
Institut Südwind: Diverse Materialien. www.suedwind-institut.de/
Film: The True Cost. Der Preis der Mode. 2016.
Film: Die unsichtbaren Hände 2015. www.youtube.com/watch?v=oLlMhPONVY4&t=288s.

1.1.3 Junge Menschen und kommende Generationen

Externalisierung findet permanent auch auf Kosten kommender Generationen statt. Die fortschreitende Klima- und Biodiversitätskrise, durch unseren Lebensstil und unser Wirtschaftssystem befeuert, nimmt den Generationen nach uns und auch schon den jungen Menschen von heute zunehmend die Lebensgrundlage. Das Überleben der menschlichen Spezies insgesamt ist inzwischen bedroht.
Junge Menschen formulieren deutlich, wie wir, d. h. die Generation der Erwachsenen, auf ihre Kosten und auf Kosten ihrer Zukunft leben:

> *»Wir sind die Kinder und Enkel*innen, die von Euch gelernt haben. Ihr habt uns gesagt, wir müssten immer ehrlich sein. Ihr habt uns eingebläut, dass unser Handeln Konsequenzen hat. … Wir sollten füreinander einstehen und ein Miteinander gestalten … Wir sollten lernen, Verantwortung zu übernehmen …und wir denken: Damit hattet ihr recht.*
> *Jetzt halten wir euch den Spiegel vor. Ihr habt uns die ganze Zeit etwas vorgemacht, habt nicht nach euren eigenen Regeln gelebt und tut es immer noch nicht. Stattdessen habt ihr ein Leben geführt, das so nur möglich war, wenn man die rücksichtslose Ausbeutung der Natur und unserer Zukunft hinnahm. Mit eurem Konsumverhalten habt ihr den ständigen Ressourcenraubbau befeuert und die Ausbeutung vieler zugunsten weniger in Kauf genommen. Das ist Wahnsinn – und es erschüttert uns.*
> *Aber wenn wir euch das vorhalten, nehmt ihr uns nicht ernst. Selbst bei Minimalzielen sagt ihr uns, das sei unrealistisch…*
> *Was wir euch vorwerfen ist nicht nur euer zerstörerisches Handeln, sondern vielmehr euer zerstörerisches Unterlassen…*
> *Ihr habt entweder nie angefangen oder irgendwann aufgehört, euch einzumischen. Ist euch bewusst, dass eure ›Egal‹-Haltung Menschenleben kostet?...*
> *Wenn wir aus Angst um unser Leben aufschreien, verhallen diese Schreie in eurer Stille. Ihr schweigt, ihr hört nicht hin, ihr schaut weg. Eure Chance, die Dinge selbst in die Hand zu nehmen, habt ihr verstreichen lassen. Wenn selbst die größten Katastrophen*

euch nicht in Panik versetzen, was tut es dann? Noch bitten wir euch: Zieht endlich die Notbremse. Aber irgendwann ist es zu spät. Dann ist unsere Zukunft zerstört…«

(Jugendrat der Generationenstiftung 2019, S. 19 ff.)

Greta Thunberg beschreibt immer wieder die Ignoranz, mit der wir Menschen des globalen Nordens auf Kosten anderer und vor allem der kommenden Generationen leben, so z. B. auf dem UN-Klimagipfel in New York September 2019:

»You have stolen my dreams and my childhood with your empty words. And yet I'm one of the lucky ones. People are suffering. People are dying. Entire ecosystems are collapsing. We are in the beginning of a mass extinction, and all you can talk about is money and fairy tales of eternal economic growth. How dare you!
For more than 30 years, the science has been crystal clear. How dare you continue to look away and come here saying that you're doing enough, when the politics and solutions needed are still nowhere in sight…
You are failing us. But young people are starting to understand your betrayal. The eyes of all future generations are upon you. And if you choose to fail us, I say: We will never forgive you…«

(Thunberg, Greta 2019)

Der Kommunikationswissenschaftler Claus Eurich hinterfragt aufgrund dieses permanent gegen die junge Generation gerichteten Handelns sogar die Liebe der Eltern / Großeltern zu ihren Kindern:

»Eltern und Großeltern betonen die Liebe zu ihren Kindern und Enkeln. Und diese Liebe ist auf einer bestimmten Ebene aufrichtig. Gleichzeitig jedoch berauben diese Eltern und Großeltern durch ihren Lebensstil ›gnadenlos‹ die künftige Existenzgrundlage ihrer Kinder und Enkel. Von welcher Liebe sprechen wir also? Wir sollten lernen, zwischen einer rein sentimentalen Liebe, die ähnlich dem Tierreich ein erweiterter Brutpflegeinstinkt ist, und einer grundlegenden Liebe zu allem Leben unterscheiden. Ansonsten werden wir weiterhin mit der Berufung auf eine vorläufige und ausgewählte ›Liebe‹ die Verbrechen an der Erde und ihrer Arten rechtfertigen.«

(Eurich, privates Interview am 03.05.2022)

Für weitere Informationen

Jugendrat der Generationenstiftung / Langer, Claudia (Hrsg.) Ihr habt keinen Plan. Darum machen wir einen. 10 Bedingungen für die Rettung unserer Zukunft. München 2019. (Blessing)

1.2 Fakten der Klimakrise (bzw. der Klimakatastrophe)

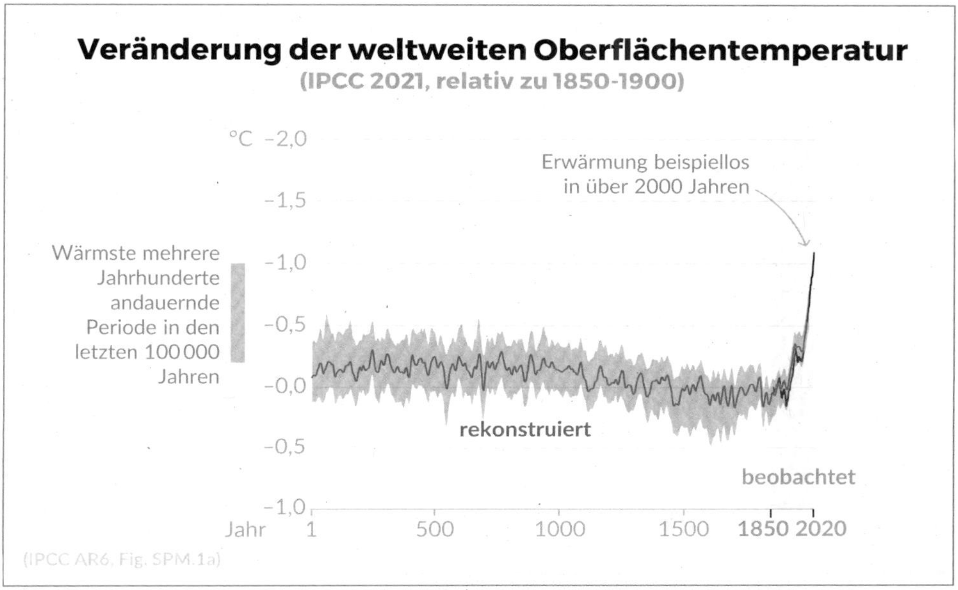

Abb. 1: Die Grafik zeigt, dass der Anstieg der Oberflächentemperatur in den letzten Jahrzehnten beispiellos ist bezogen auf die letzten 2000 Jahre (CC BY-SA 4.0; Quelle: Scientists for Future. Online unter: https://files.scientists4future.org/; Zugriff 13.01.2023).

Die Klimaerwärmung schreitet schneller voran als gedacht. So gab es im Mai 2022 folgende Meldung von der UN-Weltwetterorganisation (WMO) in Genf: »Was vor ein paar Jahren noch als nahezu ausgeschlossen galt, halten Experten jetzt für möglich – sie warnen: Die weltweite Erwärmung könnte bis 2026 erstmals über der Marke von 1,5 Grad liegen.« (Tagesschau 10.05.2022)

Dr. Gregor Hagedorn, einer der Initiatoren von Scientists for Future, und Dr. Felix Peter von Psychologists for Future weisen darauf hin, dass die Auswirkungen einer nicht bewältigten Klimakrise schlimmer sind als ein weltweiter Atomkrieg. Sie beziehen sich dabei auf den Global Risks Report 2021 des World Economic Forum. In diesem Bericht schätzen fast 800 Expert*innen weltweit aus verschiedensten Fachgebieten eine Vielzahl von Risiken ein. Sie beurteilen dabei die Wahrscheinlichkeit deren Eintretens und die damit einhergehenden Auswirkungen. Die Folgen des Versagens bei der Bewältigung der Klimakrise werden schwerwiegender eingeschätzt als die eines Kriegs mit Massenvernichtungswaffen, d.h. eines weltweiten Atomkriegs. (Vgl. Hagedorn / Peter 2021, S. 183 f.)

Hagedorn und Peter stellen heraus: »Man kann das Risiko der Erderhitzung (›Klimawandel‹) … besonders gut kommunizieren, wenn man nur die Folgen betrachtet und das Versagen bei der Bewältigung der Erderhitzung mit einem globalen Krieg mit Massenvernichtungswaffen vergleicht. Die Klimakatastrophe ist nicht nur sehr, sehr viel wahrscheinlicher. Sie wird auch, unabhängig von der Wahrscheinlichkeit, als folgenträchtiger eingeschätzt. …« (Hagedorn / Peter, S. 184)

In vielen Teilen der Welt sind die Folgen des Klimawandels schon längst spürbar und betreffen viele Menschen existentiell. Seit 2008 werden jedes Jahr durchschnittlich ca. 26 Millionen Menschen aus ihrer Heimat aufgrund von Umwelt- und Klimaveränderungen vertrieben, etwa durch Dürren, Starkregenereignisse, Überschwemmungen etc. (Ionesco et al., S. 32 unter Bezug auf Quellen des IDMC / Internal Displacement Monitoring Centre) Diese Menschen haben i. d. R. nichts Nennenswertes zum Klimawandel beigetragen, doch uns, die Verursacher des Klimawandels, stört es bislang nicht besonders, dass Menschen in anderen Teilen der Welt, vornehmlich im globalen Süden, massiv unter den Folgen unseres Lebensstils zu leiden haben. Wir machen weiter Fernreisen, essen Fleisch, fahren große Autos, verzögern die Energiewende etc. Menschen, die auf diese Missstände hinweisen, werden z. T. als moralisierend wahrgenommen und als »Gutmenschen« abqualifiziert.

Inzwischen sind die Folgen der Klimaveränderung und die damit einhergehenden Beeinträchtigungen auch bei uns deutlich spürbar. Im Juli 2021 kosteten Starkregenereignisse mit sintflutartigen Überschwemmungen im Ahrtal, in der Eifel, im Bergischen Land weit über hundert Menschen das Leben, Tausende verloren ihr Zuhause.

Im Juli 2022 litt ganz Europa unter einer starken Hitzewelle, es kam zu verheerenden Waldbränden in Frankreich, Spanien, Portugal, Italien und Griechenland und mehr als 1000 Hitzetote mussten in Portugal beklagt werden. Klimaexperten, der Weltklimarat u. a. warnen schon seit Jahren vor solchen Ereignissen. Der Generalsekretär der Weltorganisation für Meteorologie (WMO) Petteri Taalas sagte dazu im Juli 2022: »Der aktuelle Trend wird noch bis mindestens 2060 anhalten, und zwar unabhängig vom Erfolg unserer Klimaschutzbemühungen. Wir werden uns an diese Art von Wetter gewöhnen müssen. Und die aktuellen Temperaturen werden uns in den kommenden Jahrzehnten mild erscheinen.« (Tagesschau 19.07.2022)

Wenn bis vor wenigen Jahren immer noch diskutiert wurde, ob es tatsächlich einen menschengemachten Klimawandel gibt und Zweiflern immer wieder Podien geboten wurden, dürfte mit diesem Sommer auch bei uns spürbar sein, was Experten seit Jahrzehnten vorhersagen. Der Klimawandel ist real und hat gravierende Auswirkungen. Und es ist absolut unverständlich, dass immer noch nicht alle Anstrengungen unternommen werden, die Treibhausgasemissionen drastisch zu senken, sondern dass wir über einen Personalmangel an deutschen Flughäfen diskutieren, über Gaslieferungen aus Katar oder über ein »freiheiteinschränkendes« Tempolimit, anstatt unseren Lebensstil und unser Wirtschaftssystem endlich grundlegend und nachhaltig zu ändern.

Klimafakten.de fasst fünf Kerninfos zum Klimawandel in nur 20 Worten zusammen:
1. Er ist real.
2. Wir sind die Ursache.
3. Er ist gefährlich.
4. Die Fachleute sind sich einig.
5. Wir können noch etwas tun.
(Klimafakten. de 2021: Was wir heute übers Klima wissen, S. 2):

Das Deutsche Klima-Konsortium, die Deutsche Meteorologische Gesellschaft, der Deutsche Wetterdienst, der Extremwetterkongress Hamburg, die Helmholtz-Klima-Initiative und Klimafakten.de geben gemeinsam »Basisfakten zum Klimawandel, die in der Wissenschaft unumstritten sind« heraus. Hier werden Fakten dargelegt, die viele Forschungsinstitute weltweit, viele renommierte Wissenschaftler*innen und der Weltklimarat zusammengetragen haben. Die Zusammenfassung des wissenschaftlichen Stands kann heruntergeladen und für den Unterricht genutzt werden. (Siehe www.klimafakten.de/sites/default/files/downloads/waswirheuteuebersklimawissen2021final.pdf und www.klimafakten.de/sites/default/files/downloads/waswiruebersklimawissen-akt202222-09-23druck.pdf) Im Folgenden werden ausgewählte Erkenntnisse zusammengefasst, um die aktuelle Lage überblickartig darzustellen.

Einordnung der aktuellen Klimaveränderungen

Der Zusammenschluss der oben genannten Einrichtungen, im Folgenden verkürzt als Deutsches Klima-Konsortium et al. wiedergegeben, betont, dass seit mehr als 200 Jahren die Konzentration von Treibhausgasen in der Atmosphäre stark zunimmt, verursacht durch die Freisetzung von CO_2 durch das Verbrennen von fossilen Rohstoffen (Kohle, Erdöl und Erdgas), von Methan, das die industrielle Landwirtschaft (insbesondere Nutztierhaltung) freisetzt und von Lachgas, vor allem durch die Landwirtschaft (durch den Einsatz von Kunstdünger). Große Waldflächen wurden vernichtet, Moore trockengelegt, Böden mit intensiver Landwirtschaft genutzt. Weitere Treibhausgase wurden dadurch freigesetzt, und vor allem wurden so wichtige »Treibhausgassenken« vernichtet, die CO_2 aus der Atmosphäre aufgenommen und gebunden hätten. (Vgl. Deutsches Klima-Konsortium et al. 2021, S. 4 f.)

Das Klima hat sich in den Jahrmillionen der Erdgeschichte vielfach verändert. Es hat jedoch nie solche drastischen Veränderungen in einem so kurzen Zeitraum wie heute gegeben. Den aktuellen steilen Temperaturanstieg kann man nicht mit natürlichen Ursachen erklären, sondern nur durch die menschengemachte Verstärkung des natürlichen Treibhauseffekts. Die Erhöhung gegenüber der vorindustriellen Zeit beträgt inzwischen etwa 1,2 Grad Celsius. (Zum Verständnis des natürlichen Treibhauseffekts s. z. B. Lesch et al. 2021, der dort sehr gut und erklärt wird.) Schon seit Jahrzehnten sagen Wissenschaftler*innen und auch der Weltklimarat (IPCC) viele der inzwischen eintretenden Ereignisse voraus: Gletscherschmelze, Meeresspiegelanstieg, Zunahme von Dürren etc. (Vgl. Deutsches Klima-Konsortium et al. 2021, S. 6 f.)

Alle Komponenten des Klimasystems Erde haben sich in den vergangenen Jahrzehnten überall auf der Erde deutlich erwärmt, d. h. Ozeane, Land, Eismassen, Atmosphäre, Biosphäre. (Wenige Ausnahmen gibt es, z. B. die Abkühlung des subpolaren Atlantiks, die aber ebenfalls vorhergesagt wurde und durch eine Abschwächung des Jet-Streams bedingt ist, die ebenfalls durch Temperaturanstiege verursacht ist.)

Eine Erhöhung der Temperatur wie die derzeitige Erwärmung der Luft an der Erdoberfläche von mehr als einem Grad Celsius hat es während der vergangenen 2000 Jahre noch nie gegeben und sehr wahrscheinlich auch noch nie während des gesamten Holozäns (Warmzeit), das vor 12.000 Jahren begann – also noch nie während der Geschichte des modernen Menschen.

Es gibt in den letzten Jahrzehnten eine beispiellose Häufung von Rekorden: Seit den 1980er Jahren war jede Dekade wärmer als alle vorherigen seit 1950. Höchststand bildet die Dekade von 2011 bis 2020. Die zehn wärmsten Jahre seit Beginn der Wetteraufzeichnungen traten alle seit 2005 auf. (Vgl. Klima-Konsortium et al. 2021, S. 9 f.)

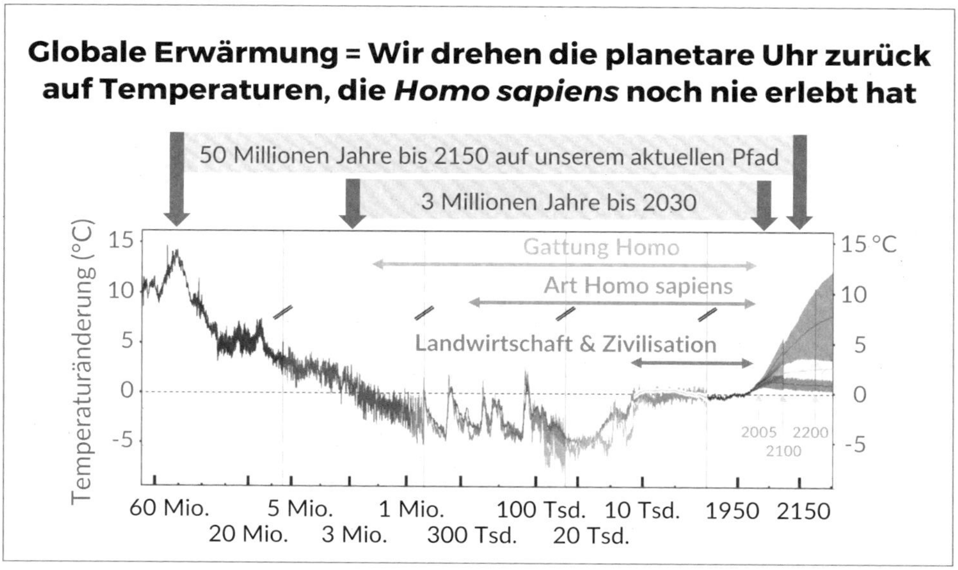

Abb. 2: Die Grafik verdeutlicht: Wir sind auf dem Weg zu Temperaturen, denen der Homo sapiens noch nie ausgesetzt war (CC BY-SA 4.0; Quelle: Scientists for Future. Online unter: https://files.scientists4future.org/; Zugriff 13.01.2023).

Einzelne Phänomene der Klimaveränderung

Das Meereis rund um den Nordpol geht seit Beginn der Satellitenmessungen von 1979 permanent zurück, durchschnittlich mehr als zehn Prozent pro Dekade. Besonders das dicke, mehrjährige Eis schmilzt, wodurch das verbleibende Eis noch empfindlicher reagiert. Auch um den Südpol werden Rückgänge des Eises beobachtet. Die Eisschmelze auf Grönland hat sich in den letzten Jahren stark beschleunigt. Jedes Jahr verschwinden mehr als 250 Milliarden Tonnen. Vom antarktischen Eispanzer schmelzen jedes Jahr ca. 150 Milliarden Tonnen weg und auch das Eis der Gebirgsgletscher wird weniger. Seit 1980 verschwand eine Eisschicht von mehr als 20 Metern Dicke.

Die Meeresspiegel steigen immer schneller. Zwischen 1902 und 2015 gab es einen Anstieg um ca. 16 Zentimeter. Seit 2006 steigt der Meeresspiegel jährlich um rund 3,6 Millimeter. Grund für diese Beschleunigung sind die Eisschmelzen an den Polen.

Ein großer Teil der Weltküstenbevölkerung ist inzwischen davon betroffen, Großstädte und Megacitys ebenso wie viele Inseln und Inselstaaten.

Emissionen von CO_2 verursachen die *Versauerung der Ozeane*. Der Säuregrad hat bereits um 26 Prozent zugenommen. Darüber hinaus bedroht die zunehmende Erwärmung der Ozeane Ökosysteme wie z. B. die Korallenriffe.

Es gibt inzwischen eine deutliche *Zunahme von Wetterextremen*: Immer häufiger erleben wir weltweit Hitzewellen, Dürren, Starkniederschlägen und Flusshochwasser. Tropische Wirbelstürme haben in der Intensität zugenommen. Wetterextreme beeinträchtigen bereits jetzt die Lebensmittelversorgung. Besonders betroffen sind auch hier vor allem Menschen des globalen Südens, z. B. in Äquatornähe, wo die Ernteerträge gesunken sind. (Vgl. Deutsches Klima-Konsortium et al. 2021, S. 10 ff.)

Der Temperaturanstieg hat weltweit gravierende *Auswirkungen auf die Tier- und Pflanzenwelt*. Verbreitungsgebiete von Tieren und Pflanzen verändern sich, und es gibt dadurch Störungen in Ökosystemen. Invasive Arten und andere gebietsfremde Pflanzen- und Tierarten treten zunehmend auf, breiten sich in fremden Habitaten aus und verdrängen dadurch heimische. Entwicklungszyklen verändern sich, z. B. verschieben sich Blühzeitpunkte von Pflanzen, so dass sie nicht mehr zum Lebenszyklus der bestäubenden Insekten passen, Zugvögel kommen früher zurück, Fische laichen früher, kurz: Verhaltensmuster ändern sich, was Auswirkungen auf andere Arten hat. Die Vegetationsperioden haben sich bereits deutlich verschoben, so beginnt beispielsweise der phänologische Frühling zwei Wochen früher als noch vor einigen Jahrzehnten. Der Klimawandel verstärkt das Artensterben. (Vgl. Deutsches Klimakonsortium et al. 2021, S. 18)

Die Landwirtschaft leidet zunehmend unter den Klimaveränderungen, z. B. unter den Dürrejahren. Aber auch die vorgezogene Obstblüte führt vermehrt zu

Frostschäden, da die früher auftretenden wärmeren Tagtemperaturen zwar zum Aufblühen führen, die Blüten dann aber durch die weiterhin häufigen Nachtfröste absterben.

Für andere Ackerkulturen, z. B. Winterweizen, fehlt z. T. der nötige Kältereiz usw. Trockenstress und geringere Niederschläge in den Sommermonaten, beschleunigen die Entwicklung von Schadinsekten, und zunehmende Waldbrände schädigen die Wälder und damit auch die *Forstwirtschaft.* (Vgl. Deutsches Klimakonsortium et al. 2021, S. 19)

Auswirkungen der Klimaveränderungen in Deutschland

In Deutschland gibt es schon jetzt eine Erhöhung der jährlichen Durchschnittstemperaturen um bereits zwei Grad Celsius zur vorindustriellen Zeit, sie ist damit schon stärker gestiegen als im weltweiten Durchschnitt. Auch in Deutschland gibt es viele Wärmerekorde. So sind beispielsweise neun der zehn wärmsten Jahre Deutschlands seit 1881 nach dem Jahr 2000 aufgetreten. Die Anzahl der heißen Tage, d. h. der Tage, die über 30 Grad Celsius liegen, nahm deutlich zu. Waren es in den 1950er Jahren des letzten Jahrhunderts durchschnittlich 3,5 im Jahr, waren es zwischen 1991 und 2000 bereits 8,9 Tage. Die Anzahl der »Eistage«, d. h. der Tage, an denen die Temperatur unter null Grad bleibt, ist im gleichen Zeitraum von 28 auf 19 Tage gesunken. In manchen Regionen gibt es z. T. gar keine Eistage mehr, wie z. B. im Winter 2019/20 in Hamburg, was seit Beginn der Wetteraufzeichnungen noch nie vorgekommen ist.

Eine weitere mögliche Folge des Klimawandels in Deutschland können *Starkregenereignisse* sein, was darauf zurückzuführen ist, dass die erhöhte Wasserdampfaufnahme in der Atmosphäre durch die globale Erwärmung konvektive Niederschläge (also durch vertikale Luftströmungen verursachte, z. T. sehr starke Niederschläge) zur Folge haben kann. Aber auch die Anzahl der aufeinanderfolgenden Trockentage könnte zunehmen. So können sich durch beide Phänomene in Deutschland Gefahren wie Dürren und Überschwemmungen erhöhen. Auch die Bodentrockenheit hat in Deutschland zugenommen.

Seit 1766 hat es in Deutschland keine dreijährige Sommer-Dürre wie in den Jahren 2018, 2019 und 2020 gegeben, mehr als 50 Prozent des Ackerjahres waren betroffen, und in den Wäldern sieht man nach wie vor massive Folgen. Schon jetzt leiden zahlreiche Wirtschaftsbranchen in Deutschland unter den Folgen der Dürren. (Vgl. Deutsches Klima-Konsortium et al. 2021, S. 14 ff.)

Binnenseen in Deutschland sind wärmer geworden, es kommt häufiger zu Fischsterben und Algenblüten, die auch für Menschen eine Gefahr sein können. Die Temperaturen von Nord- und Ostsee haben sich um ca. 1,3 bzw. 1,6 Grad erhöht. In Travemünde hat der Meeresspiegel seit Mitte des 19. Jahrhunderts um

20 Zentimeter in Cuxhaven um 40 zugelegt. Folgen sind z. B. höher auflaufende Sturmfluten. (Vgl. Deutsches Klima-Konsortium 2021, S. 20 f.)

Das 1,5-Grad-Ziel und Perspektiven

Das Deutsche Klima-Konsortium et al. zeigt auf, dass das Ziel, das auf dem UN-Klimagipfel in Paris vereinbart wurde, nämlich den globalen Temperaturanstieg auf deutlich unter 2 Grad gegenüber dem vorindustriellen Niveau zu begrenzen, möglichst sogar auf 1,5 Grad, mit der gegenwärtigen Politik verfehlt wird. Wenn weiterhin so viele Treibhausgase emittiert werden wie bisher, kann bis Ende des Jahrhunderts die Temperatur durchschnittlich weltweit um mehr als vier Grad steigen.

Das Deutsche-Klimakonsortium et al. weist (Stand Juni 2021) darauf hin, dass die 1,5 Grad Grenze schon in gut einem Jahrzehnt überschritten werden kann (vgl. Deutsches Klima-Konsortium 2021, S. 21), inzwischen warnt die UN-Weltwetterorganisation, WMO, dass diese Marke bereits erstmals wohl schon im Jahr 2026 erreicht werden könnte. (Vgl. Tagessschau.de 10.05.2022)

Wenn alle bisherigen Zusagen der Regierungen eingehalten würden, und das werden sie bislang bei weitem nicht, s. z. B. Deutschland, würde dieses für eine Begrenzung von lediglich 2,6 Grad reichen. (Vgl. Deutsches Klima-Konsortium 2021, S. 21) Die derzeitigen Auswirkungen, die weltweit noch unter 1,5 Grad liegen, sind schon gravierend, das machen die Klimaereignisse bei uns und weltweit deutlich. Eine Begrenzung auf 2,6 Grad kann keine Perspektive sein – doch selbst diese erreichen wir derzeit nicht! Das ausgestoßene CO_2 bleibt sehr lange in der Luft, bis zu 2000 Jahre. So werden sich die Folgen der vom Menschen verursachten Erwärmung noch für Jahrhunderte und Jahrtausende fortsetzen, selbst nach einem absoluten Stopp von Treibhausgasemissionen. (Vgl. Deutsches Klima-Konsortium 2021, S. 21 f.) Und dennoch: Es kommt auf jede Einsparung an. Jedes Zehntelgrad, das nicht erreicht wird, zählt, wie in den Ausführungen zu den Kipppunkten deutlich werden wird. Jedes Zehntelgrad mehr verschärft die Situation!

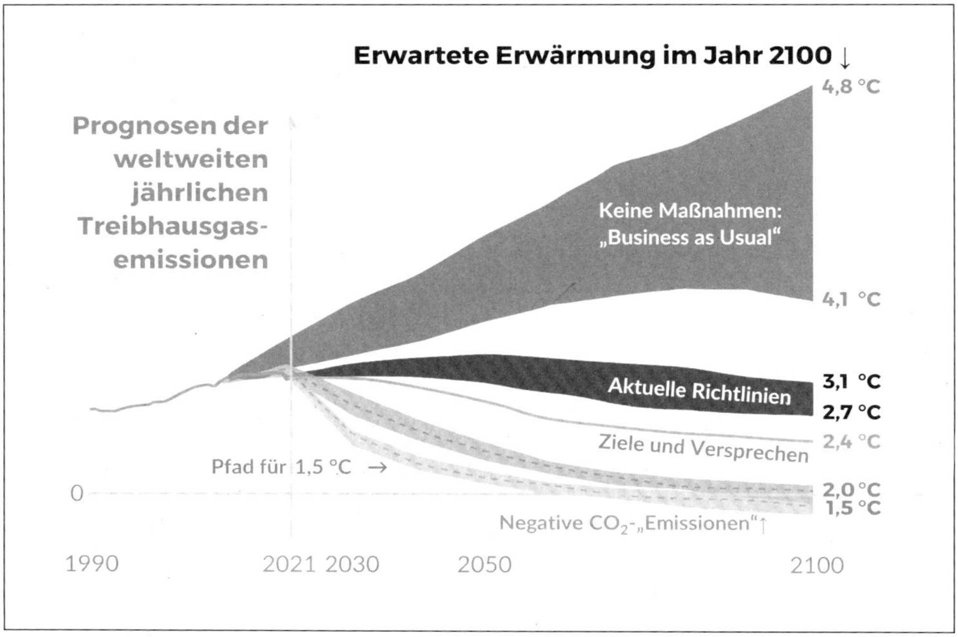

Abb. 3: Zukunftsprognosen. Wir befinden uns nach wie vor auf einem Weg, der zu einer Erhöhung der Temperatur um drei bis vier Grad führen wird – mit katastrophalen Auswirkungen (CC BY-SA 4.0; Quelle: Scientists for Future. Online unter: https://files.scientists4future.org/; Zugriff 13.01.2023).

Kipppunkte

Eine weitere Thematik, die dramatisch und noch viel zu wenig im öffentlichen Bewusstsein ist, ist die Problematik der Rückkopplungsprozesse und Kipppunkte (auch Kippelemente oder englisch Tipping Points). Rückkopplungsprozesse sind Effekte, die durch die Erhöhung der globalen Temperatur eintreten und sich selbst verstärken. Sie führen somit zu einer weiteren Erhöhung der Temperatur. Eine gewisse Zeit lang können Rückkopplungen im Klimasystem noch ausgeglichen werden, so dass das Klima in einem einigermaßen stabilen Gleichgewichtszustand bleibt. Irgendwann werden dann aber Schwellen erreicht, an denen dann möglicherweise kleine Veränderungen ausreichen, um das System zum Kippen zu bringen und das Erdsystem in einen qualitativ neuen Zustand übergehen zu lassen. Dann ist ein sogenannter Kipppunkt erreicht. Die Ereignisse verselbstständigen sich bei Überschreiten des Kipppunkts und können auch durch massive Gegenmaßnahmen nicht mehr aufgehalten werden. Es kann zu einer Art Domino-Effekt kommen, weitere Ereignisse und Kipppunkte können ausgelöst werden. (Vgl. Lesch et al. 2021, S. 79 ff.) Einen Kipppunkt kann man sich wie ein Wasserglas an einer Tischkante vorstellen: Man kann es über eine gewisse Wegstrecke immer weiterschieben. Irgendwann ist aber der Punkt erreicht, bei dem das Glas runterfällt und den Zustand völlig verändert. Es kann dann nicht mehr in den ursprünglichen Zustand zurückgeführt werden.

Ab der Überschreitung von bestimmten Temperaturen können unterschiedliche Kipppunkte eintreten, die dann auch weitere auslösen können, die dann wiederum weitere auslösen… Es gibt viele Rückkopplungsprozesse, die zu Kipppunkten werden können, z. B.:

- **Verringerte Albedo**
  Albedo bedeutet »Rückstrahlvermögen«. Circa 30 Prozent der Sonnenstrahlung, die die Erde erreicht, werden durch weiße Flächen – Wolken, Eis, Schnee – zurück ins All reflektiert. Durch die Erwärmung schmelzen Schnee- und Eisflächen und die darunterliegenden dunkleren Flächen reflektieren die Sonnenstrahlung nicht mehr so stark zurück, sondern erwärmen sich. Davon betroffen ist auch das Polarmeer, das durch das zurückgehende Eis auch mehr Oberfläche bietet. Das erwärmende Wasser dehnt sich aus und Meeresspiegel steigen. (Vgl. Lesch et al. 2021, S. 82 f.)
- **Abschmelzen des grönländischen Eispanzers**
  Der z. T. drei Kilometer dicke grönländische Eispanzer verliert durch die Erwärmung und das Abschmelzen des Eises an Höhe. Die Oberfläche, die sich zunächst noch in hohen und damit kühleren Luftlagen befindet (wie im Gebirge), sinkt damit in tiefere und wärmere Luftschichten, die das weitere Abschmelzen beschleunigen. Ein völliges Abschmelzen des grönländischen Eises würde einen Meeresspiegelanstieg von sieben Metern verursachen. (Vgl. Lesch et al. 2021, S. 84 f.)
- **Vernichtung des tropischen Regenwaldes**
  Der Regenwald bindet große Mengen an CO_2 und nimmt dieses permanent aus der Atmosphäre auf. Seine Vernichtung setzt riesige Mengen des Gases frei und stoppt die Fähigkeit, als wichtige CO_2-Senke zu wirken.
- **Rückgang der nördlichen Nadelwälder**
  Gleiches gilt für die nördlichen Nadelwälder, die fast ein Drittel der weltweiten Waldfläche ausmachen. Sie werden durch steigende Temperaturen zunehmend gefährdet (Zunahme von Pflanzenschädlingen, Feuer, Stürme). Schon jetzt stehen sie erheblich unter Stress. Wenn kritische Schwellenwerte überschritten werden und sie absterben, werden wichtige Lebensräume von Tieren und Pflanzen vernichtet und riesige Mengen an CO_2 freigesetzt. (Vgl. Lesch et al. 2021, S. 88 f.)
- **Tauender Permafrost**
  Im Permafrostboden in Sibirien und Kanada liegen in einer Tiefe von mehr als drei Metern wahrscheinlich mehrere Hundert Milliarden Tonnen Kohlenstoff gespeichert in Form organischen Materials, das dort während der letzten Eiszeit eingefroren wurde. Der Permafrostboden taut bereits und wird es mit zunehmender Erwärmung weiter tun. Wenn die Böden auch in größeren Tiefen tauen, werden riesige Mengen an CO_2 und Methan freigesetzt. »Permafrostböden

enthalten mehr Kohlenstoff, als zurzeit in der Atmosphäre stecken. Wenn sie beginnen richtig aufzutauen, wird die Atmosphäre sich in eine Heißzeit-Atmosphäre entwickeln. Die Folgen für die Menschheit wären unabsehbar katastrophal.« (Lesch et al. 2021, S. 90 f.)

- **Entwässerte Moore**
  Moore haben eine sehr wichtige Funktion im Klimasystem. In den Mooren der Welt ist doppelt so viel CO_2 gespeichert wie in allen Wäldern der Welt. Sie haben damit eine klimakühlende Wirkung. Die Entwässerung der Moore für Landwirtschaft und Torfnutzung setzt viel CO_2 frei, womit die Wiedervernässung der Moore eine wichtige Aufgabe darstellt. (Vgl. Lesch et al. 2021)
- **Abschwächung der marinen Kohlenstoffpumpe / Abnahme der Aufnahmefähigkeit von CO_2 im Meerwasser / Erwärmung der Meere**
  Die Weltmeere nehmen große Mengen CO_2 auf. Ca. 40 Prozent der menschenverursachten CO_2-Emissionen haben sie dadurch der Atmosphäre schon wieder entzogen. Algen nehmen das Gas auf, verwenden es zum Wachstum, sinken nach Absterben in die Tiefsee und speichern dort das CO_2. Durch die steigende CO_2-Konzentration in den Meeren versauern diese. Dies hat wiederum zur Folge, dass sie weniger CO_2 aufnehmen können. Nimmt man noch die verringerte Speicherkapazität aufgrund der Erwärmung hinzu, bleibt folglich mehr CO_2 in der Atmosphäre. Die Heizwirkung der Atmosphäre wird verstärkt, was die Temperatur der Meere wiederum steigen lässt. (Vgl. Lesch et al. 2021, S. 94 f.)
  Darüber hinaus gehen wichtige Ökosysteme verloren. Die Korallenriffe reagieren beispielsweise sehr empfindlich auf die Erwärmung. Bei einer Erwärmung von 1,5 Grad geht man davon aus, dass nur 10 bis 30 Prozent der Korallen überleben könnten. Bei einer Erwärmung von zwei Grad Celsius muss man von einem kompletten Verlust der Korallenriffe ausgehen. Hierdurch wird das gesamte Ökosystem empfindlich gestört, z. B. hätte das den Verlust von einem Viertel der marinen Fischarten zur Folge. (Vgl. Hagedorn et al. 2020, S. 40 u. 47)
- **Strömungssysteme: Thermohaline Zirkulation, Jetstreams u. a.**
  Es gibt sowohl in den Weltmeeren als auch in der Atmosphäre sehr komplexe Zirkulationen von warmem und kaltem Wasser bzw. von warmer und kalter Luft. Die Erwärmung an den Polen verändert beispielsweise die Jetstreams, die u. a. dadurch verlangsamt bzw. abgeschwächt werden, weil der Temperaturunterschied zwischen den Polen und dem Äquator geringer wird. Das kann u. a. Wetterlagen zur Folge haben, die sich u. U. »nicht mehr wegbewegen«, so dass es z. B. zu massiven Schnee- und Regenereignissen kommen kann. Auch durch Störungen der Strömungen in den Weltmeeren, z. B. der thermohalinen Zirkulation (meridionale Umwälzzirkulation), d. h. warmer Oberflächenströmung und kalter Tiefenströmung, die uns in Europa z. B. den Golfstrom bringt, können vielfältige Veränderungen auftreten. Ökosysteme können dadurch kollabie-

ren und Extremwetterlagen massiv zunehmen. Die Strömungssysteme können beispielsweise durch abschmelzendes Eis an den Polen und durch verstärkte Niederschläge verändert werden. Süßwasser ist leichter als Salzwasser und behindert das für die Zirkulation notwendige Absinken des Wassers in die Tiefe. (Vgl. z. B. Hagedorn 2020, S. 51) Auch andere Faktoren wirken auf die Wasserzirkulationen ein. (Vgl. z. B. Plöger, S. 126 ff.)

- **Wasserdampf in der Atmosphäre**
  Wasserdampf wirkt als Treibhausgas, bleibt i. d. R. aber nur eine kurze Zeit in der Erdatmosphäre und kehrt dann als Niederschlag zurück auf die Erde.
  Aufgrund der erhöhten Erwärmung verdunstet mehr Wasser.
  Erhöhter Wasserdampf in der Atmosphäre verstärkt den Treibhauseffekt und die Erwärmung, was wiederum zu einer zunehmenden Verdunstung führt. Je heißer es wird, desto mehr Wasserdampf ist in der Luft enthalten. (Vgl. Lesch et al. 2021, S. 80 f.)

Es konnten hier nur einige der möglichen Kipppunkte vereinfacht dargestellt werden. Es gibt weitere, und viele Zusammenhänge sind noch nicht umfassend geklärt. Deutlich wird, dass die gesamte Biosphäre ein sehr komplexes System ist, das Veränderungen nur bis zu bestimmten Schwellen verträgt.

Verschiedene Kipppunkte treten bei unterschiedlichen Temperaturüberschreitungen auf und tragen zu einer weiteren Erwärmung bei, die dann weitere Kipppunkte auslöst. Die Erde kann so in eine »Heißzeit« (vgl. Latif 2020) katapultiert werden.

Für viele Kipppunkte liegt die Schwelle beispielsweise schon bei einer Erhöhung um zwei Grad, für die Korallenriffe noch darunter. (Vgl. Hagedorn 2020, S. 66) Es kommt deshalb auf jedes Zehntelgrad an, das nicht überschritten wird. Kipppunkte können übrigens auch sehr langsam eintreten. Sie sind dann aber trotzdem nicht mehr zu stoppen und stoßen weitere Ereignisse an. (Vgl. Lesch et al. 2021. S. 97)

Harald Lesch macht darauf aufmerksam, dass der Begriff »Klimawandel« nicht treffend ist:

> *»Übrigens, mir klingt das Wort Klimawandel viel zu friedlich. Das Wort Wandel hört sich so an wie nach allmählichem Übergang ins Nächste. Womöglich so langsam, dass man es gar nicht spürt, die Wirkung gar nicht ausmachen kann. Beim Wandel da droht kein Aufstand, keine Revolution, da wird nichts auf den Kopf gestellt. Aber offenbar ist es ja gar nicht so. Sollten wir nicht eher von Klimakatastrophe sprechen? Denn was da kommt, sind ja Extreme. Und was lösen die denn aus? Fiasko, Desaster, Debakel, Not und Verzweiflung. Das alles wegen zu hoher Treibhausgaskonzentrationen. Mit Katastrophen macht man auch keine Kompromisse. Den möchte ich*

sehen, der sich dann vor die Kamera stellt und davon spricht, ja, wir müssen mit der Klimakatastrophe einen Kompromiss machen. Nein. Mit Katastrophen kann man keine Kompromisse machen. Die muss man verhindern unter allen Umständen. Und wir wissen auch, was wir tun müssen. Wir müssen raus aus allem, was Kohlenstoff emittiert. Schnell, überall und vollständig. Ich will es mal ganz klar sagen. Die Klimakatastrophe ist real. Wir sind dran schuld. Die Fachleute sind sich da völlig einig. Und sie ist sehr gefährlich.
Aber wir können noch etwas tun. Verdammt noch mal! Warum tun wir es denn eigentlich nicht?
Jetzt sind wir alle gefragt!«

(Harald Lesch 2021.: Übrigens zum Klimawandel)

Die Folgen, die bei einem fortschreitenden Klimawandel eintreten, werden in dem Kurzfilm: »Klimawandel stoppen. Das passiert, wenn wir es nicht schaffen« von Quarks zusammengefasst (www.youtube.com/watch?v=FoMzyF_B7Bg). Es wird aufgezeigt, was bei zunehmender Erwärmung passiert:

Schon jetzt, bei ca. einem Grad Erwärmung, erleben wir mehr Hitzewellen und Dürren, stärkere Stürme und Hochwasser. Diese Effekte nehmen mit jedem Grad weiter zu. Bei 1,5 Grad ist die Existenz vieler Inselstaaten im Pazifik bedroht. Sie gehen komplett oder mit großen Teilen unter, und durch das Absterben der Korallenriffe verlieren auch Menschen dort ihre Lebensgrundlage. Ab zwei Grad wird es noch viel mehr Menschen treffen, denn ab da könnte das Klima kippen. Das Polareis schmilzt und verstärkt weitere Rückkopplungsprozesse und Kippelemente.

Jenseits von drei Grad werden immer mehr Gletscher verschwinden, immer mehr Flüsse trocknen aus, trockene Regionen werden noch trockener. Die Regenwälder werden nach und nach verschwinden. Ab vier Grad wird auch in den Ländern Südeuropas die meiste Zeit Dürre herrschen. Teile der USA und des Nahen Ostens werden durch die Hitze unbewohnbar. Große Teile der Weltbevölkerung werden unter Wasserknappheit leiden. Sehr viele Menschen werden durch Hitzestress, Infektionen und Unterernährung sterben. Missernten und Hungersnöte treten immer häufiger auf. An anderen Orten gibt es zu viel Wasser. Es drohen Überflutungen weltweit, z. B. auch in vielen Metropolen wie New York, Hamburg, Mumbai, Shanghai… Immer mehr Menschen werden fliehen, die einen auf der Suche nach Nahrung und Wasser, die anderen Schutz vor Überflutungen, Stürmen… Hurrikans, Tornados und Stürme werden immer größere Ausmaße annehmen. Kriege um Ressourcen werden kaum zu verhindern sein. Bei einer noch höheren Erwärmung kann man die Folgen kaum noch vorhersagen. Sicher ist aber, dass fast alle heute bekannten Arten dann ausgestorben sein werden. Die menschliche

Zivilisation kann nicht weiter existieren. (Vgl. Quarks o. J.: Das passiert, wenn wir es nicht schaffen. Den Klimawandel stoppen.)

Im Moment sind wir, mit den derzeitigen Bemühungen, auf einem Pfad Richtung drei bis vier Grad! (Vgl. Autor*innen von Scientists for Future 2022, S. 168)

Für weitere Informationen

Intergovernmental Panel on Climate Change (IPCC / Weltklimarat): Sechster IPCC-Sachstandsbericht – AR6. www.de-ipcc.de/250.php.

Klimafakten. de / Deutsches Klimakonsortium et al. (Hrsg.): WAS WIR HEUTE ÜBERS KLIMA WISSEN -- Basisfakten zum Klimawandel, die in der Wissenschaft unumstritten sind. www.klimafakten.de/meldung/was-wir-heute-uebers-klima-wissen-basisfakten-zum-klimawandel-die-der-wissenschaft und www.klimafakten.de/sites/default/files/downloads/waswiruebersklimawissen-akt202222-09-23druck.pdf.

Klimafakten.de: Basiswissen. www.klimafakten.de/fakten-statt-behauptungen/basiswissen.

Latif, Mojib: Countdown: Unsere Zeit läuft ab – was wir der Klimakatastrophe noch entgegensetzen können. Freiburg im Breisgau 2022. (Herder)

Latif, Mojib: Heißzeit: Mit Vollgas in die Klimakatastrophe - und wie wir auf die Bremse treten. Freiburg im Breisgau 2020. (Herder)

Lesch, Harald / Scorza, Cecilia / Theis-Bröhl, Katharina: Den Klimawandel verstehen. Berlin 2021. (Springer)

Nelles, David / Serrer Christian: Kleine Gase – große Wirkung. Der Klimawandel. Friedrichshaven 2018. (KlimaWandel GbR)

Plöger, Sven: Zieht euch warm an, es wird heiß! Den Klimawandel verstehen und aus der Krise für die Welt von morgen lernen. 2020. (Westend)

Safran Foer, Jonathan: Wir sind das Klima! Wie wir unseren Planeten schon beim Frühstück retten können. Frankfurt 2021. (S. Fischer)

Thunberg, Greta et al.: Das Klima-Buch. Frankfurt 2022. (S. Fischer)

Quarks WDR: Klimawandel stoppen. Das passiert, wenn wir es nicht schaffen. www.youtube.com/watch?v=FoMzyF_B7Bg.

Wiegandt, Klaus (Hrsg.). 3 Grad mehr. Ein Blick in die drohende Heißzeit und wie uns die Natur helfen kann, sie zu verhindern. München 2022. (Oekom)

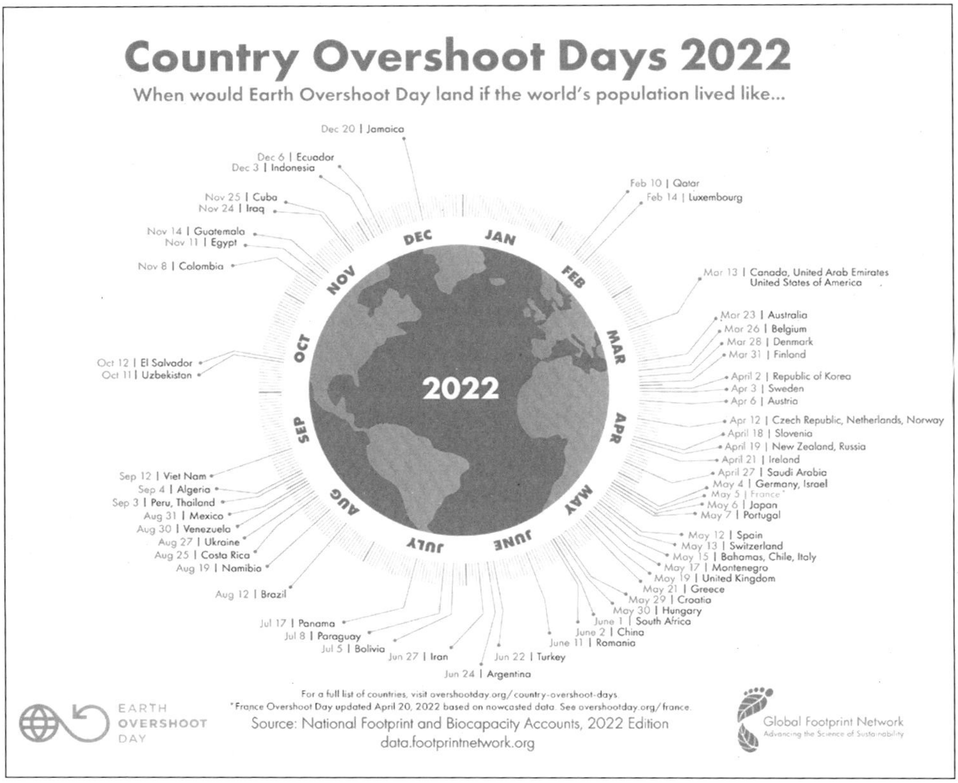

Abb. 4: Jedes Jahr wird der »Earth Overshoot Day« berechnet, d. h. der Tag, an dem die natürlichen Ressourcen, die noch nachwachsen können, verbraucht sind. Ab diesem Tag wird auf Kosten von Ressourcen gelebt, die nicht mehr nachwachsen können, d. h. es wird auf Kosten der Natur und Biodiversität, aber auch auf Kosten der jungen Menschen und der kommenden Generationen gelebt. Im Jahr 2022 war der Earth Overshoot Day der 28. Juli, d. h. eigentlich dürften ab dem Tag keine weiteren Ressourcen mehr verbraucht werden, bzw. die Ressourcen, die bis dahin verbraucht wurden, hätten so eingeteilt werden müssen, dass sie für ein ganzes Jahr reichen.
Die Grafik zeigt den »Country Overshoot Day« für verschiedene Länder an. Deutschland liegt noch weit über dem Durchschnitt, das Datum, an dem alle Ressourcen, die noch nachwachsen können, verbraucht sind, war im Jahr 2022 der 4. Mai! Auch das zeigt auf, wie ungerecht gegenüber der Natur, gegenüber Menschen anderer Länder und gegenüber kommenden Generationen unser Lebensstil ist. (Quelle: York University Ecological Footprint Initiative & Global Footprint Network. National Footprint and Biocapacity)

1.3 Fakten der Biodiversitätskrise (bzw. Biodiversitätskatastrophe)

Die Biodiversitätskrise, d. h. das weltweite Artensterben, ist mindestens so dramatisch wie die Klimakrise, doch ist sie noch viel weniger im Fokus. Tierarten sterben zunehmend aus und auch die Anzahl der Individuen nimmt rasant ab. Wie wenig Raum wir der natürlichen Tierwelt noch geben, wird in einem Vergleich deutlich, der im neuen Bericht des Club of Rome (vgl. Club of Rome 2017, S. 46 f.) dargestellt wird. Dort wird das gesamte Körpergewicht aller wildlebenden Landwirbeltiere mit dem gesamten Körpergewicht von Nutztieren und Menschen verglichen. Es wird also die Masse aller wildlebenden Landwirbeltiere, d. h. aller Säuge- und Beuteltiere (Elefanten, Elche, Ratten, Waschbären, Kängurus usw.), Amphibien (Frösche, Kröten usw.) und Reptilien (Krokodile, Echsen usw.) weltweit ins Verhältnis zur Masse von Menschen und Nutztieren gesetzt. Das Verhältnis ist 3 Prozent zu 97 Prozent. (Vgl. Weizsäcker/Wijkman 2017, S. 46) Alle Landwirbeltiere weltweit machen nur noch 3 Prozent der Masse aus! Die 97 Prozent schlüsseln sich weiter auf in 65 Prozent Nutztiere und 32 Prozent Menschen. Der Club of Rome spricht inzwischen von der Problematik einer »vollen Welt«. (Vgl. Weizsäcker/Wijkman 2017 und Weizsäcker 2022)

Seit 2017 ist auch das Insektensterben stärker in den Fokus gerückt. In einer Langzeitstudie des Krefelder Entomologischen Vereins wird dokumentiert, dass es in den vergangenen drei Jahrzehnten einen dramatischen Insektenschwund gegeben hat. Das Gewicht der Insektenmasse ist um 76 Prozent und in den Hochsommermonaten sogar um 82 Prozent zurückgegangen (vgl. Glaubrecht 2021, S. 527), was ältere Personen auch daran bemerken können, dass die Windschutzscheiben der Autos nicht mehr wie früher nach längeren Fahrten von Insekten übersät sind. Dass dieser Insektenschwund Auswirkungen auf die Nahrungskette hat, ist offenkundig. So ist z. B. festzustellen, dass seit 1800 80 Prozent der heimischen Vögel verschwunden sind. (Glaubrecht 2021, S. 32) An diesen Zahlen und Beispielen wird deutlich, wie raumgreifend wir uns gegenüber der natürlichen Mitwelt verhalten, wie externalisierend unser Verhältnis gegenüber der natürlichen Welt ist, dass wir ihr zunehmend weniger Raum zubilligen.

Der Weltbiodiversitätsrat (IPBES) zeigt auf, dass ca. 25 Prozent der Arten in den meisten Tier- und Pflanzengruppen vom Aussterben bedroht sind – mehr als jemals zuvor. (Vgl. IPBES 2019, S. 8) Besonders problematisch ist die Geschwindigkeit des Aussterbens. Tierarten sterben aktuell 10- bis 100-mal schneller aus, als es unter Umständen, die nicht durch den Menschen beeinflusst sind, der Fall wäre, und das Artensterben nimmt immer mehr zu. (Vgl. S4F Biodiversität-Artensterben, Aussterbeschuld. 22.02.2022. und IPBES 2019, S. 9) Wir befinden uns mitten in einem Massenartensterben in noch nie dagewesenem Ausmaß.

Über 40 Prozent aller Amphibienarten, fast ein Drittel der riffbildenden Korallen, mehr als ein Drittel der Meeressäugetiere sind vom Aussterben bedroht. Seit 1500 sind mindestens 680 Wirbeltierarten ausgerottet worden. (Vgl. IPBES 2019, S. 9) Die globale Masse von Wildsäugetieren ist um 82 Prozent zurückgegangen.

Weiterhin brisant ist die Zerstörung von Lebensraum. Rund 9 Prozent der 5,9 Millionen terrestrischen Arten haben keinen Lebensraum mehr, der ihnen langfristig das Überleben ermöglicht, es sei denn, ihr Lebensraum würde wiederhergestellt. (Vgl. IPBES 2019, S. 9)

Insgesamt wird eine Verschlechterung des Zustands aller Land- Süßwasser- und Meeresökosysteme von 47 Prozent zum bekannten Ursprungszustand angenommen. (Vgl. IPBES 2019 S. 6) Meeresökosysteme auf der ganzen Welt zeigen den Einfluss menschlichen Handelns: Zunehmende Zerstörung der Küstenökosysteme, dramatische Verschlechterung des Zustands der Korallenriffe, Überfischung der Meere, Mikro- und Nanopartikel aus Plastik sind neben vielen weiteren Schadstoffen in allen Gewässern zu finden und damit auch in den unterschiedlichsten Nahrungsketten, Versauerung der Ozeane durch den Anstieg des CO_2-Gehalts, Eutrophierung der Gewässer durch Düngemittel der Landwirtschaft etc. (Vgl. IPBES 2019, S. 9)

Im Bericht des Weltbiodiversitätsrates wird deutlich, dass viele Ökosystemleistungen für die menschliche Gesundheit unerlässlich sind: Für die Wasser- und Luftqualität, für gesunde und vielfältige Nahrungsmittel, für Medikamente, für die psychische Gesundheit, Natur als Erholungsraum etc.

Durch die intensive Tierhaltung und die Zurückdrängung der natürlichen Lebensräume steigt die Gefahr für Zoonosen erheblich, d.h. von Krankheiten, die von Tieren auf Menschen überspringen. (Vgl. IPBES 2019, S. 5) Wie sehr dies unser Leben und das aller Menschen weltweit beeinflussen kann, wurde während der Covid-19-Pandemie deutlich. Und es sind durchaus auch noch aggressivere Viren denkbar…

Der Evolutionsbiologe und Professor für Biodiversität der Universität Hamburg, Matthias Glaubrecht, warnt in seinem Buch »Das Ende der Evolution« (2021) eindringlich vor den Folgen der menschlichen Expansion auf diesem Planeten, der Biodiversitätskrise und des Artensterbens: »Obgleich wir nur diese eine Erde besitzen, leben wir längst in einer Weise über unsere Verhältnisse, die befürchten lässt, dass das Ende der Evolution nahe sei – nicht nur eines Großteils aller anderen Arten, mit denen wir die Welt teilen, sondern auch unserer eigenen.« (Glaubrecht 2021, S. 25) Glaubrecht führt aus, dass gegenüber der Problematik des rasanten Massenaussterbens von Arten, das in der Folge auch die menschliche Existenz auf diesem Planeten gefährdet, der Klimawandel nur ein Nebenschauplatz ist. (Vgl. Glaubrecht 2021, S. 26)

»Eng mit der Bevölkerungsexplosion ist eine weitere Ursache des allgemeinen Artenschwundes verknüpft: unsere moderne Lebensweise mit ihrem unstillbaren und überzogenen Ressourcenverbrauch, insbesondere unsere Landwirtschaft. Die Plünderung der Rohstoffe und Übernutzung der biologischen Reserven vernichtet indirekt und direkt zahllose andere Lebewesen. Bereits jetzt sind mehr als drei Viertel der eisfreien Landfläche der Erde nicht mehr im ursprünglichen, das heißt in einem nicht vom Menschen wesentlich manipulierten Zustand. Überall auf der Erde verändern wir Le-

bensräume in großem Stil ... Wir übernutzen und überfordern unsere Umwelt zu Wasser wie an Land. An vorderster Front ... steht dabei der Verlust an Wäldern weltweit. Rund um den Globus wird es viele Waldökosysteme bald nicht mehr geben. ... Und der Verlust an Arten setzt sich im Aquatischen fort, wo wir die Meere plündern und mit unseren anthropogenen Produkten verpesten. Ohne die vielen bisher darin lebenden Organismen aber werden Ozeane biologisch weitgehend zu Wasserwüsten werden.«

(Glaubrecht 2021, S. 31 f.)

Glaubrecht stellt heraus, dass das vom Menschen verursachte Massensterben eine der größten Gefahren für die Menschheit ist und dass dieses noch durch den Temperaturanstieg verstärkt wird. (Vgl. Glaubrecht 2021, S. 34) Das bisherige Aussterben wurde weitgehend ohne die Klimaveränderungen erzeugt. Der Klimawandel potenziert die Situation. Bei einer Erwärmung über 2 Grad könnten mehr als 50 Prozent aller Arten aussterben. (Vgl. S4F Biodiversität-Artensterben Aussterbeschuld. 22.02.2022)

Glaubrecht betont, dass es auch in Bezug auf Ökosysteme und die Biodiversität Kipppunkte gibt. Biologische Systeme sind sehr komplex, bestehen aus einer Vielzahl an Arten. Der Ausfall einzelner Arten kann durch andere ausgeglichen werden, solange ausreichend Arten da sind. »Fallen indes zu viele Arten aus und wird der Druck zu groß, zerreißt dieses vielfach gestrickte ökologische Gewebe irgendwann.« (Glaubrecht 2021, S. 34) Die Lage kippt, und das System bricht zusammen. Eine Eigenregulierung kann dann nicht mehr stattfinden. (Vgl. Glaubrecht 2021, S. 35) Die Menschheit steht in Bezug auf das Artensterben und die Biodiversität am Wendepunkt. Es ist dringend Zeit, etwas zu verändern, der Zerstörung und Ausbeutung Einhalt zu gebieten, der Natur wieder mehr Raum zu lassen, großräumige Schutzzonen zu errichten, grundlegende wirtschaftliche und gesellschaftliche Veränderungen vorzunehmen. Gelingt dieses nicht, kann die Artenkrise zur Apokalypse werden, und die Zukunft des Menschen wird kürzer ausfallen als seine Vergangenheit. (Vgl. Glaubrecht 2021, S. 36)

Glaubrecht skizziert zwei Szenarien für das Jahr 2062. Das eine zeigt auf, wie Menschen weiterhin ihre Zukunft zerstören, indem sie weiter Arten und Lebensräume vernichten, der fortschreitende Klimawandel das Artensterben noch befeuert. Schon in der zweiten Hälfte dieses Jahrhunderts werden viele Menschen der Erde dann keine Überlebensperspektive mehr haben. Das andere Szenario zeigt auf, wie tiefgreifende Veränderungen vorgenommen werden und Menschen eine gute Lebensgrundlage auf dieser Erde für sich und mit ihnen für viele Arten erhalten. (Vgl. Glaubrecht 2021, S. 862 ff.)

Die Wahl zu entscheiden, in welches Szenario wir steuern werden, haben wir jetzt.

Glaubrecht und viele andere Biologen fordern, dass mindestens 50 Prozent der Erde unter Naturschutz gestellt werden müssen; als kurzfristiges Ziel sollte bis zum

Jahr 2030 die Menge der Naturschutzgebiete von 15 auf 30 Prozent verdoppelt werden. So hätten wir noch die Möglichkeit, einen großen Teil der Biodiversität zu erhalten. (Vgl. Glaubrecht 2021: Interview Aspekte. www.youtube.com/watch?-v=Z4luevVASWk.)

Für weitere Informationen

Busse, Tanja: Das Sterben der anderen. Wie wir die biologische Vielfalt noch retten können. München 2. Aufl. 2021. (Blessing)

Busse, Tanja: Klimawandel und Artensterben. Gemeinsam gedacht. Gemeinsam publiziert. In: Klima vor acht: Medien in der Klima-Krise. München 2022. (Oekom)

Glaubrecht, Matthias: Das Ende der Evolution. Der Mensch und die Vernichtung der Arten. München 2021. (Pantheon)

Intergovernmental Science-Policy Platform on Biodiversity and Ecosystem Services (IPBES) / Weltbiodiversitätsrat: Das »Globale Assessment« des Weltbiodiversitätsrates IPBES. Die umfassendste Beschreibung des Zustands unserer Ökosysteme und ihrer Artenvielfalt seit 2005 – Chancen für die Zukunft. Auszüge aus dem »Summary for policymakers (SPM). www.db.zs-intern.de/uploads/1557412353-IPBESFactsheet.pdf.

1.4 Nicht ausreichende Verortung dieser Inhalte in Schulen und Unterricht

Die dargestellten Fakten zeigen: Unser Lebensstil ist zerstörerisch. Er duldet und fördert ausbeutende Arbeitsstrukturen bis hin zur Sklaverei, er nimmt Menschen schon jetzt, vornehmlich im globalen Süden, jungen Menschen und kommenden Generationen zunehmend die Lebensgrundlagen. Klimaveränderungen und Biodiversitätskrise gefährden das menschliche Leben auf dieser Erde. Es geht inzwischen schlicht um das Überleben unserer Spezies. Doch wir leben, als gäbe es das alles nicht. Es findet irgendwie alles in einer Parallelwelt statt, die kaum in unser Bewusstsein vordringt. Es wird weiter konsumiert. Fast Fashion, regelmäßig neue Smartphones, der Individualverkehr nimmt weiter zu, es gibt einen Trend zu immer größeren und schwereren Wagen, Wälder müssen neuen Autobahnen weichen, Urlaubsreisen in entlegenste Winkel der Erde, der Flugverkehr expandiert, der weltweite Fleischverzehr nimmt weiter zu... Und wir leben, als hätten wir ein Recht auf all dieses. Hinterfragungen dieses grenzenlosen Konsumverhaltens und auch die Forderung nach Begrenzung werden häufig als »Bevormundung« wahrgenommen und als solche abgelehnt.

Die existentielle Bedrohungslage, die durch unseren Lebensstil und unser Wirtschaftssystem entstanden ist, ist kaum in unserem Leben präsent. Erst durch die Bewegung Fridays for Future gelangte die Klimabedrohung zumindest in Ansätzen auch in die Medien, Nachrichten und politische Diskussionen, obwohl längst noch nicht in ausreichendem, ihrer Dramatik angemessenen Umfang. So war das Thema Klima z. B. während der Corona-Pandemie immer nur ein sehr untergeordnetes, obwohl namhafte Wissenschaftler nicht müde werden hervorzuheben, dass die Corona-Pandemie längst nicht so gefährlich ist wie die Klimasituation. So betont beispielsweise der Klimaexperte Volker Quaschning:

> *»Die Coronakrise ist ja eigentlich Kindergarten, wenn wir uns überlegen, was aus der Klimakrise auf uns zukommt. Das heißt, wenn wir das nicht stoppen und Business as usual machen, werden die Temperaturen gegen Ende des Jahrhunderts um drei, vier oder gar fünf Grad Celsius ansteigen. … In der Folge können wir früher oder später in größeren Bereichen Deutschlands die Landwirtschaft vergessen. Wir verlieren den Wald, früher oder später auch die Küstenstädte. Und wenn wir sehen, was weltweit auf uns zurollt, ist am Ende dann sogar … die Zerstörung der menschlichen Zivilisation wirklich realistisch.«*
>
> **(Quaschning im Interview / Deutschlandfunk 19.03.2021)**

Die Biodiversitätskrise ist in den Medien noch viel weniger präsent. Dass hier eine grundlegende Bedrohungslage vorliegt, wird kaum kommuniziert. Tier- und Naturdokumentationen thematisieren zwar immer wieder das Aussterben von Arten, aber dass diese Problematik so gravierend ist, dass sie das Überleben der menschlichen Spezies gefährdet, bildet sich in den Medien nicht ab. Dabei wäre angesichts der Problematik zu erwarten, dass diese in die tagesaktuelle Berichterstattung mit großer Priorität einfließt, was definitiv nicht der Fall ist.

Medien sind für den gesamten Bildungssektor von Bedeutung. Ein marginales Thematisieren dieser Inhalte suggeriert den Menschen, dass viele andere Themen wohl doch wichtiger sind. Die unzureichende Repräsentation wird von vielen Seiten inzwischen angemahnt, so z. B. vom »Netzwerk Klimajournalismus« (www.klimajournalismus.de/charta.) und der Initiative »Klima vor acht«, die regelmäßige und gut recherchierte Berichterstattung zu Klima und Biodiversität zu prominenten Zeiten, z. B. vor der Tagesschau einfordert. (S. dazu auch die aktuelle Publikation von Klima vor acht, »Medien in der Klima-Krise« 2022 und www.klimavoracht.de)

Eine gute mediale Berichterstattung ist auch für die schulische Thematisierung dieser Inhalte von Bedeutung und kann diese unterstützen. Denn auch in der Schule und im schulischen Unterricht sind die Biodiversitäts- und Klimakrise trotz der großen Bedrohungslage viel zu wenig präsent. Es gibt kein Fach, das sich angemessen dieser Thematik widmet. Biodiversität und Klima kommen zwar in den Lehrplänen und Curricula unterschiedlicher Fächer vor, aber angesichts der Dringlichkeit noch in viel zu geringem Umfang. Biodiversität kann im Fach Biologie thematisiert werden, die Klimakrise im Fach Geographie. Globale Ungleichheit kann in Politik aufgegriffen werden. Diese Fächer sind aber sogenannte »Nebenfächer« und kommen nur mit wenigen Stunden in der Stundentafel vor, bzw. können auch abgewählt werden. Eine so marginale Thematisierung der drängendsten Problemfelder dieser Zeit ist keinesfalls ausreichend. Wenn eine gesellschaftliche Transformation zu viel mehr Nachhaltigkeit nötig und gewollt ist, und dazu gibt es keine Alternative, müssen Schüler*innen gründlich darauf vorbereitet werden. Der gesamte Bildungssektor ist gefordert, fundiertes Wissen zur Klima- und Biodiversitätskrise (und damit auch verbunden zur Problematik unseres externalisierenden Lebensstils) zu vermitteln.

Es ist wichtig, dass Schüler*innen in Zeiten von Fake-News und vielfältigem Lobbyismus, die intendieren, die Klimaproblematik zu negieren oder zu verharmlosen, die wirklichen Fakten kennen und den Konsens der Wissenschaft zur Klima- und Biodiversitätsproblematik anerkennen. Daran anknüpfend kann dann Akzeptanz für nötige und auch einschneidende Klima- und Naturschutzmaßnahmen gefördert werden. Handlungsoptionen aufzuzeigen und umzusetzen, die Schüler*innen Selbstwirksamkeitserfahrungen machen lassen, sind darüber hinaus von hoher Bedeutung.

Klimabildung kann nicht nur in einzelnen Fächern stattfinden, sondern benötigt eine fächerübergreifende Herangehensweise, um der Komplexität der Inhalte gerecht werden zu können. Gerade in Bezug auf die Klima- und Biodiversitätskrise wird deutlich, dass sich schulische Bildung an der Welt und ihren zukünftigen Problemen orientieren muss, nicht nur rückwärtsgewandt an historischen Inhalten. Es geht darum, Kompetenzen zu entwickeln, um auf die relevanten Themen vorbereitet zu sein, um gesellschaftliche Veränderungen mitzutragen, um gesellschaftliche und politische Verantwortung zu übernehmen und an Lösungsstrategien mitzuwirken. Aufgrund der Relevanz der Problematik für die Zukunft der Erde, müsste die Thematik Klima- und Biodiversität im Zentrum der schulischen Bildung stehen. Davon ist sie bislang weit entfernt. Dass hier organisatorische Veränderungen nötig sind, ist offenkundig.

Die Problematik lässt aber nicht mehr viel Zeit für langfristige strukturelle Veränderungen, obwohl diese selbstverständlich angestrebt werden sollten. Die Thematik muss schnell und effektiv in die Schulen und in den Unterricht kommen, auch wenn ein umfassendes Konzept noch fehlt. Wie Klimabildung möglichst schnell auch in den gegebenen Strukturen umsetzbar ist, dazu sollen in diesem Buch Anregungen gegeben werden.

1.5 Das Projekt 20

Gregor Hagedorn und Felix Peter von Scientists for Future fordern aufgrund der Klima- und Biodiversitätssituation eine groß angelegte Bildungsoffensive, das

»Projekt 20«. Sie fordern dazu auf, »…für Aufklärung über Herausforderungen, Risiken und Lösungen der Nachhaltigkeitskrise…« mindestens 20 Prozent der öffentlichen Bildungs- und Aufklärungsarbeit einzusetzen.

> *»20 Prozent der Unterrichtszeit in Schulen und Hochschulen,*
> *20 Prozent der Sendezeit des öffentlich-rechtlichen Rundfunks (jeweils innerhalb der Sendezeit-Blöcke),*
> *20 Prozent der Forschungs- und Wissenschaftsförderung,*
> *20 Prozent der Werbeflächen im öffentlichen Raum,*
> *20 Prozent des Öffentlichkeitsbudgets und*
> *20 Prozent der Mitarbeiter:innenfortbildungen aller öffentlichen Verwaltungen, Anstalten, Betriebe und Stiftungen.«*
>
> **(Hagedorn / Peter 2021, S. 186)**

Dieses bedeutet auch für Schulen und Unterricht, dass in vielen Bereichen viel mehr Zeit zur Auseinandersetzung mit der Klima- und Biodiversitätskrise eingesetzt werden muss. Dass diese Forderung angesichts der Dramatik der Problematik nicht zu hoch gegriffen ist, sollte im ersten Teil dieses Buches deutlich geworden sein.

Dieses Buch schließt sich der Forderung an, mindestens 20 Prozent der schulischen Unterrichtszeit der Klima- und Biodiversitätsproblematik zu widmen (Wissensvermittlung zu Klima und Biodiversität, Akzeptanz für Maßnahmen, Lösungs- und Handlungsstrategien etc.). Wichtig ist aber: Diese 20 Prozent sollen nicht noch »oben drauf« gesetzt werden, sondern dafür müssen natürlich andere Inhalte aussortiert oder verkürzt werden, um Schüler*innen nicht noch mehr zu belasten. Lehrpläne und Curricula sollten »entrümpelt« werden, um Platz für wirklich zukunftsrelevante Inhalte zu schaffen!

Es ist also richtig, dass Hagedorn und andere eine breit angelegte Bildungsoffensive fordern. An dieser Stelle soll aber unterstrichen werden, dass diese Forderung nach Klima- und Biodiversitätsbildung auch andere Bereiche als die der (schulischen) Kinder- und Jugendbildung betrifft und betreffen muss. Es müssen mit großer Priorität die Erwachsenen aller Altersstufen erreicht werden, was die Bildungsoffensive ja auch intendiert. Sie sind diejenigen, die die Klima- und Biodiversitätskrise verursacht haben und weiter verursachen. Es sind Erwachsene, die die politischen Entscheidungen treffen, die über die Zukunft unserer Kinder und Enkel entscheiden. Denn es ist sehr ungerecht, dass Kinder und Jugendlichen jetzt so viel Zeit ihrer schulischen Sozialisation Klimabildung und BNE widmen müssen. Sie haben diese Problematik nicht verursacht, und es ist unfair, dass sie jetzt mit dieser Problematik so massiv konfrontiert sind und es auch in Zukunft zunehmend sein werden. Es ist unerträglich, dass nach wie vor noch viel zu wenig

geschieht und viele Erwachsene immer noch sehr klimaschädliches Verhalten zeigen, das zu Lasten der Kinder, Jugendlichen und der kommenden Generationen geht.
Deshalb: Bildungsoffensiven für Erwachsene sind absolut nötig!

Für weitere Informationen

Hagedorn, Gregor / Peter, Felix: Was müssen wir anders machen? Wie wir uns und unseren Kindern eine Zukunft gewinnen. In: Dohm, Lea / Peter, Felix / van Bronswijk, Katharina: Climate Action – Psychologie der Klimakrise. Handlungshemmnisse und Handlungsmöglichkeiten. Gießen 2021. (Psychosozial-Verlag). In diesem Aufsatz wird auch das »Projekt 20« angeregt. (Psychosozial-Verlag)
Klima vor acht: Medien in der Klima-Krise. München 2022. (Oekom)
Spahn-Skrotzki, Gudrun: Klimakrise und Bildung. In: Klima vor acht: Medien in der Klima-Krise. München 2022. S. 133–142. (Oekom)

2. Die Notwendigkeit einer gesellschaftlichen Transformation

2.1 Befreiung vom Wachstumsparadigma

Das Expert*innen-Gremium »Club of Rome« warnte schon 1972 auf Basis umfangreicher Analysen, dass unbegrenztes Wachstum in einer begrenzten Welt nicht möglich ist, und mahnte eine veränderte Wirtschaftsweise an, die nicht permanent mehr Ressourcen der Erde verbraucht als nachwachsen können. (Vgl. Club of Rome 1972) Sehr deutlich skizzierte der Club of Rome die Notwendigkeit, einen weltweiten »Gleichgewichtszustand« zu erreichen, bei dem die Kluft zwischen den »Entwicklungsländern« und den »hochentwickelten Industrienationen« überwunden wird, bei dem das Bevölkerungswachstum nicht permanent weiter zunimmt und bei dem »Industrienationen« nicht weiter auf Kosten der »Umwelt« wachsen. (Vgl. Club of Rome 1972, S. 171) Ein immer weiteres Wachstum führe, so zeigte der Club of Rome in seinem Bericht auf, unweigerlich in eine Katastrophe. Je knapper die Ressourcen und die intakten Lebensräume würden, umso schwieriger wäre das weltweite Verteilungsproblem, massive Konflikte und Machtkämpfe zwischen einzelnen Ländern und Regionen der Erde entstünden in der Folge. Der Mensch stehe also nicht nur vor der Frage, »… ob er als biologische Spezies überleben wird, sondern ob er wird überleben können, ohne den Rückfall in eine Existenzform, die nicht lebenswert erscheint.« (Club of Rome 1972, S. 176)

Man ist fassungslos, wenn man den Bericht des Club of Rome von 1972 heute liest und sieht, wie exakt er schon 1972 die katastrophalen Folgen eines Wirtschaftssystems beschreibt, das permanent auf Wachstum setzt, und dann feststellt, wie wenig in der Folge des Berichts passiert ist, um diese Zukunft abzuwenden.

50 Jahre sind seitdem vergangen, unsere Wirtschaft setzt nach wie vor auf Wachstum, und die Situation hat sich mit der Klima- und Biodiversitätskrise zugespitzt. Dennoch findet man in der gesellschaftlichen und politischen Diskussion kaum Forderungen nach weniger Wachstum. Selbst die Grünen postulieren »klimagerechten Wohlstand«, der nicht grundsätzlich fortschreitendes Wachstum hinterfragt. (Vgl Länderrat / Grüne 2021) Das »grüne Wachstum« (Wachstum, bei dem vor allem nachhaltige Technologien wachsen sollen), auf das die demokratischen Parteien derzeit mehr oder weniger intensiv setzen und das sug-

geriert, dass alles so bleiben könne, wie es ist, gaukelt eine Lösung vor, die nicht funktionieren kann.

Das Umweltbundesamt stellt fest:

> *»Der deutsche Ausstoß an Treibhausgasen pro Person liegt, wenn man den Export und den Import von Gütern berücksichtigt, derzeit im Durchschnitt bei 11,2 Tonnen CO_2-Äquivalenten (CO_2e). Es bestehen global gesehen sehr große Unterschiede im Konsumniveau. Der durchschnittliche Ausstoß einer*eines Deutschen liegt mehr als 60 % über dem Weltdurchschnitt und mehr als viermal so hoch wie der Wert von Indien…*
> *Aber auch innerhalb Deutschlands zeigt sich eine große Spannbreite. Während die klimafreundlichsten 10 % der Bevölkerung mit durchschnittlich 7 Tonnen CO_2e auskommen und damit 40 % unter dem Durchschnittswert von 11,2 Tonnen CO_2e liegen, ist der Wert für die 10 % der Bevölkerung mit dem höchsten CO_2-Fußabdruck mit 17,7 Tonnen CO_2e mehr als doppelt so groß und liegt mehr als 50 % über dem deutschen Durchschnitt. Klimaverträglich wäre ein weltweiter Pro-Kopf-Ausstoß von unter 1 Tonne CO_2e. Dies macht deutlich, dass das deutsche Konsumniveau nicht global verallgemeinerbar ist und nachhaltiger Konsum große Anstrengungen erfordert. Für den Treibhausgasausstoß pro Person in Deutschland ist eine Minderung in Höhe von rund 95 Prozent gegenüber dem heutigen Stand notwendig.«*
>
> **(Umweltbundesamt 2021)**

Mit diesen Tatsachen wird die gesamte Problematik deutlich: Wenn wir globale Gerechtigkeit wollen, d. h. allen Menschen die gleichen Rechte zubilligen, CO_2 zu emittieren, müssten wir allen zugestehen, ebenso wie wir zu emittieren, d. h. ca. 11 Tonnen pro Jahr. Dass dieses ökologisch desaströs wäre, ist offenkundig, der Klimakollaps wäre noch schneller da. Sowohl aus Gründen der globalen Gerechtigkeit als auch des Klimaschutzes gibt es nur die Option, dass wir uns auf Emissionen unter 1 Tonne pro Jahr hinbewegen müssen. Nur das wäre laut Angaben des Umweltbundesamts klimaverträglich und zudem global gerecht. Diese Verringerung ist eine immense Herausforderung. Niko Paech und sein Ansatz der Postwachstumsökonomie, auf den unten noch eingegangen wird, fordert zumindest eine Reduktion auf 2,7 Tonnen, was seiner Ansicht nach noch ökologisch vertretbar wäre und der Klimakatastrophe Einhalt geböte. Dass aber diese Verringerung des CO_2-Ausstoßes pro Kopf allein mit grüner Technik erzielt werden kann, ist, so wird aus den Zahlen deutlich, utopisch. Zumal die Zeit drängt. Alles, was in den nächsten Jahren noch nicht an Reduktion erreicht wird, reduziert das Budget für die daran anschließenden Jahre bis 2050. So resümiert Niko Paech: »Wer diese Forderung (sich auf wenigstens 2,7 Tonnen CO_2 pro Jahr zu beschränken d. V.) ablehnt, will entweder keinen Klimaschutz oder keine globale Gerechtigkeit.« (Paech 2016, S. 99)

Es wird deutlich: Wir können keinesfalls so weiterleben wie bisher. Wir können uns nicht mehr so ernähren wie bisher, weiter so mobil sein wie bisher, weiter so konsumieren wie bisher, weiter so wohnen und heizen wie bisher, weiterhin so viel Energie verbrauchen... Das lassen die ökologischen Grenzen und der fortschreitende Klimawandel nicht mehr zu, wenn wir denn eine Erde erhalten wollen, auf der die Spezies Mensch weiter gut leben kann. Mit dieser Tatsache müssen wir uns endlich konfrontieren. Politik und auch der Bildungsbereich sind gefordert, sich mit diesen Fakten auseinander zu setzen und keine Augenwischerei zu betreiben, die vorgibt, mit ein bisschen Mülltrennung, einem vegetarischen Gericht pro Woche oder dem Umstieg auf ein E-Auto die Klima- und die Biodiversitätskrise zu stoppen. »Ökologische Fußabdruckrechner« führen die Problematik übrigens auch sehr anschaulich vor Augen.

Zusammenfassend ist festzuhalten: Eine grundlegende Transformation ist nötig zu viel mehr Bescheidenheit, d. h. Klimaschutz und Einsparungen von CO_2, zu deutlich weniger und nachhaltigem Konsum, zu nachhaltiger Ernährung, zu viel weniger und nachhaltigerer Mobilität, d. h. auch zu einer neuen »Sesshaftigkeit« (vgl. Paech), zu einer grundlegenden Bewahrung von Natur und ihren Ressourcen etc.

Es geht darum, Lebens- und Wirtschaftskonzepte zu entwickeln, die der Club of Rome schon vor 50 Jahren anregte: Kein weiteres entgrenztes Wachstum mehr, sondern das Anstreben eines Gleichgewichtszustands zwischen den armen und reichen Regionen der Erde, kooperativen und solidarischen Lebensformen und einen Ressourcenverbrauch, der auf Nachhaltigkeit angelegt ist, bei dem nicht mehr Ressourcen verbraucht werden als nachwachsen können. Dass dieses für die entwickelten Länder ein weniger an Wachstum bedeuten muss, wird nach den oben aufgeführten Zahlen deutlich. Dass dieses nicht eine Einbuße von Lebensqualität heißen muss, soll im Kapitel zur Postwachstumsökonomie dargestellt werden.

Für weitere Informationen

Global Footprint Network, Earth / Country Overshoot Day.: www.footprintnetwork.org/

Meadows, Dennis: Die Grenzen des Wachstums. Bericht des Club of Rome zur Lage der Menschheit. Stuttgart 1972. (Deutsche Verlags-Anstalt)

Ökologische Fussabdruckrechner: Z. B. www.fussabdruck.de/, www.wwf.de/themen-projekte/klima-energie/wwf-klimarechner.

Paech, Niko: Befreiung vom Überfluss. Auf dem Weg in die Postwachstumsökonomie. 9. Aufl. 2016. (Oekom)

Weizsäcker, Ernst-Ulrich von / Wijkman, Anders: Club of Rome: Der große Bericht. Wir sind dran. Was wir ändern müssen, wenn wir bleiben wollen. Eine Aufklärung für eine volle Welt. 2. Aufl. Gütersloh 2017. (Gütersloher Verlagshaus)

2.2 Abkehr vom Anthropozentrismus

Ich spreche in diesem Buch durchgängig von »Mitwelt« und vermeide den eher gebräuchlichen Ausdruck »Umwelt«. Denn im letztgenannten Begriff wird die ganze Problematik unseres Mensch-Natur-Verhältnisses deutlich. Wenn wir von »Umwelt« sprechen, implizieren wir, dass wir Menschen im Zentrum stehen und alles andere Leben »um« uns herum angeordnet ist. Auch wenn wir uns gegenüber der Natur verhalten, als wäre alles zu unserer Verfügung da und wir, als Zentrum von allem, können uns nach Belieben bedienen, zeigt schon ein Blick auf ökologische Zusammenhänge, dass dieses nicht stimmt: Wir leben in Lebensbezügen, wir sind auf die Natur und alles andere Leben angewiesen und können ohne intakte Natur und Biodiversität nicht leben. Deshalb verwende ich den Begriff »Mitwelt«, der auf den Naturphilosophen Klaus-Michael Meyer-Abich zurückgeht. Wir sind »mit« allem Leben. Es ist nicht alles zu unserer Verfügung da. Wir sind auch Teil der Natur, von ihr abhängig und in ihre evolutionären Zusammenhänge eingebunden. Dieses Verständnis vom Eingebundensein in natürliche Bezüge und auch vom Abhängigsein von diesen ist uns inzwischen mehr oder weniger verloren gegangen. Seit der Neuzeit bemächtigen wir uns der Natur und ihren Ressourcen mit deutlichen Auswirkungen. Der biblische Schöpfungsauftrag wird mit »Erde untertan machen« übersetzt und als Freibrief zu Aneignung und Ausbeutung missinterpretiert. Die Vorstellung vom Menschen als »Krone der Schöpfung«, ein Begriff, der übrigens biblisch so nicht formuliert wird, tut ihr Übriges, dass Menschen sich der Natur übergeordnet fühlen. Für Descartes waren Tiere dann Sachen, die wie »Maschinen« funktionieren, Kant unterschied in seiner Ethik zwischen Personen und Sachen. In der Folge von Descartes ordnet er die Tiere auf der Seite der »Sachen« ein. (Vgl. Hagencord Film Tierethik 2014) Diese theologische und philosophische Haltung anderem Leben gegenüber beeinflusst bis heute die Naturwissenschaften und die gesellschaftliche Entwicklung. Natur und andere Lebewesen stehen in dieser Perspektive mit großer Selbstverständlichkeit uns Menschen zur Verfügung und können deshalb ohne Rücksichtnahme ausgebeutet werden. Besonders verschärft hat sich die Problematik dann in den letzten hundert Jahren, in denen die menschliche Expansion gegenüber der Natur so exzessiv weitergeführt wurde, dass inzwischen alles auf dem Spiel steht. In der kolonialen Entwicklung wurden übrigens i. d. R. auch die Menschen anderer Kontinente der »Natur« zugerechnet und der Verfügungsgewalt der imperialen Staaten untergeordnet.

Inzwischen ist der Einfluss des Menschen auf die Natur so gravierend, dass man vom Zeitalter des Anthropozän spricht. Es gibt inzwischen mehr vom Menschen produzierte Masse als es Biomasse auf dieser Erde gibt. (Vgl. Elhacham et al. 2020)

Dass dieses Naturverständnis, das uns Menschen als Zentrum und Mittelpunkt von allem sieht, zerstörerisch ist, ist offensichtlich. Es ist nötig, dass wir unsere Abhängigkeit von der Natur und unser Eingebundensein in diese anerkennen. Es ist wichtig, dass wir verstehen, dass wir nur mit einer intakten Natur und Biodiversität und nur mit einer drastischen Begrenzung der Erderwärmung als menschliche Spezies eine Lebensperspektive auf dieser Erde haben, und die Qualität des Weiterlebens hängt ganz entscheidend davon ab, wie weit wir unsere Eingriffe in die Natur und Biosphäre zügeln können. Die gesamte Natur und Biosphäre zu schützen, sollte also unser ureigenes Interesse sein.

Übrigens ist dieses Ansinnen, die Natur zu schützen, auch sehr anthropozentrisch gedacht: Wir müssen die Natur und Biosphäre schützen, weil sonst unser eigenes Leben massiv in Gefahr ist. Auch bei dieser Perspektive stehen wir Menschen mit unseren Anliegen wieder im Mittelpunkt. Es stellen sich aber auch unabhängig von der anthropozentrischen Perspektive auf das eigene Wohlergehen Fragen zum Umgang mit anderem Leben: Haben wir das Recht, anderen Lebewesen die Lebensgrundlage zu nehmen, indem wir permanent natürliche Lebenszusammenhänge zerstören und Individuen und Arten damit die Lebensgrundlage nehmen? Was ist der »Zweck« anderer Lebewesen? Sind sie Ressource für unsere Bedürfnisse? Bestimmt sich ihr »Wert« allein in dem Nutzen, den wir ihnen zuschreiben? Dürfen wir andere Lebewesen entgegen ihrer natürlichen Lebensbedürfnisse für unsere Zwecke missbrauchen, ihnen zum Beispiel für ein Luxusgut wie Fleisch Qual und Schmerz zuzufügen, was in der industriellen Massentierhaltung geschieht? (Tierhaltung auf engstem Raum, Qualzüchtungen auf profitmaximierende Merkmale, Tiertransporte etc.)

Auch wenn wir uns auch sicher nie ganz aus einer anthropozentrischen Sichtweise werden lösen können, soll hier für eine biozentrische Perspektive geworben werden, wie sie z. B. Albert Schweitzer vertreten hat, für den die Erkenntnis leitend war: »Ich bin Leben, das leben will, inmitten von Leben, das leben will.« (z. B. Schweitzer 1986, S. 173) Jedes Leben hat nach Schweitzer den Willen zu leben. Und jedes Leben hat aus sich heraus einen Wert, unabhängig von dem Nutzen, den es für uns Menschen besitzt. Auch wenn es Schweitzer bewusst war, dass wir nicht leben können, ohne anderes Leben zu zerstören, sollte uns dieses Dilemma immer bewusst sein und uns anhalten, nur so wenig Leben zu schädigen wie irgend möglich.

Mit einer solchen Haltung allem Leben gegenüber, die wir von Albert Schweitzer lernen können, haben wir gute Perspektiven, uns zumindest teilweise aus der Anthropozentrik zu lösen, anderes Leben als solches zu achten und damit auch unsere eigenen Lebensgrundlagen zu erhalten.

2.3 Die Notwendigkeit von Veränderung und »Ökoroutine«

Eigentlich wissen wir, dass Fliegen klimaschädlich ist, genauso wie Fleischessen und vieles andere auch, handeln aber oft nicht entsprechend. Eine Bekannte von mir z. B. war vor einigen Jahren mit ihrer Familie auf den Malediven. Sie haben diese wunderbaren Inseln, die stark durch den Klimawandel bedroht sind, gesehen. Sie konnten z. B. auch die Korallenriffe, die zunehmend im Absterben begriffen sind, noch bestaunen. Sie waren auch in der traumhaften Karibik auf Jamaika. Madeira, Lanzarote, Griechenland und viele andere Inseln und Länder zählten zu ihren Reisezielen. Ihre Kinder waren schon zum Austausch in Afrika und Australien. Als weitere Ziele stehen noch für die nächste Zeit China und Neuseeland auf dem Plan.

Meine Freundin aus Finnland kam gerade auf einen Zwischenstopp zu mir. Vor zwei Monaten war sie noch in Porto. Seit vielen Jahren reist sie zwei bis dreimal jährlich in die unterschiedlichsten europäischen Städte oder auch zum Badeurlaub nach Südeuropa, aber auch New York stand schon auf dem Programm. Und viele andere Freunde oder Verwandte reisen ähnlich. Es ist für sie völlig selbstverständlich, obwohl Fliegen extrem klimaschädlich ist. Eigentlich wissen das die meisten Menschen auch und dennoch handeln sie häufig anders. Und das ohne direkte persönliche Konsequenzen für ihr klimaschädliches Verhalten.

Gespräche über die Klimaschädlichkeit von Flugreisen führen oft zu Abwehrverhalten. Und auch ich würde gerne ferne Länder bereisen und es macht keinen Spaß als eine der wenigen im Freundeskreis aus ökologischen Gründen darauf zu verzichten und immer nur Zuhörerin zu sein. Hier offenbart sich ein Dilemma. Können die politisch Verantwortlichen erwarten, dass man selbst freiwillig auf »alles« verzichtet und dann dabei zuschauen muss, wie alle anderen das nicht tun? Es gibt viele weitere Beispiele: Warum sollte man auf einen SUV verzichten, wenn alle anderen doch auch einen fahren? Warum soll man kein Fleisch mehr essen, wenn alle anderen es doch tun? Warum soll man für den Klimaschutz langsamer auf der Autobahn fahren, wenn alle anderen einen dann überholen? Warum soll man für nachhaltig produzierte Lebensmittel mehr Geld ausgeben, wenn man sich doch viel billiger ernähren kann?

Hier zeigt sich die Notwendigkeit von »Ökoroutine«. So heißt ein Konzept, das von dem Umweltwissenschaftler Michael Kopatz entworfen wurde, und das deutlich macht, dass nachhaltiges Verhalten das normale werden, also zur Routine werden muss.

Es ist problematisch, wenn Menschen durch eine nachhaltige und ökologische Lebensweise Nachteile entstehen, wie es im Moment geschieht, denn das bremst nachhaltiges Verhalten aus: Im Moment ist es teurer, den Strom vom Ökostromanbieter zu beziehen, biologische Lebensmittel kosten i. d. R. mehr Geld als konventionell erzeugte. Klimaschädliche Fleischgerichte sind billig zu haben. Es ist günstiger bzw. bequemer, das Auto statt Zug oder Fahrrad zu nehmen. Fernreisen sind häufig billiger als ein Urlaub an Nord- oder Ostsee. Zugreisen sind i. d. R. teurer als Flugreisen. Man hat bei Fernreisen keinerlei Nachteile, sondern im Gegenteil, wenn man sie nicht unternimmt, sieht man weniger von der Welt und kann sich dadurch benachteiligt fühlen.

Hier sind grundlegende Veränderungen nötig, und der Gesetzgeber ist gefordert. Man kann nicht darauf setzen, dass Menschen alles freiwillig tun und permanent Nachteile für klimafreundliches Handeln in Kauf nehmen. So sind Subventionen für nachhaltige Produkte und nachhaltiges Handeln nötig, aber auch eine richtige Bepreisung klimaschädlicher Produkte, bzw. klimaschädlichen Verhaltens, indem konsequent die Schäden, die an der Mitwelt und anderen Menschen entstehen, als »Reparationskosten« bzw. »Kompensationskosten« den jeweiligen Produkten oder dem jeweiligen Verhalten »zugeschlagen« werden. Dann wäre z. B. Fliegen deutlich teurer als Reisen per Zug, dann wäre Fleisch deutlich teurer, dann würde man beim konventionellen Stromanbieter mehr zahlen als beim ökologischen etc.

Für eine solche »Ökoroutine« sind grundlegende gesellschaftliche Veränderungen und politische Entscheidungen nötig, wie z. B. kein weiterer Ausbau von Straßen, sondern konsequenter Ausbau des Zugnetzes; kein weiterer Bau von Flughäfen, sondern Rückbau bzw. Begrenzung von Starts und Landungen von Flugzeugen; Subventionen für ökologische Landwirtschaft und der Umstieg auf ökologische Landwirtschaft und damit verbunden ein Stopp der Subventionierung der konventionellen; Ausbau von Radwegen, Rückbau von Parkplätzen; Förderung von fair und nachhaltig produzierten Lebensmitteln und anderen Konsumprodukten und Besteuerung von Produkten, die nicht nachhaltig bzw. auch menschenrechtswidrig produziert wurden etc.

Michael Kopatz zeigt in seinem Buch »Ökoroutine« auf, wie ein konsequenter Umbau der Gesellschaft in Richtung Nachhaltigkeit gelingen kann, ohne mit »Moral« auf die Freiwilligkeit der Menschen zu setzen. (Vgl. Kopatz 2017) Dann ist Nachhaltigkeit das normale Verhalten und sollte auch für jeden erschwinglich sein.

Kopatz merkt übrigens an, dass viele Maßnahmen und Vorschläge der Ökoroutine zunächst radikal wirken, zeigt aber auf, dass wir eigentlich keine andere Alternative haben. »Überhaupt muss sich Ökoroutine nicht davor scheuen, einfache Wahrheiten auszusprechen: Wenn wir weitermachen wie gehabt, dann können sich die Lebensumstände nicht enkeltauglich entwickeln.« (Kopatz 2017, S. 237)

Für weitere Informationen:

Kopatz, Michael: Ökoroutine. Damit wir tun, was wir für richtig halten. Bonn 2017. (Bundeszentrale für politische Bildung)

2.4 Die Enttabuisierung von Verboten

Unser gesellschaftliches Leben wird durch Gebote und Verbote bestimmt. An einer roten Ampel bleiben wir stehen. Wir gehen bekleidet durch die Straßen. Wir achten das Eigentum anderer Menschen und ernten z. B. nicht bei unserem Nachbarn das Gemüse oder fahren seinen SUV. Wir halten uns an die Parkvorschriften, Steuervorschriften etc. Sollten wir gegen eine Regel oder ein Gesetz verstoßen, müssen wir mit Konsequenzen rechnen, mit Strafgeldern bis hin zum Freiheitsentzug. Unsere Freiheit ist nicht grenzenlos, sondern wird durch Gesetze begrenzt, die andere und das gesellschaftliche Leben schützen. Es ist selbstverständlich für uns, dass wir diese gesellschaftlichen Regeln akzeptieren. Interessanterweise gibt es aber großen Widerstand und vielfältige Diskussionen, wenn in Bezug auf Klima- oder Biodiversitätsschutz Verbote, Restriktionen oder Regelungen diskutiert werden. Hier wird dann die »persönliche Freiheit« ins Feld geführt, die man sich nicht nehmen lassen möchte und man möchte sich nicht »bevormunden« lassen.

Beim Versuch der Grünen, einen Veggie-Day pro Woche einzuführen, wurde die Problematik besonders deutlich: Eigentlich ist ein Veggie-Day pro Woche angesichts der gravierenden Auswirkungen der Fleischproduktion noch viel zu wenig. (Vgl. Punkt 3.1) Aber es ging ein Aufschrei durch die Bevölkerung. Man fühlte sich bevormundet und in seiner Freiheit eingeschränkt. Leider wurde politisch die Konsequenz gezogen, auf den Veggie-Day zu verzichten, anstatt deutlich zu kommunizieren, dass durch die Freiheit grenzenlos Fleisch aus industrieller Haltung zu konsumieren, andere die Leidtragenden sind, unsere Freiheit also zu Lasten anderer geht.

Unsere Freiheit hat Grenzen da, wo andere tangiert werden, und das werden sie durch unseren Lebensstil permanent. Unsere Fleischproduktion befeuert den Klimawandel, zerstört Lebensgrundlagen, insbesondere im globalen Süden und für kommende Generationen. Getreide wird als Futtermittel verschwendet, das anderswo Menschen ernähren könnte. Unser Mobilitätsverhalten, massenhafte Flugreisen in entlegenste Winkel der Erde, Individualverkehr mit immer schwereren Autos, unbegrenztes Rasen auf Autobahnen, steigern erheblich die CO_2-Emissionen. Das Konsumieren von immer neuen Kleidungsstücken, technischen Geräten, ohne nach Herkunft und Produktionsbedingungen zu fragen, führt anderswo zu Naturzerstörung und menschenrechtswidrigen Arbeitsbedingungen etc. Hier lediglich auf die eigene Freiheit zu pochen und all dieses für sich in Anspruch zu nehmen, ist zynisch. Den Preis dafür zahlen andere.

Klimaschutz kann nicht nur Spaß machen und ausschließlich auf freiwilliger Basis passieren. Es zeigt sich, dass das bei Weitem nicht ausreicht. Es ist nötig, in Bezug auf Klima- und Biodiversitätsschutz auch auf strikte Verbote, Reglementierungen und Gebote zu setzen. So wie wir das auch in anderen Bereichen tun. Kosten, die auf andere ausgelagert werden, müssen endlich in den Blick genommen werden und zu Konsequenzen führen. Für deutliche und notwendige Reglementierungen Akzeptanz und Verständnis zu erzeugen, ist eine wichtige Aufgabe von Klimabildung.

2.5 Perspektiven von Postwachstums- und Gemeinwohl-Ökonomie

Wie unter Punkt 2.1 ausgeführt, kann nicht mehr auf weiteres wirtschaftliches Wachstum gesetzt werden. Auch »grünes Wachstum« wird nicht die schnelle und nötige Reduktion der CO_2-Emissionen schaffen. Veränderung und auch »Verzicht« sind nötig, eine umfassende Transformation unserer Gesellschaft muss stattfinden.

Paech macht übrigens darauf aufmerksam, dass der Begriff »Verzicht« nicht treffend ist. Peach spricht von einer Beute, die wir uns »…leistungslos sowie ... auf Kosten anderswo und später lebender Menschen dreist…« angeeignet haben und die wir zurückgeben müssen. (Paech 2018, S. 27)

Aber bleiben wir bei dem Begriff »Verzicht«, der meist verwendet wird, wenn über klimafreundliche Veränderungen gesprochen wird: Er ist negativ konnotiert und erzeugt so Widerstand. Wer gibt schon gerne liebgewordene Privilegien auf? Aber weniger Wachstum kann auch positiv gesehen werden und ein »mehr« an Lebensqualität bedeuten, so dass die Veränderung möglicherweise gar nicht als »Verzicht« empfunden werden muss.

Der Ökonom Niko Paech skizziert ein überzeugendes Konzept einer Postwachstumsökonomie, die einen Ausweg aus der derzeitigen ökologischen Lage zeigt und die gravierenden Auswüchse unseres Wirtschaftssystems eindämmt: Deutlich weniger Wachstum, also Postwachstum, statt immer mehr Wachstum und natürlich eine Kreislaufwirtschaft. Subsistenz und Suffizienz kennzeichnen dieses Wirtschaftssystem. *Subsistenz* bedeutet einen Rückbau des externalisierenden Wirtschaftssystems, das Kosten auslagert, hin zu lokalen Formen der Produktion: Lokale Dienstleistungen, lokale Produktionen, Gemeinschaftsleistungen etc. Im Bereich der Landwirtschaft hieße das beispielsweise regional zu produzieren und zu vermarkten, nicht mehr Ressourcen zu verbrauchen als wieder nachwachsen können, Ökosysteme nicht zu beeinträchtigen, im Rahmen ökologischer Kreisläufe zu wirtschaften und die Bedürfnisse aller am Prozess Beteiligten zu achten, z. B. auch der Tiere. Das hieße, wir hätten nicht mehr jederzeit alle Produkte verfügbar, könnten auch nicht mehr so viele tierische Produkte essen, hätten aber hochwertige Lebensmittel zur Verfügung und würden uns auch gesünder ernähren. Zerstörung von Lebensräumen in entfernten Bereichen der Erde, z. B. Vernichtung des tropischen Regenwalds für Futtermittel, Pestizideinsatz für exotische Früchte oder Gemüse, würde wegfallen ebenso wie klimaschädliche Transportwege.

Im Bereich der Produktion von anderen Konsumgütern würde analog dazu auf lokale Produktionen gesetzt, aber auch z. B. darauf, Produkte nachhaltiger zu gestalten, d. h. sie haltbarer zu machen, so dass sie länger genutzt und auch repariert werden können (Verlängerung der Nutzungsdauer) etc. Weiterhin wird angeregt, Produkte auch gemeinsam zu nutzen, Autos, Waschmaschinen, Rasenmäher, Bohrmaschinen, Kameras… (Nutzungsintensivierung durch Gemeinschaftsnutzung). Die Industriekapazität kann durch solche Maßnahmen deutlich reduziert werden, ohne dass ein Verlust an Konsumfunktionen der dadurch betroffenen Güter einhergeht. Lokale Währungen können übrigens auch die lokale Produktion unterstützen (eine solche Währung kann nur bei lokalen Betrieben und Läden eingelöst werden und fördert damit diese, aber auch die Käufer*innen profitieren, da sie keine langen Transportwege u.Ä. mitfinanzieren müssen und i. d. R. hochwertige, regionale Waren bekommen).

Von Relevanz ist auch das Bemühen um mehr Eigenproduktion bzw. um Austausch von Fähigkeiten. Gärten zur Eigenproduktion, Gemeinschaftsgärten, Tauschringe zur Weiternutzung von Gegenständen, aber auch von Fähigkeiten wie Fahrradreparatur, Computerhilfe oder Kinderbetreuung… (Eigenproduktion bzw. lokaler Austausch). (Vgl. Paech 2016, S. 120 ff.)

Suffizienz ist das Bemühen um einen möglichst geringen Rohstoff- und Energieverbrauch unter der Frage des rechten Maßes und mit dem Bestreben, so zu leben, dass es für alle Menschen weltweit reicht und für die Mitwelt verträglich ist. Dabei geht es dann auch um Selbstbegrenzung, Konsumverzicht und Entschleunigung. Insgesamt wird nicht mehr im Überfluss produziert, sondern Suffizienz bedeutet, sich auf das zu beschränken, was man tatsächlich braucht, und das ist viel weniger, als man zunächst annimmt.

Unser derzeitiger Lebensstil, auf intensiven Konsum und ein »immer mehr« angelegt (größere Autos, weitere Urlaubsreisen, neueste technische Geräte, Kleidung…), verursacht eine Maximierung der Erwerbsarbeit, denn all dieses muss auch finanziert werden. Im Zusammenhang mit dieser Maximierung und dem Bestreben, in dieser Konsum- und Leistungsgesellschaft, in der sich der einzelne auch über Besitz und Konsum definiert, zu bestehen, ist eine kontinuierliche Zunahme von psychischen Erkrankungen wie Burnout und Depressionen zu verzeichnen. Zeit ist eine Ressource, die im Wechsel zwischen Arbeit und Konsum immer knapper wird. Ein knappes Zeitquantum muss auf eine immer größere Anzahl von Konsumobjekten, Urlaubs- und Freizeitgestaltungen verteilt werden. Digitale Medien als permanente Begleiter tun ein Übriges: »Wir kommen nicht mehr zur Ruhe, denn wo wir gehen oder stehen oder auf ein Display schauen, ereilen uns neue Angebote zur Selbstverwirklichung, die zur Kenntnis genommen und genutzt werden wollen.« (Paech 2016, S. 128)

Nachhaltige Lebensstile mit einer Beschränkung auf das, was wirklich nötig ist, können die Resilienz und Gesundheit von Menschen stärken. Man muss nicht mehr so viel arbeiten, um den ganzen Konsum zu finanzieren und um darüber Anerkennung zu bekommen. Man hat mehr Zeit zur Verfügung z. B. auch für soziales, gesellschaftliches oder politisches Engagement, für Kinderbetreuung u.Ä. Die Beschränkung auf eine überschaubare Option von Möglichkeiten ermöglicht Zeit, diese auch lustvoll genießen zu können.

> *»Wer sich elegant eines ausufernden Konsum- und Mobilitätsbalastes entledigt, ist davor geschützt, im Hamsterrad der käuflichen Selbstverwirklichung orientierungslos zu werden. … Souverän ist nicht, wer viel hat, sondern wer wenig braucht. … Sich klug jener Last zu entledigen, die viel Zeit kostet, aber nur wenigen Nutzen stiftet, führt im Übrigen zu mehr Unabhängigkeit vom volatilen Marktgeschehen, von Geld und Erwerbsarbeit. Die Kunst der Reduktion bedeutet auch Angstfreiheit. Denn wer weniger benötigt, ist auch weniger angreifbar. Wo sich Suffizienz und Subsistenz ergänzen, werden Lebensstile robust.«*
>
> (Paech 2016, S. 129 f.)

Auch die Bewegung der Gemeinwohl-Ökonomie, im Jahr 2010 auf der Basis des Buchs »Die Gemeinwohl-Ökonomie« von Christian Felber gegründet, möchte die Marktwirtschaft nach nachhaltigen und global-gerechten Prinzipien umbauen. Mit diesem Ansatz soll die auf Wachstum und Profit ausgerichtete Wirtschaft dahingehend modifiziert werden, dass das Gemeinwohl (aller!) an erster Stelle steht und das wirtschaftliche Handeln leitet. Dieser Ansatz kann als sinnvolle Ergänzung zur Postwachstumsökonomie gesehen werden.

Unternehmen, Firmen und Konzerne können mit diesem Modell ihre Nachhaltigkeit und auch ihre Sozialverträglichkeit bilanzieren lassen. Die Bilanzierung orientiert sich an folgenden Säulen:

- Menschenwürde
- Solidarität und Gerechtigkeit
- Ökologische Nachhaltigkeit
- Transparenz und Mitentscheidung

(Gründerplattform Gemeinwohlökonomie o. J.)

Konsumenten können anhand der Gemeinwohlzertifizierung, die auch die gesamte Lieferkette offenlegt, ablesen, wie nachhaltig und gemeinwohlorientiert ein Unternehmen ist, und dieses bei ihren Kaufentscheidungen berücksichtigen.

Die Gemeinwohl-Ökonomie sieht auch vor, Unternehmen mit einer guten Gemeinwohlbilanz besonders zu belohnen, z. B. mit Steuererleichterungen, Förderungen, Bevorzugungen bei Einkäufen im öffentlichen Bereich etc. Im unbeschränkten Wirtschaftssystem hat in der Regel der, der am meisten ausbeutet, den größten Gewinn. Diese Wirtschaftsweise kann mit dem Ansatz der Gemeinwohl-Ökonomie umgedreht werden, d. h. dass die Güter günstiger werden, die nachhaltig produziert wurden. Die Bewegung breitet sich zunehmend weiter aus, auch durch das Engagement vieler Ehrenamtlicher. Mehr als 500 Unternehmen haben sich bereits zertifizieren lassen. (Gemeinwohlökonomie: www.web.ecogood.org/de/)

Für weitere Informationen

Felber, Christian: Gemeinwohl-Ökonomie. Komplett aktualisiert und überarbeitet. München 2018 (Piper)
Gemeinwohl-Ökonomie: www.ecogood.org/de
Paech, Niko: Befreiung vom Überfluss. Auf dem Weg in die Postwachstumsökonomie. 9. Aufl. 2016. (Oekom)
Postwachstumsökonomie: www.postwachstumsoekonomie.de

3. Klimabildung, Bildung für nachhaltige Entwicklung (BNE) und Handlungsfelder

3.1 Die Sustainable Development Goals der UN

Klimabildung, Bildung zur Biodiversitätskrise und Bildung zu den gravierenden Auswirkungen unseres externalisierenden Lebensstils auf den globalen Süden und die kommenden Generationen sind dringend nötig, und diese Inhalte sind noch viel zu wenig in den Schulen präsent. Soviel ist bislang deutlich geworden.

Diese Bildungsanliegen decken sich mit den Intentionen der Bildung für nachhaltige Entwicklung (BNE). Auch wenn der Begriff »Nachhaltigkeit« inzwischen medial und in der Werbung z. T. der eigentlichen Bedeutung entfremdet verwendet wird und eine Inflation erlebt (Stichwort »Greenwashing«, es werden beispielsweise auch SUV und Atomkraft als »nachhaltig« beworben), so ist den Zielen der BNE doch die ursprüngliche Bedeutung des Worts inhärent: »Nachhaltige Entwicklung ist eine Entwicklung, welche die Bedürfnisse der gegenwärtigen Generation befriedigt, ohne die Fähigkeit zukünftiger Generationen zu gefährden, ihre eigenen Bedürfnisse zu befriedigen.« (Hauff 1987, S. 46)

Die UN verabschiedete die 17 Sustainable Development Goals (SDGs, also Nachhaltigkeitsziele), die am 1. Januar 2016 mit einer Laufzeit von 15 Jahren (bis 2030) als Agenda 2030 in Kraft getreten und auch grundlegend für eine Bildung für nachhaltige Entwicklung sind. Diese Ziele sollen von allen UN-Mitgliedstaaten bis 2030 erreicht werden.

Abb. 5: Diese 17 Nachhaltigkeitsziele liegen der Bildung für nachhaltige Entwicklung zu Grunde. (Quelle: www.unesco.de/bildung/agenda-bildung-2030/bildung-und-die-sdgs; CC-BY-SA 3.0, UN)

Diese Agenda soll wegweisend sein, um gerechte und gute Lebensbedingungen für alle Menschen auf der Erde zu erzielen, d. h. gerechte Verteilung, kein Hunger, freier Zugang zu Trinkwasser, keine Ausbeutungsstrukturen, menschenwürdige Arbeitsbedingungen, Frieden etc. Der Planet als Lebensgrundlage für alle soll geschützt und bewahrt werden, d. h. die gesamte Biodiversität, das Leben auf dem Land und im Wasser; der »Klimawandel« soll gestoppt werden. Zur Erreichung dieser grundlegenden Ziele ist Bildung, so wird in der Agenda 2030 deutlich, ausschlaggebend. Deshalb wird von der UN besonders auf den Bildungssektor fokussiert.

Die UN-Nachhaltigkeitsziele können leitend für alle Bestrebungen im Bereich Klima- und Biodiversitätsbildung und eine Orientierung für Schulen, Lehrkräfte und Schüler*innen sein. Dass einige Ziele z. T. auch widersprüchlich zueinanderstehen oder noch nicht weitreichend genug sind, so ist z. B. SDG 8 mit dem Anliegen des Wirtschaftswachstums zu hinterfragen (vgl. Punkt 2.1), kann an dieser Stelle nicht weiter vertieft werden. Hervorzuheben ist, dass sie ein Meilenstein sind, der eine überwiegend sinnvolle Orientierung bieten kann, und dass sie eine weltweite Bedeutung haben, denn die UN hat 193 Mitgliedstaaten.

Positiv zu bemerken ist, dass in Zusammenhängen gedacht wird: Die Ausbeutung von Menschen und Mitwelt hängen zusammen und sind zum großen Teil durch den externalisierenden Lebensstil der Länder des globalen Nordens verursacht (vgl. Kap. 1). Zu problematisieren ist, dass bereits mehr als sechs Jahre der insgesamt 15-jährigen Laufzeit verstrichen sind und noch viel zu wenig passiert ist. Auch im Bildungsbereich in Deutschland sind die SDGs noch viel zu wenig verankert. In vielen Schulen und im Unterricht vieler Lehrkräfte sind die SDGs noch nicht so präsent, wie es ihrer Dringlichkeit nach angemessen wäre.

Die Klima- und Biodiversitätsfakten, die in 1.2 und 1.3 dargelegt wurden, machen deutlich: Es geht nicht nur um ein bisschen Veränderung und ein bisschen »Verzicht.« Es sind grundlegende Veränderungen unseres Lebensstils notwendig, um gute Lebensgrundlagen auf dieser Erde, eine intakte Biodiversität und ein gesundes Klima, d. h. eine Begrenzung der Erwärmung auf unter 2 Grad zu erreichen.

Es werden im Folgenden verschiedene Bereiche unseres Lebens skizziert, die einer grundlegenden Transformation bedürfen.

3.2 Handlungsfelder – Bereiche für grundlegende Veränderung

Im Bundes-Klimaschutzgesetz werden sechs Problemfelder (sog. »Sektoren«) aufgezeigt, die massive CO_2-Emissionen erzeugen und in denen deutliche CO_2-Reduzierungen stattfinden müssen: Energiewirtschaft, Industrie, Verkehr, Gebäude, Landwirtschaft, Abfallwirtschaft und Sonstiges. (Bundes-Klimaschutzgesetz, KSG, 2019, S. 4.) Auf einige der Sektoren, auf die auch Schüler*innen Einfluss haben, wird im Folgenden kurz eingegangen und Entwicklungs- und Veränderungsperspektiven werden aufgezeigt. Ein besonderer Schwerpunkt wird dabei auf Landwirtschaft/Ernährung gelegt, da dieses ein Bereich ist, der für einen großen Teil der CO_2-Emissionen verantwortlich ist und der in der Öffentlichkeit immer noch viel zu wenig wahrgenommen wird. Darüber hinaus ist es ein Bereich, mit dem Schüler*innen tagtäglich in ihrem Leben konfrontiert sind und in dem sie sofort eigenen Handlungsspielraum zu Veränderung haben.

3.2.1 Landwirtschaft und Ernährung

Laut Weltklimarat (IPCC) beträgt der Anteil des Ernährungssektors an den Treibhausgasemissionen zwischen 21 und 37 Prozent. Die Tierhaltung ist dabei für insgesamt 56 bis 58 Prozent der gesamten Treibhausgasemissionen des Nahrungsmittelsektors verantwortlich (Ausscheidungen der Tiere, Futtermittelanbau, Transportwege von Futtermitteln etc.). (Vgl. Heinrich- Böll-Stiftung 2021, S. 22)

Für Fleisch fallen viel mehr CO_2-Emissionen an als für pflanzliche Nahrungsmittel. So stellt das Umweltbundesamt heraus, dass die Produktion von einem Kilo Rindfleisch beispielsweise zwischen 7 und 28 Kilo Treibhausgasemissionen verursacht, wohingegen Obst oder Gemüse dagegen durchschnittlich bei weniger als einem Kilo liegen. (Vgl. Umweltbundesamt 2015) Die fünf größten Fleisch- und Milchkonzerne verursachen im Jahr mehr Emissionen als ein großer Ölkonzern wie Exxon, Shell oder BP. (Vgl. Heinrich- Böll-Stiftung 2021, S. 22) »Für kein anderes Konsumgut der Welt wird so viel Land benötigt wie für die Herstellung von Fleisch und Milch. Obwohl nur 17 Prozent des Kalorienbedarfs der Menschheit von Tieren stammt, benötigen sie 77 Prozent des globalen Agrarlands« (Heinrich-Böll-Stiftung 2018, S. 10), d.h. für Futtermittel und Weideflächen.

Rodungen (massive Brandrodungen) und die Zerstörung des südamerikanischen Regenwaldes geschehen zum großen Teil wegen der Fleischproduktion. Hieran sind Deutschland, Europa und Nordamerika direkt beteiligt, denn auf den entwaldeten Flächen entstehen Weideflächen für Rinder, deren Fleisch dann zu uns exportiert wird, bzw. auf denen Soja als Futtermittel vor allem für europäische, nordamerikanische und chinesische industrielle Tierhaltung angebaut wird.

Brasilien ist weltweit der größte Soja-Exporteur. 97 Prozent des von dort importierten Sojas stammt übrigens von gentechnisch veränderten Pflanzen. (Vgl. Heinrich-Böll-Stiftung 2021, S. 16) Die »Umwandlung« von Ökosystemen zu Weide- oder Futtermittelanbauflächen (mit hohem Pestizideinsatz) trägt massiv zum Verlust der biologischen Vielfalt bei. (Vgl. Heinrich-Böll-Stiftung 2021, S. 22) So werden weiterhin wichtige Lebensräume, die für den Erhalt der biologischen Vielfalt und als CO_2-Senken dringend nötig sind, zerstört.

Die Zerstörung des Regenwaldes für die Fleischproduktion schreitet immer weiter voran. Pro Minute (!) wird Regenwald in der Größe von drei Fußballfeldern (brand)gerodet. Natürlich kann man die Schuld allein bei dem (ehemaligen) brasilianischen Präsidenten oder den Fleischkonzernen suchen, doch wir Verbraucher*innen unterstützen diese Zerstörung, indem wir Fleisch- und Milchprodukte konsumieren, die aus Südamerika importiert wurden bzw. für deren »Herstellung« die Futtermittel z.B. aus Brasilien eingeführt wurden. Die deutsche und europäische Politik duldet nach wie vor diese Exporte.

In Deutschland wird auf ca. der Hälfte des Landes Landwirtschaft betrieben. Auf mehr als der Hälfte davon werden Futtermittel für Nutztiere angebaut. (Vgl. Bundesinformationszentrum Landwirtschaft 2022) Das Umweltbundesamt stellt heraus, dass für die durchschnittliche Ernährung der Deutschen pro Kopf jährlich 2250 Quadratmeter Land benötigt werden, das entspricht etwa einem Drittel eines Fußballfeldes. Mehr als die Hälfte davon wird für den Anbau von Futtermitteln genutzt. (Vgl. Umweltbundesamt 2020a, S. 12) Gerade die industrielle Landwirtschaft mit immensem Flächenverbrauch, Monokulturen, Pestizideinsatz, Flächenbegradigungen (Vernichtung von Blühstreifen, Heckenstreifen, Gehölzen) ist in Deutschland für einen dramatischen Schwund der Biodiversität verantwortlich, wofür das Insektensterben ein Beispiel ist.

Die Fleischproduktion steht mit vielen anderen Problemfeldern im Zusammenhang, die hier nur noch kurz angedeutet werden können, aber aufzeigen, wie vielfältig die Problematik »Fleischkonsum« ist.

- **Hunger in der Welt:** Der ehemalige Sonderbeauftragte der UN für das Menschenrecht auf Nahrung, Jean Ziegler, sagt: »Der jährliche Hungertod von mehreren zehn Millionen Männern, Frauen und Kindern ist der Skandal unseres Jahrhunderts. Alle fünf Sekunden verhungert ein Kind unter zehn Jahren. Und das auf einem Planeten, der grenzenlosen Überfluss produziert… In ihrem augenblicklichen Zustand könnte die Weltlandwirtschaft problemlos zwölf Milliarden Menschen ernähren, was gegenwärtig fast der doppelten Weltbevölkerung entspräche. Insofern ist die Situation alles andere als unabwendbar. Ein Kind, das an Hunger stirbt, wird ermordet.« (Ziegler 2013, S. 14 f.)Über den Umweg »Fleisch« findet in den Industrieländern eine riesige Verschwendung von Getreide statt, das, statt in den Futtertrögen zu landen, Menschen direkt ernähren könnte. Man braucht ein Vielfaches an pflanzlichen Kalorien und Proteinen, um daraus tierische zu »produzieren«. »Zur Produktion einer tierischen Kalorie werden je nach Tierart fünf bis dreißig pflanzliche Kalorien verfüttert. Für eine Kalorie aus Rindfleisch benötigt man zehn Kalorien aus Getreide – 90 Prozent der Nahrungsenergie bleiben also auf der Strecke.« (Vgl. Weltagrarbericht o. J.)
- **Wasserverschwendung:** Neben Getreide werden in der Fleischproduktion immense Mengen Wasser verbraucht. So benötigt man für die Produktion von einem Kilo Rindfleisch ca. 15.000 Liter Wasser, für Schweinefleisch sind es ca. 6000 Liter und für 1 Kilogramm Hühnerfleisch ca. 4300 Liter. Der größte Anteil daran ist wiederum der Futterproduktion zuzurechnen. Im Vergleich benötigt man für die Produktion von einem Kilo Gemüse im Durchschnitt 322 Liter. (Vgl. Heinrich-Böll-Stiftung 2021, S. 26 f.)
- **(Trink-)Wasserverschmutzung:** In vielen Regionen Europas ist das Grundwasser durch die Nutztierhaltung mit Stickstoff belastet. In industrieller Massentierhaltung fallen große Mengen an Gülle und Mist an, die als Düngemittel auf landwirtschaftlichen Nutzflächen eingesetzt und dort »entsorgt« werden. Sie gelangen als Nitrat ins Grundwasser. An vielen Stellen wird in Deutschland beispielsweise der 50-Milligramm-Grenzwert für Nitrat bereits seit Jahren überschritten. (Vgl. Heinrich-Böll-Stiftung 2021, S. 28) In Oberflächengewässern, Bächen, Flüssen, Seen und Meeren sorgen Gülleauftrag und Phosphordüngung aus der industriellen Landwirtschaft für eine Eutrophierung / Überdüngung. So ist die industrielle Landwirtschaft Hauptverursacher der Überdüngung der Meere, vor allem durch Stickstoffeinträge. In den Meeren zeigt sich dieses z. B. durch giftige Algenblüten, Quallenplagen, tote Zonen und fatalen Auswirkungen für die Artenvielfalt. (Vgl. BUND o. J.: Überdüngung der Meere.)
- **Gesundheitsrisiken / Pandemiegefahren:** Mit der intensiven Landwirtschaft, der Zurückdrängung der natürlichen Biodiversität und der intensiven Massentierhaltung steigt die Gefahr für Zoonosen, also für Krankheiten, die von Tieren auf Menschen übertragen werden. Durch die fortschreitende Zerstörung natür-

licher Lebensräume und das Vordringen der Menschen in diese, entstehen Berührungspunkte zwischen Menschen und Tieren, die es zuvor nicht gab und die die Gelegenheit bieten, dass bislang für den menschlichen Organismus unbekannte Viren und Bakterien auf ihn überspringen. Auch Handel mit und Verzehr von Wildtieren ermöglichen dieses.
Auch die Enge der Massentierhaltung begünstigt die schnelle Übertragung von Viren und Bakterien zwischen den Tieren und auch auf den Menschen. Gelangen Viren von außen in den Massenzuchtbetrieb, treffen Sie dort auf eine sehr große Anzahl an Tieren, sehr viele geschwächt, und eine geringe genetische Vielfalt. Beste Bedingungen für die Ausbreitung – und für die Entstehung neuer Virustypen mit neuen Eigenschaften. Ein hoher Verbrauch an Antibiotika in der Tierhaltung tut ein Übriges zur Schwächung der Tiere. Es sind in den letzten Jahrzehnten starke Zunahmen von Zoonosen festzustellen
Wie fatal Zoonosen auch für uns Menschen sein können, ist während der Covid-Pandemie deutlich geworden. Aller Wahrscheinlichkeit nach ist Covid eine Zoonose, die von Fledermäusen auf den Menschen übergegangen ist. Solange die Zurückdrängung und die Zerstörung der natürlichen Lebensräume anhält und sich die Haltungsbedingungen in der Tierhaltung nicht gravierend ändern, gibt es weiterhin deutliche Risiken der Entstehung von Zoonosen – und es sind selbstverständlich auch aggressivere und tödlichere Viren und Bakterien denkbar als die für Covid19 verantwortlichen. (Vgl. Heinrich-Böll-Stiftung 2021, S. 32 f.)
Ein weiteres Gefahrenfeld entsteht für Menschen durch den massiven Antibiotika-Einsatz in der industriellen Tierhaltung, der zu Resistenzen der Bakterien gegenüber Antibiotika führt. Schon jetzt sterben jedes Jahr ca. 700.000 Menschen weltweit an Antibiotikaresistenzen. Die WHO weist seit Jahren darauf hin, dass der Einsatz von Antibiotika in der Tierhaltung hochproblematisch ist. So werden 73 Prozent der weltweit verkäuflichen Antibiotika für Tiere genutzt. Besonders problematisch ist, dass auch Reserveantibiotika in der Tierhaltung zum Einsatz kommen, d. h. Medikamente, die eigentlich für Menschen zurückgehalten werden sollen, wenn andere Antibiotika aufgrund von Resistenzen nicht mehr wirken. (Vgl. Heinrich-Böll-Stiftung 2021, S. 30 f. WHO zitiert nach Heinrich-Böll-Stiftung)

- **»Abfälle« der Fleischproduktion:** Bei uns im globalen Norden ist es üblich, dass häufig nur bestimmte Teile des Tieres verzehrt werden. Brust und Keule beim Huhn, Schnitzel und Steak bei Schwein und Rind etc. Viele Teile des Tieres wie Innereien, Hühnerbeine, Schweinepfoten etc. haben bei uns kaum noch Absatz. Dennoch fallen diese Teile in Massen an. Es hat sich die Praxis durchgesetzt, Teile der Tiere, die bei uns keine oder nur wenig Verwendung finden, nach Afrika zu exportieren, wo sie nach langen Transportwegen mit z. T. unterbrochenen Kühlketten als minderwertiges, z. T. auch bakterienverseuchtes und krankmachendes, Fleisch ankommen und die heimischen Märkte für lokale

Viehzüchter und Landwirte kaputtmachen, weil mit diesen Produkten systematisch Preise unterboten werden können. (Vgl. Mari 2014, S. 96 ff.)

- **Enge, Angst und unnatürliche Lebensbedingungen für die Tiere:** Industrielle Massentierhaltung bedeutet häufig für die Tiere unnatürliche Enge, kaum mehr Platz als lediglich für ihren Körper nötig ist, kein Tageslicht, keine ihnen entsprechenden Lebensbedingungen, Qualzuchten, Trennung von Muttertieren und Jungtieren, lange Transportwege, Schlachten im Akkord, Kupieren von Schwänzen, Abschneiden von Schnäbeln, Anbindehaltung von Rindern etc. Dass diese Form der »Fleischproduktion« nicht den natürlichen Bedürfnissen entspricht, sondern mit Angst und Qual verbunden ist, ist offenkundig.

Es wird deutlich, dass mit der Problematik Fleisch und Fleischkonsum viele gravierende Problemfelder verbunden sind, viele weitere könnten aufgeführt werden. (Vgl. z. B. Heinrich-Böll-Stiftung 2018 und 2021) Der Weltagrarbericht stellt heraus, dass derzeit jeder Mensch im Schnitt mehr als 43 Kilo Fleisch pro Jahr verbraucht. In Deutschland sind es 87 Kilo Schlachtgewicht, von denen etwa 60 Kilo tatsächlich verzehrt werden. (Vgl. Weltagrarbericht o. J.)

Aufgrund der aufgeführten Problemfelder ist diese Menge Fleisch nicht akzeptabel, auch ein Veggie-Day pro Woche ist längst nicht genug. In Anbetracht der ökologischen Problematik und der Klimasituation kann es eigentlich nur noch vertretbar sein, sich überwiegend pflanzenbasiert zu ernähren. Klimabildung ist gefordert, dafür Akzeptanz zu erzielen.

Man kann nicht die Freiheit postulieren so viel Fleisch zu essen, wie man persönlich mag, wenn die Grundrechte so vieler (d. h. Menschen im globalen Süden, junger Menschen, Menschen kommender Generationen) dadurch massiv beeinträchtigt werden und die gesamte Biosphäre Schaden nimmt. Fleisch kann in der Ernährung, wenn sie klimafreundlich und zukunftsermöglichend sein soll, nur noch die absolute Ausnahme und das Besondere sein. Dann kann auch mehr Geld dafür ausgegeben werden und es aus wirklich artgerechter und nachhaltiger Landwirtschaft (ohne Greenwashing) bezogen werden.

Für weitere Informationen

Heinrich Böll Stiftung: Fleischatlas 2021. Daten und Fakten über Tiere als Nahrungsmittel. 2021 (online verfügbar und kostenlos zu bestellen).

Heinrich Böll Stiftung: Fleischatlas 2018. Daten und Fakten über Tiere als Nahrungsmittel. 6. Auflage 2020. (online verfügbar).

Thurn, Valentin: 10 Milliarden – Wie werden wir alle satt? Dokumentarfilm Deutschland 2015.

Wagenhofer, Erwin: We Feed the World. Dokumentarfilm. Österreich 2005.

3.2.2 Verkehr/Mobilität

Circa ein Fünftel der gesamten deutschen Treibhausgasemissionen stammt aus dem Verkehrssektor. Die Treibhausgasemissionen bleiben auch in diesem Bereich unverändert hoch. (Vgl. Umweltbundesamt 2020b, S. 7) Nach den Lockdowns der letzten Jahre gibt es wieder einen Run auf Flugreisen, die Zahl der in Deutschland zugelassenen PKW steigt weiter, es gibt einen Trend zu immer stärkeren Motoren und immer größeren Fahrzeugen, und ein Tempolimit wird bislang politisch verhindert. Aus ökologischen und Klimaschutz-Gründen ist das deutsche Verkehrssystem dringend reformbedürftig!

Darüber hinaus ist aber auch das deutsche Verkehrssystem aus sozialen Gründen reformbedürftig: Menschen mit niedrigeren Einkommen sind eher stärker von Verkehrslärm und -schadstoffen betroffen, obwohl sie i. d. R. davon weniger verursachen als die Besserverdienenden. Autofahrer vereinnahmen ein Vielfaches an Platz in den Städten als dies andere Verkehrsteilnehmer (z. B. Radfahrer, Fußgänger) tun. Vor allem Kinder und ältere Menschen sind dadurch benachteiligt. Ein großer Teil der Umweltkosten und der Kosten für den Autoverkehr werden nicht von den Verursachenden getragen, sondern von der Gesellschaft etc. (Vgl. Umweltbundesamt 2020b, S. 6 ff.)

Eine grundlegende Verkehrswende ist nötig: Ausbau des öffentlichen Verkehrs, Förderung des Radverkehrs inkl. Ausbau des Radwegenetzes, drastische Reduzierung des Autoverkehrs, drastische Reduzierung des Flugverkehrs, Förderung umweltfreundlicher Antriebe, Umgestaltung der Städte, Abbau nicht nachhaltiger Subventionen, dem Schaden entsprechende Bepreisung von Emissionen, Förderung nachhaltiger Entwicklungen, sozial gerechte Verteilung von Verteuerungen…

Alle diese Veränderungen, die nötig sind, um die geforderten CO_2-Einsparungen zu erreichen, sollten mit Bildungsmaßnahmen zur Akzeptanz begleitet werden. Schüler*innen können im Bereich der Mobilität selbst aktiv werden und klimafreundlich handeln. Diesbezügliche Möglichkeiten werden im Folgenden noch thematisiert. (Vgl. 4.2.2, 4.2.6 oder 10.8)

Für weitere Informationen

Umweltbundesamt: Verkehrswende für ALLE. So erreichen wir eine sozial gerechtere und umweltverträglichere Mobilität. August 2020 www.umweltbundesamt.de/sites/default/files/medien/376/publikationen/2020_pp_verkehrswende_fuer_alle_bf_02.pdf

3.2.3 Energie: Wohnen

Ein großer Teil der CO_2-Emissionen, ca. 219 Millionen Tonnen jährlich, entfällt auf den Bereich des Wohnens in den privaten Haushalten. (Vgl. Statistisches Bundesamt

o. J.: Klima) Noch immer sind viele Gebäude nicht gut gedämmt, es kommen fossile Brennstoffe wie Öl und Gas zum Einsatz, es werden noch viel zu wenig erneuerbare Energien eingesetzt, und es wird auch längst noch nicht genug eingespart.

Natürlich ist dieses auch ein Bereich, der in der Schule und mit Schüler*innen thematisiert werden sollte.

Im Vergleich zu anderen Bereichen haben sie hier aber nur einen bedingten Handlungsspielraum. Ob ihr Vermieter eine Solaranlage auf dem Hausdach installiert oder das Gebäude dämmt, liegt i. d. R. jenseits ihres Einflussbereichs. Am ehesten haben sie im Bereich der Einsparungen (weniger Heizen, richtiges Lüften, Wasser sparen etc.) mit ihren Familien direktes Handlungspotential. Dieses sollte natürlich thematisiert und es sollten Handlungsoptionen entwickelt werden. Darüber hinaus sollte deutlich werden, dass auch im Bereich Wohnen grundlegende Veränderungen nötig sind: Bessere Dämmungen, Umstieg auf erneuerbare Energien, aber auch Einsparmaßnahmen, Reduzierung von Wohnraum etc.

3.2.4 Abfall

Dass etwas mit unserer Abfallwirtschaft, aber auch mit unserem Konsum und unserer Wegwerfmentalität nicht in Ordnung ist, fällt spätestens dann auf, wenn man sich die »Gebirgszüge« z. B. in Ghana anschaut, die aus dem Elektroschrott unserer Handys, Computer, Waschmaschinen etc. bestehen, und die Müllhalden mit unserer abgelegten Kleidung. (S. z. B. Tagesschau 21.01.22 oder Tagesschau 22.01.2022)

Auch die Plastikschwemme in den Meeren offenbart die Problematik: Heute »...schwimmen in jedem Quadratkilometer der Meere hunderttausende Teile Plastikmüll. Seevögel verenden qualvoll an Handyteilen in ihrem Magen, Schildkröten halten Plastiktüten für Quallen und Fische verwechseln winzige Plastikteilchen mit Plankton.« (Vgl. WWF o. J.: Das kann kein Meer mehr schlucken: Unsere Ozeane versinken im Plastikmüll) Es gibt Plastikmüllstrudel in den Ozeanen, wie den Great-Pacific-Garbage Patch, die so groß wie Zentraleuropa sind. (Vgl. Plastikalternative o. J.) Mikroplastikpartikel finden sich überall im Meerwasser, erstaunliche Mengen gibt es inzwischen auch im arktischen Eis. (Vgl. Tagesschau 24.04.18) Vor unserem Atommüll müssen noch Menschen in 100.000 Jahren gewarnt werden. Viele weitere Müllproblemfelder könnten aufgezeigt werden.

Dass wir grundlegend weniger und nachhaltiger konsumieren müssen, zeigt auch die Abfallproblematik. Nach wie vor sind in den Supermärkten viele Produkte in Plastik verpackt, wir sind darauf konditioniert, alle zwei bis drei Jahre ein neues Smartphone zu kaufen, Kleidung kaufen wir i. d. R. viel mehr als wir brauchen.

Und im Zuge der durch den Ukraine-Krieg ausgelösten Energiekrise diskutieren wir wieder über Atomenergie, anstatt wirklich faire und grundlegende Einsparungen vorzunehmen, die unseren globalen Fußabdruck deutlich verringern würden. (Unser Earth-Overshoot-Day ist bereits am 4. Mai.)

Weil für die Produkte unseres Konsums keine fairen Löhne gezahlt und die Umweltkosten nicht eingepreist werden, sind diese Produkte i. d. R. zu billig, und wir kaufen und konsumieren viel mehr als nötig. Die Biodiversität, kommende Generationen und das Klima werden massiv geschädigt.

Dass hier ein grundlegendes Umdenken einsetzen muss zu deutlich weniger Konsum und zu nachhaltigem und verantwortlichem Konsumieren, zu ressourcenschonendem Produzieren und dem Vermeiden von Müll, bzw. dem Einsatz von recycelbaren Materialien und damit auch zum Einsparen von CO_2, liegt auf der Hand. Schule und Unterricht können hier wichtige Beiträge zu Aufklärung und Akzeptanz leisten, und Schüler*innen können in vielen Bereichen Erfahrungen machen, ressourcenschonend und abfallvermeidend zu handeln.

Für weitere Informationen

Heinrich Böll Stiftung. Plastikatlas. Daten und Fakten für eine Welt ohne Kunststoff. 6. Aufl. 2021: www.boell.org/de/plastikatlas

3.3 Zehn-Punkte-Plan von Mojib Latif

Unter 3.2 wurden vor allem Handlungsfelder aufgezeigt, auf die die einzelne Person direkt Einfluss hat und etwas verändern kann. Der Klimaforscher Mojib Latif führt darüber hinaus einen Zehn-Punkte-Plan auf, der aufzeigt, was in unserer Gesellschaft grundlegend für mehr Klimaschutz getan werden muss und welche politischen Entscheidungen dafür nötig sind.

Dieser Zehn-Punkte-Plan kann allen Klimabildungsmaßnahmen, insbesondere auch denen, die in Richtung nötige gesellschaftliche/politische Maßnahmen zielen, zugrunde gelegt werden und sinnvolle Orientierung sein. Es soll deshalb im Folgenden zitiert werden:

»**1. Allianz der Willigen**

Die Verhandlungen unter dem Dach der Vereinten Nationen führen nicht zum Erfolg. Die Länder, die sich ernsthaft dem Klimaschutz verpflichtet fühlen, sollten vorangehen. Deutschland sollte die Allianz der Willigen anführen.

2. Fairer Ausgleich zwischen den Industrie- und Entwicklungsländern

Die historische Verantwortung liegt bei den Industrieländern. Sie müssen ihre Emissionen schnell senken und die nachhaltige Entwicklung der Entwicklungsländer fördern, finanziell und durch Technologietransfer. Dies würde zudem die Demokratisierung fördern.

3. Abbau klimaschädlicher Subventionen und CO_2-Bepreisung
Klimaschädliche Subventionen gehören abgebaut. Eine angemessene CO_2-Bepreisung ist nötig. Die Einnahmen sollten für den sozialen Ausgleich und den Strukturwandel verwendet werden.

4. Massiver Ausbau der erneuerbaren Energien
Alle Strategien zur Klimaneutralität erfordern einen schnellen und massiven Ausbau der erneuerbaren Energien. Mehr Dezentralität in der Energieversorgung ist unerlässlich.

5. Geldströme in nachhaltige Investments lenken
Finanzströme müssen umgelenkt werden und die Politik muss die entsprechenden Rahmenbedingungen schaffen. Gesetzliche Regelungen dürfen nicht tabu sein.

6. Industrielle Nutzung von CO_2 aus der Luft
Die Menschheit wird es realistischerweise nicht schaffen, ab 2050 ohne fossile Energieträger auszukommen. Es wird der Luft überschüssiges CO_2 entzogen werden müssen. Aufforstung allein wird nicht reichen. Verfahren müssen entwickelt werden, die CO_2 aus der Luft nutzen.

7. Kreislaufwirtschaft
Wir leben in einer Überfluss- und Wegwerfgesellschaft. Die Menschheit muss den Weg in eine Kreislaufwirtschaft finden, Ressourcen effizienter nutzen und so wenig Abfall wie möglich produzieren.

8. Beteiligung der Bevölkerung am Strukturwandel
Eine breite gesellschaftliche Akzeptanz für Klimaschutz ist notwendig. Die Bevölkerung sollte am Strukturwandel beteiligt sein und von ihm profitieren, auch finanziell.

9. Zielführende Klimakommunikation
Verzichtsdebatten sind kontraproduktiv. Wir müssen Vorteile kommunizieren und Erfolgsgeschichten erzählen nach dem Motto »Klimaschutz ist cool und bringt Spaß«, um so eine Aufbruchstimmung zu erzeugen.

10. Druck aus der Zivilgesellschaft
Die Zivilgesellschaft muss Klimaschutz offensiv einfordern. Postfaktische Tendenzen müssen überwunden werden. Die Möglichkeit dazu gibt es an der Wahlurne. Populisten interessieren sich nicht für die Umwelt und würden zudem, wenn sie an die Macht kämen, Demokratie, Freiheit und Menschenrechte über Bord werfen.«

(Latif 2020, S. 205 ff.; mit freundlicher Genehmigung der Verlag Herder GmbH, Freiburg i. Breisgau)

PRAXIS

4. Klimaschutz in Schulen leben: »Whole Institution Approach«

4.1 Schulen und Lehrkräfte als Vorbild

Es ist wichtig, Klimabildung und ein Bewusstsein für einen achtsamen Umgang mit der gesamten Mitwelt in Schulen voranzubringen. Das »Projekt 20« und die Forderung, mindestens ein Fünftel der Unterrichtszeit diesen drängendsten zukunftsrelevanten Fragen zu widmen, ist unbedingt zu unterstützen. (S. Kap. 1.5)

Der beste Unterricht zur Klima- und Biodiversitätsbildung nutzt aber nur wenig, wenn die Schule selbst nicht Klimaschutz möglichst konsequent lebt. Es ist problematisch, wenn Schulen sich hier widersprüchlich zu den Unterrichtsinhalten verhalten: Wenn Schüler*innen beispielsweise im Unterricht erfahren, wie wichtig es ist, den Fleischverzehr deutlich zu reduzieren und die Schule selbst dann kein nachhaltiges Essen anbietet, sondern in der Mensa täglich Fleisch aus industrieller Tierhaltung auf den Teller kommt. Wenn die Problematik von Flugreisen thematisiert wird und dann Klassenfahrten per Flugzeug durchgeführt werden. Wenn globale Ausbeutungsstrukturen Unterrichtsinhalt sind und dann in der Schule Produkte, die mit Kinderarbeit und unter prekären Arbeitsbedingungen hergestellt wurden, z. B. Schokoriegel, Bananen, Schultextilien etc., verkauft werden. Wenn im Unterricht zum Energiesparen angeregt wird und dann die Schule selbst dieses nicht tut.

Solche Widersprüche können sich äußerst kontraproduktiv auswirken und bei Schüler*innen zu der Frage führen, warum man sich nachhaltig und klimafreundlich verhalten soll, wenn selbst die Schule dies nicht umsetzt. Man nickt dann vielleicht solche Inhalte zum nachhaltigen Handeln im Unterricht ab, misst ihnen aber keine Relevanz bei, da die Schule das offenbar auch nicht tut.

Gute Klimabildung bedeutet auch, dass Schule Nachhaltigkeit im Sinne eines »Whole School Approachs« lebt. Schulen und Lehrkräfte sollten sich ihrer Vorbildrolle bewusst sein. Im Folgenden werden einige Bereiche aufgezeigt, in denen Schulen Nachhaltigkeit und Klimaschutz leben können und sollten.

4.2 Bereiche, in denen Klimaschutz in der Schule gelebt werden kann

4.2.1 Verpflegung

Ein klimafreundliches und nachhaltiges Essen ist überwiegend pflanzenbasiert, aus ökologischer Erzeugung, regional und saisonal. Gesundheitlich entsteht den Schüler*innen dadurch kein Nachteil – im Gegenteil. Eine fleischarme und vollwertige Ernährung ist gesünder. Und sie muss nicht teurer sein, wenn Fleisch wegfällt und auf Saisonalität und Regionalität geachtet wird. Durch Schulmensen kann, wenn denn ansprechendes und schmackhaftes vegetarisches und veganes Essen angeboten wird (hier ist der Koch bzw. Caterer gefordert), die Akzeptanz für die fleischarme Ernährung erhöht werden. So können Schüler*innen, die sich bislang sehr fleischlastig ernährt haben und nur wenig anderes kennen, erfahren, dass überwiegend pflanzenbasiertes Essen sehr gut schmecken kann. Diese Erfahrung können sie auch mit in ihre Familien nehmen und so als Multiplikatoren wirken.

In der ersten Zeit tritt ggf. Widerstand auf. Dann sind gute Kommunikationsmaßnahmen gefordert. Die klima- und biodiversitätsschädigende Problematik des Fleischkonsums muss kommuniziert werden, auch die vielfältigen anderen Probleme, die mit unserem Fleischkonsum einhergehen (Problematik der Welternährung, Wasserverschwendung, Ressourcenvergeudung etc. s. Kap. 3.2.1). Wenn die vielen Problemfelder, die hinter dem Fleischkonsum stecken, gut dargestellt werden, entsteht schon häufig bei Schüler*innen der Wunsch, sich anders zu ernähren, sich nicht mehr an globalen Ausbeutungsstrukturen zu beteiligen, sich achtsamer gegenüber der Mitwelt und Tieren zu verhalten etc. Neben Informationen ist es dann natürlich sinnvoll, Alternativen und Anregungen aufzuzeigen, wie ich mich klimafreundlicher und nachhaltiger ernähren kann. Dabei ist es dann auch wichtig, Alternativen zum konventionellen Essen mit Schüler*innen auszuprobieren, Rezepte mit ihnen auszutauschen, ihnen Informationen darüber zu geben, was wichtig für eine gesunde Ernährung ist, wo regionale Produkte bezogen werden können etc.

Schule hat einen wichtigen Bildungsauftrag und sollte diesen nutzen und die Schulmensa kann diesen deutlich unterstützen. Wenn gute, schmackhafte und nachhaltige Gerichte in der Schulmensa angeboten werden, werden diese irgendwann zur Selbstverständlichkeit und zur »Ökoroutine« (s. Kap. 2.3).

Sicherlich ist es eine Herausforderung, gute Caterer und Köche zu finden. Nachhaltige und klimafreundliche Ernährung kann sehr gut schmecken, braucht aber auch Expertise in der Zubereitung. Aber die Nachfrage regelt auch das Angebot. Schulcaterer stellen sich zunehmend auf vegetarische / vegane und biologische

Kost um, und es gibt bereits viele Beispiele, wo eine solche Ernährung auch von den Kindern und Jugendlichen gut angenommen wird.

Auch die Waren des Schulkiosks sollten überprüft und durch fair produzierte, nachhaltige und regionale Produkte ersetzt werden: Obst aus der Region, Getränke vom Produzenten aus dem Nachbarort sind etwa Möglichkeiten, die auch die Verbundenheit zwischen Schule und Region steigert.

Mit einer Ernährungsumstellung wird übrigens auch ein wichtiger Beitrag zur Gesundheitserziehung geleistet.

4.2.2 Nachhaltige Klassenfahrten

Fliegen ist extrem klimaschädlich und im Hinblick auf die Klimakrise eigentlich nicht mehr zu vertreten. Europäische Reiseziele können mit Bus oder Bahn erreicht werden. Auch wenn das unbequemer und möglicherweise auch teurer ist: Wenn man Klimaschutz als Schule vorleben möchte, sollten auch die Reiseziele auf möglichst nachhaltigem Weg erreicht werden.

Natürlich kann man für Klassenfahrten auch Ziele heraussuchen, die nicht so weit entfernt liegen und bei denen eine umständlich weite Anreise nicht notwendig ist.

Viele Schulen bieten Austauschfahrten für wenige Wochen, häufig nur zwei bis vier, zu weit entfernten Zielen an, etwa in die USA oder nach Südafrika. Auch diese Fahrten sind aus Klimagesichtspunkten eigentlich nicht vertretbar. Befürworter argumentieren häufig, dass der Austausch nötig sei, um den Horizont der Schüler*innen zu erweitern, dass sie dadurch andere Kulturen kennenlernen können etc. Das ist sicherlich richtig, hat aber auf der anderen Seite den Beigeschmack, dass die eigene Horizonterweiterung Kosten auf andere auslagert. Hier kann man über Alternativen nachdenken: So bieten z. B. Fahrten in osteuropäische Länder möglicherweise interessantere Erfahrungen als es eine USA-Reise tut. Es gibt unter Umständen viel mehr Unterschiede im Alltag und in der Lebensgestaltung zu entdecken und somit auch mehr Möglichkeiten, den eigenen Horizont zu erweitern. Überhaupt bietet die europäische Vielfalt viele Möglichkeiten zu interessanten Fahrten und Erlebnissen ohne Flugemissionen.

Fahrten wie alpine Skifreizeiten sind aus ökologischen Gründen natürlich auch zu hinterfragen. Der Skitourismus hinterlässt in den Alpen gravierende Spuren und kann häufig nur mit einem immensen Energieaufwand (künstliche Beschneiung, Liftanlagen, große Hotelanlagen) und somit hohen CO_2-Emissionen betrieben werden. Darüber hinaus wecken Skifreizeiten bei den Schüler*innen möglicherweise die Lust, diesen nicht nachhaltigen Sport auch privat weiterzuführen. Mit Fortschreiten des Klimawandels wird es darüber hinaus immer aufwändiger und teurer werden, diesen Sport weiter zu betreiben.

Gemeinschaftserlebnisse sind eine wichtige Intention für Klassenfahrten, dieses Argument wird z. B. auch für Skifahrten immer angeführt. Hierzu gibt es aber viele nachhaltigere Alternativen wie Kanufahrten, Fahrradtouren, Wanderfahrten, Segeltörns etc. Auch wenn es zunächst nicht attraktiv erscheint, auf Fernziele und nicht nachhaltig angelegte Schulfahrten zu verzichten: Unser Reiseverhalten und die Haltung ein »Recht« auf dieses zu haben, ist immer noch »imperial«. Unsere Kinder und Jugendlichen reisen in entlegene Länder. Kinder und Jugendliche vieler Länder haben i. d. R. nicht die Möglichkeit auch zu reisen. Unser Reiseverhalten mit gravierenden Flugemissionen lässt andere einen Preis bezahlen. Aufzuzeigen, dass es Interessantes vor der europäischen Haustür zu entdecken gibt und die Vielfältigkeit nachhaltiger Erlebnisse vorzuleben, ist eine wichtige Bildungsaufgabe.

Übrigens kann man die Problematik des »imperialen« Reiseverhaltens mit Schüler*innen thematisieren, sodass sie auch private Entscheidungen dahingehend reflektieren können. Es ist ja inzwischen fast Normalfall, dass Schüler*innen nach dem Abitur weite Reisen unternehmen, sehr häufig mit großen »ökologischen Fußabdrücken«. Natürlich ist der Wunsch nach solchen Reisen oder auch danach, in einem entfernten Land zu leben, zu studieren oder arbeiten, verständlich. Dennoch kann über Alternativen zum »Flugtourismus nach dem Abitur« nachgedacht werden und über ökologisch vertretbarere Alternativen, die auch eine Vielfalt von Erlebnis und Abenteuer ermöglichen. So zeigt beispielsweise Christine Franke mit einer Dokumentation auf, wie spannend die Fahrrad- und Zugreise nach Peking war. Elias Bohun hat nach dem Abitur eine Zugreise nach Vietnam unternommen und dann anschließend ein Reisebüro für nachhaltige Zugreisen gegründet. (Siehe dazu Kap. 10.8) Im Film »Weit« wird eine Weltumrundung ohne Flugzeug thematisiert. Es gibt viele Möglichkeiten, nachhaltig durch Europa (und auch darüber hinaus) zu reisen und die große Vielfalt europäischer (und anderer) Länder kennenzulernen. Für all dieses kann Schule und Unterricht auch sensibilisieren. Es kann deutlich werden, dass nachhaltiges Reisen vielleicht sogar ein »mehr« an Erlebnis und Erfahrungen bringen kann. Darüber hinaus kann man auch anregen, Flugreisen in Abhängigkeit von der Länge des Aufenthalts zu beurteilen. So ist ein Interkontinentalflug für ein Auslandsjahr oder ein Studium im Ausland, zumindest für einen Aufenthalt für mehrere Monate, anders zu bewerten, als ein solcher Flug für wenige Tage oder Wochen. Auf jeden Fall kann und sollte Schule dazu anregen, mit dem Thema Fliegen möglichst reflektiert und bewusst umzugehen und dafür werben, es so weit wie möglich zu vermeiden und das auch vorleben.

Inzwischen gibt es auch immer mehr Schullandheime, Biobauernhöfe etc., die sich auf nachhaltige Bildungsangebote während der Klassenfahrten spezialisiert haben. In der Regel sind diese gut per Bus und Bahn zu erreichen, und man hat zusätzlich zur nachhaltigen Anreise auch noch gute Bildungsangebote zur Verfügung. (Siehe Kap. 10.7)

4.2.3 Nachhaltige Materialien (Beschaffung)

In der gesamten Beschaffung von Materialien sollte auf möglichst nachhaltige Produkte gesetzt werden. Recyclingpapier, nachhaltige Schreibwaren, umweltverträgliche Putz- und Reinigungsmittel, faire und nachhaltige Kioskprodukte, fairer Kaffee, faire Schokolade etc.

Aber auch möglichst nachhaltig und fair produzierte technische Geräte, PCs, Laptops, Smartphones sollten zum Einsatz kommen. Es ist schwer bis gar nicht zu vermittelbar, dass in Schulen Produkte angeschafft werden, für die anderswo in der Welt Menschen unter prekären Arbeitsbedingungen arbeiten mussten, z. T. sogar Kinder. Diese Kinder gehen dann übrigens nicht zur Schule. Es ist zu fordern, (diese Forderung könnten z. B. Schulleitungen, Kollegien, Elternvertretungen erheben), dass hier Ministerien und Schulträger Verantwortung übernehmen und nicht den Kauf der Produkte vom Preis abhängig machen, sondern von fairen und nachhaltigen Produktionsbedingungen. Gerade der Markt für fair produzierte PCs und Notebooks ist noch klein, aber eine erhöhte Nachfrage steigert natürlich die faire Produktion.

4.2.4 Müllvermeidung und -trennung

Müll sollte, soweit es geht, vermieden werden, und Schüler*innen sollten zur Müllvermeidung angeregt werden, beispielsweise zur Verwendung wiederverwendbarer Brotdosen und Trinkflaschen. Viele Schulen schenken inzwischen ihren neuen Schüler*innen solche Produkte.

Sehr sinnvoll ist es, einen Wasserspender zum Abzapfen kostenlos zur Verfügung zu stellen. Das leistet zusätzlich einen Beitrag zur gesunden Lebensweise, denn so wird eher zu Wasser statt zum Süßgetränke gegriffen. Im Kiosk sollten keine Plastikflaschen und -becher verkauft werden, sondern konsequent Pfandprodukte. Auch die weiteren Produkte, die verkauft werden, sollten möglichst Müll-, bzw. plastikfrei sein und natürlich aus fairer Produktion stammen.

Fällt trotzdem Müll an, sollte dieser getrennt werden, Papiermüll, Plastikmüll, Biomüll etc., und die Sammlungen auch ihrem tatsächlichen Bestimmungsort zugeführt werden. Es könnten auch Sammelstellen für Batterien und alte Handys etc. angeboten werden, damit diese Produkte nicht zu Hause im Müll landen.

Für Bioabfälle können z. B. Kompostkisten, sogenannte Wurmkisten, zum Einsatz kommen, die dann auch den Boden des Schulgeländes (Schulgarten, Blühflächen, Baumscheiben etc.) aufwerten. Im Biologieunterricht können diese Kisten auch eingesetzt werden, um Kreisläufe zu verdeutlichen, Regenwürmer und ihre Lebensweise und Funktion im Ökosystem kennenzulernen, und sie können vom Biologieunterricht ausgehend auch artgerecht betreut werden.

4.2.5 Energiesparmaßnahmen

Einsparung von Energie ist mindestens genauso so wichtig wie ihre nachhaltige Erzeugung. Dieses sollten Schule und Unterricht kommunizieren aber auch vorleben. Den Schüler*innen im laufenden Betrieb klimafreundliche Handlungsoptionen aufzuzeigen, verbindet den institutionellen Klimaschutz mit dem privaten. Es gibt viele Möglichkeiten, Schüler*innen zu Energiesparmaßnahmen in der Schule und zu Hause anzuregen. Schüler*innen können beispielsweise als Klima-Detektive ausgebildet und losgeschickt werden, die auf Energiesparmaßnahmen im Klassenraum und in der Schule achten – auf richtiges Lüften und Heizen (Stoßlüften, keine gekippten Fenster, mäßig aufgedrehte Heizkörper), sparsamen Wasserverbrauch (tropfende Wasserhähne), sparsamen Gebrauch von Licht (kein künstliches Licht, wenn Tageslicht ausreicht), Vermeidung des Stand-By-Modus von Geräten u. v. a. Hierzu gibt es viele Materialien, z. B. von der Energie- und Umweltagentur des Landes Nieder- Österreich (www.umwelt-bildung.at/energie-detektive-in-der-schule), vom WWF (www.wwf.de/aktiv-werden/tipps-fuer-den-alltag/energie-sparen-und-ressourcen-schonen) und vielen anderen Initiativen, s. Internet.

Und natürlich ist es sinnvoll und vorbildhaft, wenn Schule und Schulträger sich um Photovoltaik auf den Schuldächern, Dämmungsmaßnahmen, nachhaltige Gebäudesanierung etc. kümmern.

4.2.6 Konzepte für einen nachhaltigen Schulweg

Leider ist es immer noch gängige Praxis, dass viele Eltern ihre Kinder mit dem Auto zur Schule fahren. Zunächst sind hier die Städte, Gemeinden und Landkreise gefordert. Sie müssen dafür sorgen, dass die Infrastruktur so gut ist, dass Schüler*innen sicher zu Fuß, mit dem Fahrrad oder mit öffentlichen Verkehrsmitteln die Schule erreichen können. Es braucht also gute Rad- und Fußwege und gute Bus- und Bahnverbindungen. Überall, wo dieses noch nicht der Fall ist, können Schulen, Lehrer*innen und Schüler*innen diese, auch öffentlichkeitswirksam, einfordern. Dazu können z. B. auch vielfältige Aktionen (Fahrraddemos, Briefe an verantwortliche Politiker*innen, Markieren von Gefahrenstellen, Gespräche mit der Lokalzeitung…) von den Schulen durchgeführt werden, um auf Missstände hinzuweisen.

Die weitere Herausforderung ist es dann, dass Kinder und Jugendliche und deren Eltern dazu motiviert werden, das Auto für den Schulweg auch wirklich stehenzulassen. Dafür Konzepte zu entwickeln, ist auch eine Aufgabe für die Schule. So kann die Schule schon bei Einschulungen auf dieses Anliegen verweisen, im Unterricht kann dieses thematisiert werden oder es können Schulveranstaltungen zu dieser Thematik durchgeführt werden. Manche Schulen hängen Banner auf, beispielsweise: »Coole Kids kommen so zur Schule«, und dann sind Bilder von Turnschuh, Fahrrad, Skateboard, Straßenbahn u.Ä. zu sehen.

Eltern kann das Fahren zur Schule auch erschwert werden, indem auf Parkplätze verzichtet wird und große autofreie Zonen vor Schulen eingerichtet werden, durch Halteverbote etc. Auch kann Eltern kommuniziert werden, wie positiv sich ein selbstständig bewältigter Schulweg auf Eigenständigkeit und Selbstbewusstsein der Kinder auswirken kann. Es können autofreie Aktionswochen angeregt werden, während derer bei Schulwegen auf Autos für einen gewissen Zeitraum verzichtet werden soll und während denen Schüler*innen dann erfahren können, dass der selbst bewältigte Schulweg auch funktioniert. Hilfreich ist auch die Homepage des Deutschen Kinderhilfswerks: www.zu-fuss-zur-schule.de/.

Es sollte auch geprüft werden, ob ausreichend Fahrradständer, gut sichtbar und damit Diebstähle erschwerend, zur Verfügung stehen.

4.2.7 Ökologische Schulhofgestaltung / Ökologische Schulgärten

Schulgärten bieten Möglichkeiten zur Naturerfahrung und können Schüler*innen wichtige Erfahrungen zur Erzeugung und Wertschätzung von Lebensmitteln machen lassen. Wenn es die Möglichkeit gibt, Kinder / Jugendliche selbst Gemüse anbauen zu lassen, kann Klimabildung hier praktisch ansetzen. Die Initiative Acker e. V. bietet hierbei Unterstützung (vgl. Kap. 10.5).

Auch Schulhöfe sollten so naturnah und ökologisch wie möglich gestaltet werden, um die Biodiversität zu fördern und ein Klima zu etablieren, in dem Schüler*innen sich wohl fühlen können. Dass Natur sich positiv auf das Wohlbefinden auswirkt, ist vielfach nachgewiesen worden. Naturnahe Schulhöfe und -gelände können in städtischen Räumen wichtige Grünoasen und ökologische Nischen sein. Sie können den Schüler*innen, zumindest in Ansätzen, Naturerfahrung und -erleben ermöglichen. Es können mit Schulklassen Insektenhotels, Blühflächen u.Ä. eingerichtet werden, um die Insektenvielfalt zu fördern, schattenspendende Bäume gepflanzt werden, die vielen Tieren Lebensräume bieten etc.

Es gibt auch Initiativen wie das Konzept »essbarer Schulhof«, wo bewusst Obstbäume, Beerensträucher etc. gepflanzt werden, deren Früchte von Schüler*innen geerntet werden können.

Kompostanlagen können angelegt werden, in denen auch die Bioabfälle der Schule und der Schüler*innen verwertet werden und die die Bodenqualität verbessern. Oder es können auch Bienen im Rahmen einer AG gehalten werden.

Es gibt viele Möglichkeiten, Schulgelände so zu gestalten, dass Tiere, Pflanzen und letztlich auch die Menschen der Schule davon profitieren. Dafür können Fördergelder z. B. bei den Kommunen beantragt werden, aber es kann auch vieles mit Initiativen von einzelnen Klassen, Projektwochen, AGs etc. ohne große finanzielle Mittel erreicht werden (unterstützt z. B. durch Elternspenden, den Förderverein etc.).

4.3 Checkliste Klimaschutz in der Schule

Folgende Checkliste, die im Rahmen von »zukunftsschule.sh« erarbeitet wurde, einem Auszeichnungssystem zur Förderung der Bildung für nachhaltige Entwicklung an den Schulen des Landes Schleswig-Holstein, zeigt viele Bereiche auf, in denen sich Schule klimafreundlich und nachhaltig aufstellen kann.

Checkliste für nachhaltige Schulorganisation

Stand: 10.11.19

Zukunftsschule.SH
HEUTE ETWAS FÜR MORGEN BEWEGEN

Papier einsparen, drucken, recherchieren:

- ☐ Kopier- und Druckerpapier aus Recyclingpapier
- ☐ Briefumschläge aus Recyclingpapier
- ☐ Anleitung zum Verkleinern und doppelseitigen und wenig Druckerschwärze verbrauchendes Bedrucken im Kopierraum
- ☐ Hinweis darauf, dass auf unnötige Kopien verzichten werden sollte
- ☐ Fehlkopien werden im Kopierraum als Schmierpapier gesammelt.
- ☐ Hinweis für die (neuen) Schüler/innen auf den blauen Engel (Recyclingpapier), Verzicht auf Plastikumschläge für die Hefte. Einspareffekte transparent machen.
- ☐ Papp- statt Plastikhefter verwenden und vor allem wiederverwenden
- ☐ Cafeteria und Mensa: Einwegservietten aus Recyclingpapier
- ☐ Suchmaschine Ecosia ist die Startseite bei den Schulcomputern.
- ☐ Es wird nur laminiert, wenn es notwendig ist.
- ☐ …

Wasser:

- ☐ Wasserspender für die Schüler/innen
- ☐ Wasserspender im Lehrerzimmer
- ☐ Wassersparer in Wasserhähnen und Toiletten eingebaut
- ☐ Hinweis auf nachhaltigen Trinkflaschen werden gegeben, eventuell mit dem Schullogo zum günstigen Preis an die Schüler verkaufen
- ☐ …

Ernährung:

- ☐ Kaffee im Lehrerzimmer und in der Cafeteria: bio und fair (z. B. Gepa)
- ☐ Cafeteria und Mensa: möglichst Fleischverzicht
- ☐ Cafeteria und Mensa: regionale und saisonale Produkte (Landwirtschaft in der Region unterstützen)
- ☐ Cafeteria und Mensa: keine Getränke in Einwegverpackungen
- ☐ Cafeteria und Mensa: Verzicht auf Einweggeschirr
- ☐ Cafeteria und Mensa: Fleisch und Einwegverpackungen bepreisen (und Alternativen günstiger anbieten)
- ☐ Hinweis für die (neuen) Schüler/innen auf Mehrweggeschirr: Brotbox, Trinkflasche
- ☐ …

Müllertrennung:

- ☐ in den Klassenräumen
- ☐ im Lehrerzimmer
- ☐ im Verwaltungsbereich (z. B. bei der/dem Schulleiter/in)
- ☐ im Kopierraum
- ☐ Geprüft, ob der getrennte Müll auch getrennt in den Schulcontainern ankommt
- ☐ Es gibt Sammelbehälter für Plastikdeckel (www.deckel.gegen-polio.de).
- ☐ Es gibt Sammelbehälter für Batterien und Druckerpatronen.
- ☐ Es gibt Sammelbehälter für Pfandflaschen.
- ☐ Es gibt Sammelbehälter für alte Handys.
- ☐ …

Strom- und Energieverbrauch:
- ☐ Raumtemperatur wird in den kalten Jahreszeiten begrenzt, z. B. auf 20 Grad.
- ☐ Ökostrom verwenden
- ☐ Eigene Fotovoltaikanlage zum Selbstverbrauch des Stroms
- ☐ Elektronische Geräte: beim Kauf auf den blauen Engel achten
- ☐ Verwendung von LED-Lampen
- ☐ Hinweisschilder in den Klassenräumen zum Ausmachen des Lichts, wenn alle den Raum verlassen haben
- ☐ Computer (z. B. im Lehrerzimmer) sind nachts ausgeschaltet.
- ☐ …

Textilien:
- ☐ Schulkleidung: öko- und faire Shirts und Pullover verwenden
- ☐ Kleidung der Abschlussklassen: bio und faire Textilien
- ☐ Kauf von Second-Hand-Kleidung ermöglichen (z. B. eine regelmäßige Kleidertauschbörse)
- ☐ Fusbälle bio und fair erwerben (Gepa)
- ☐ …

Verschenken, nicht wegschmeißen:
- ☐ Bücher und Spiele: Tauschbörse in einem Regal
- ☐ Kleidung: Tauschbörse ermöglichen
- ☐ …

Reinigung und Hygiene:
- ☐ WC-Papier und Küchenrollen aus Recyclingpapier
- ☐ Nachhaltige Hygieneartikel
- ☐ Die Schule verwendet umweltverträgliche Reinigungsmittel mit dem EU-Umweltsiegel oder dem Blauen Engel.
- ☐ …

Mobilität:
- ☐ (weitgehender) Verzicht auf Flugreisen bei Klassen- und Studienfahrten
- ☐ Bei Flugreisen: Kompensationsleistungen erwerben, z. B. www.atmosfair.de
- ☐ Im Lehrerkollegium werden Fahrgemeinschaften gebildet. Ein/e Verantwortliche/r organisiert einen Stunden-/Fahrplan für diejenigen aus einem Ort jenseits des Schulstandorts.
- ☐ Die Eltern davon überzeugen, dass ihre Kinder in der Regel allein den Schulweg beschreiten können und sollten
- ☐ …

Veranstaltungen, Bewirtung, Geschenke:
- ☐ Veranstaltungen: Mehrwegflaschen und -geschirr verwenden, Verzicht auf Plastikbecher
- ☐ Kaffee: bio und fair (z. B. Gepa)
- ☐ Wasser: Leitungswasser oder vom regionalen Abfüller
- ☐ Angebot der FairTrade AG für Lehrer/innen-Geburtstage, Verabschiedungen usw.
- ☐ Nachhaltige Geschenke: wenig Plastik, möglichst fair, bio und regional
- ☐ Angebote für Gäste in den Büros der Schulleitung: Kriterien wie oben
- ☐ …

Informelles Lernen:
- ☐ Die Verwendung nachhaltiger Produkte sowie die Bedeutung davon (Ressourceneinsparpotentiale)
- ☐ werden in der Schulöffentlichkeit transparent gemacht: Website, Plakate (z. B. neben dem Wasserspender) usw.
- ☐ Glaubwürdigkeit: Leben Lehrkräfte und Schulleitung den Schüler/innen Nachhaltigkeit vor?
- ☐ …

Unterrichtsprojekte:
- ☐ Die Schüler/innen lernen konkrete Handlungsalternativen kennen, werden nicht nur sensibilisiert.
- ☐ …

Abb. 6: Diese Checkliste zeigt Möglichkeiten auf, den Schulbetrieb nachhaltig zu organisieren. Quelle: Zukunftsschule SH. Heute etwas für morgen bewegen (2019): https://fachportal.lernnetz.de/files/Inhalte%20der%20Unterrichtsf%C3%A4cher/Zukunftsschulematerial/Zukunftsschule_Checkliste.pdf Zugriff: 06.12.2022.

5. Klimabildung als eigenes Fach oder als übergeordnete Leitlinie für alle Schulfächer?

Es ist sicherlich sinnvoll, BNE und Klimabildung als übergeordnete Leitperspektive allen Lehrplänen voranzustellen. Damit setzt man ein deutliches Signal, dass die Thematik wichtig und in allen Fächern zu verorten ist. Die Problematik ist so vielfältig, dass in allen Fächern Anknüpfungen gefunden werden können. In Baden-Württemberg wurde dieses bereits vorgenommen. (Vgl. Ministerium für Kultus, Jugend und Sport Baden-Württemberg 2016) Hieran könnten sich weitere Bundesländer orientieren und mit einer solchen Leitperspektive zumindest ein Zeichen setzen. Auch ein Erlass, BNE und Klimabildung als zentrale Bildungsinhalte für alle Fächer festzuschreiben, wie es in Niedersachsen geschehen ist, ist vernünftig, um die Relevanz der Themen hervorzuheben. (Vgl. Niedersächsisches Kultusministerium 01.03.2021)

Was allerdings noch fehlt, ist die weitreichende Verankerung der Klima- und Biodiversitätsproblematik sowie die Auswirkungen unseres externalisierenden Lebenstils in allen Fachlehrplänen. Ein Ziel, wie es das »Projekt 20« fordert, Klima, Biodiversität und die globalen Ausbeutungsstrukturen als zentrale Bildungsinhalte mit mindestens 20 Prozent der Unterrichtszeit zu verorten, bedeutet, dass alle Fachlehrpläne in Bezug auf die drängendsten Herausforderungen unserer Zeit überarbeitet werden müssen.

Darüber hinaus ist es sinnvoll, Strukturen jenseits des Fachunterricht einzuführen, die fachübergreifend angelegt sind und Schüler*innen Selbstwirksamkeitserfahrungen machen lassen. Möglichkeiten dazu werden unter Punkt 9 aufgezeigt.

In der Vergangenheit gab es immer wieder die Forderung von Fridays for Future (FFF), ein eigenes Schulfach »Klimabildung« einzuführen. Inzwischen sprechen sich Aktivist*innen von FFF aber ebenfalls für eine deutliche Verankerung von Klimabildung in allen Curricula aus. Eine internationale Arbeitsgruppe von FFF, die »Fridays for Future Climate Education« mit rund 80 Aktivist*innen aus 35 Ländern, stellt folgende Forderungen auf:

> *»Unabhängig von Alter, Geschlecht, Herkunft und sozialem Status soll Klimabildung für alle Schüler*innen verfügbar sein und somit auf jedem schulischen Niveau gelehrt*

*werden. Fridays for Future wollen aber kein einzelnes Schulfach einführen, sondern fordern, dass Wissen über die Klimakrise in jedes Curriculum aufgenommen wird und Schüler*innen so die wissenschaftlichen, sozialen und ethischen Aspekte der Klimakrise beigebracht bekommen. Das wollen die Aktivist*innen auch in der Lehrer*innenausbildung umgesetzt sehen.*

*Die junge Generation der Klimaaktivist*innen weiß ganz genau, dass die Gewissheit, in einer von der Klimakrise geprägten Zukunft leben zu müssen, sich nicht besonders förderlich auf die Psyche auswirkt. Dementsprechend fordern sie, dass die Schulen die Ressourcen bereithalten, um mit den Sorgen und Auswirkungen auf die psychische Gesundheit umzugehen, die die Klimakrise für Schüler*innen und Lehrkräfte mit sich bringt.*

*Allerdings geht es … nicht nur um das, was in Bildungsinstitutionen gelehrt wird, sondern auch um die Schulgebäude selbst: Bis 2030 müssten alle Schulen klimaneutral sein, jeder Schulneubau soll außerdem emissionsfrei sein. Die Schulen sollten ihre Schutzbefohlenen ebenfalls dazu anhalten, engagierte und aktive Mitbürger*innen zu werden und Verantwortung für Natur und Gesellschaft zu übernehmen – worin die traurige Gewissheit mitschwingt, dass Schulen dieses Ziel heute nicht erreichen.«*

(WOXX 2021)

FFF stärken also die Forderung einer übergeordneten Leitperspektive für alle Lehrpläne und Curricula. Ein Fach »Klimabildung« könnte lediglich eine Übergangslösung sein, bis die Klima- und Biodiversitätsproblematik in allen Fächern und Fachlehrplänen angekommen ist oder ein zusätzliches Angebot.

Wichtig ist darüber hinaus, die Forderung der FFF-Aktivist*innen ernst zu nehmen und auch, gerade angesichts der immer bedrückender werdenden Klimasituation, Möglichkeiten zu schaffen, die psychische Gesundheit der Schüler*innen zu stärken. Das stellt natürlich Vieles im selektierenden deutschen Schulsystem in Frage, das mit Leistungsdruck, permanenten Vergleichen untereinander etc. operiert, das kaum selbstgesteuerte und individuelle Lernprozesse ermöglicht und das auch immer wieder »Verlierer« produziert. Gerade in Bezug auf diese Forderung von FFF sollte hier Vieles neu diskutiert und hinterfragt werden. Was unternommen werden kann, um die psychische Gesundheit von Schüler*innen direkt zu stärken, indem sie z. B. Möglichkeiten bekommen, Selbstwirksamkeitserfahrungen zu machen, wird in Kap. 6.2.4, zumindest in Ansätzen, thematisiert.

6. Die Problematik des Knowlegde-Action-Gaps

In der »Umwelterziehung« kennt man seit Jahrzehnten die Problematik, dass Wissen nicht linear zum Handeln führt. Es gibt keinen direkten Zusammenhang zwischen »Umweltwissen« und »Umwelthandeln«. Umfassendes »Umweltwissen« führt nicht unbedingt zu »Umweltverhalten«, und es gibt auf der anderen Seite »umweltbewusstes« Verhalten auch ohne »Umweltwissen«. (Vgl. z. B. Spahn-Skrotzki 2010, Kuckhartz 1998, Kuckhartz / de Haan 1996 u. a.)

Diese Problematik zeigt sich auch ganz deutlich in der Klima- und Biodiversitätskrise. Wir wissen viel, Problematik und Gefahr sind vielen Menschen und Politikern (wenn auch vielleicht nicht in ihrer ganzen Dramatik, vgl. Kap. 1) bewusst, dennoch passiert noch viel zu wenig – sowohl im politisch- gesellschaftlichen Bereich bei uns in Deutschland als auch in Europa und global. Es gibt vielerlei Bekenntnisse zu Klimaneutralität bis 2030 oder 2050, aber die Maßnahmen, um diese zu erreichen, sind völlig unzureichend. Es gibt eine Kluft zwischen Wissen und Handeln. Man spricht vom Knowledge-Action-Gap oder auch Mind-Behaviour-Gap.

In Kap. 2.3 zur »Ökoroutine« wurde deutlich, dass man nicht allein auf Verhaltensänderungen der*des Einzelnen setzen kann, um die CO_2-Emissionen deutlich zu reduzieren. Das funktioniert nicht, wie wir seit Jahren sehen, und außerdem macht das aktuelle wirtschaftliche und gesellschaftliche System eine klimaneutrale Lebensweise unmöglich. (Vgl. van Bronswijk et al. 2021, S. 131) Man spricht in Bezug auf diese Problematik auch vom Behaviour-Impact-Gap. (Vgl. van Bronswijk et al. 2021, S. 131 unter Bezug auf Csutora 2012)

Aber Verhaltensänderungen der einzelnen Person sind natürlich auch wichtig: Wenn viele etwas tun, hat das Auswirkungen, und grundlegende politische und gesellschaftliche Veränderungen müssen von Einzelnen mitgetragen und mitgelebt werden. Für gesellschaftliche Veränderungen ist das Bewusstsein und das Handeln von Einzelnen also grundlegend. Um Akzeptanz für notwendige Maßnahmen zu erzielen und Veränderungen anzuregen, ist der Bildungsbereich gefordert. Und da ist es wichtig zu wissen, dass man nicht allein auf Wissensvermittlung setzen kann. Die Problematik, dass Wissen allein nicht zu anderem Handeln führt, sollte also im Bereich der Klimabildung immer mitbedacht werden.

Es stellt sich die Frage, wie man der Problematik des Knowledge-Action-Gaps begegnet, denn gerade in den Schulen nimmt die kognitive Wissensvermittlung immer noch einen großen Teil der Unterrichtszeit ein. (In Kap. 9 werden explizit Lehr-Lernformen vorgestellt, in denen eben nicht nur auf Wissensvermittlung gesetzt wird.) Im Folgenden soll zunächst aufgezeigt werden, welche Mechanismen nachhaltiges Handeln ausbremsen. Je mehr von diesen Handlungsbarrieren bekannt sind, desto besser kann ihnen begegnet werden, gerade auch in der schulischen Klimabildung. Dann werden Strategien vorgestellt, die dem Knowledge-Action-Gap entgegenwirken können.

6.1 Die »Drachen der Untätigkeit« – Handlungsbarrieren

Der Umweltpsychologe Robert Gifford (2011) beschreibt »Drachen der Untätigkeit«, also »Handlungsbarrieren«, die van Bronswijk et al. (2021) aktualisieren und zusammenfassen. Die sieben Drachen der Untätigkeit, die uns daran hindern, nachhaltig und klimafreundlich zu handeln:

1. Begrenztes Denkvermögen

Menschliches Denken ist nicht immer logisch, sondern oft auch irrational und wirkt sich so auf Entscheidungen aus. Das irrationale Denken hat verschiedene Gründe:

Unser Gehirn ist »alt« und hat eine lange »Evolutionsgeschichte« hinter sich. Die meiste Zeit waren Menschen damit beschäftigt, sich im Hier und Jetzt zurechtzufinden und zu überleben. In der Klimakrise fühlen viele Menschen sich nicht unmittelbar betroffen, sondern viele Veränderungen kommen schleichend oder erst in der Zukunft, so dass sie keine unmittelbare Bedrohung erleben. Zum Teil bremst dann auch noch Unwissenheit verantwortliches Handeln. Aber auch zu viele Informationen können zu Überforderung führen und hemmend wirken. Werden nur Fakten vermittelt, aber keine Handlungsmöglichkeiten aufgezeigt, kann es zur »Abstumpfung« führen, d. h. man schaltet einfach ab, will sich nicht mehr damit auseinandersetzen oder man fühlt sich machtlos und verdrängt u.ä.

Weiterhin lassen sich optimistische Verzerrungen beobachten. Das heißt, dass man durch eine übertriebene Zuversicht die Risiken für klimawandelbedingte Umweltkatastrophen unterschätzt.

Relativierungen führen dazu, dass man eigene Verantwortung abgibt, zum Beispiel wenn man darauf verweist, dass es woanders viel schlimmer sei oder bestimmte Ereignisse erst in ferner Zukunft eintreten würden.

Das Gefühl, keine Handlungskontrolle zu haben, und fehlende Selbstwirksamkeitserfahrungen führen ebenso zur Passivität. (Vgl. van Bronswijk et al. 2021, S. 106 ff. unter Bezug auf Gifford 2011 u. a.)

In der Klimakrise wird auch ein globaler Bystander-Effekt sichtbar: Man schaut zu, ohne zu handeln. Auch Menschen, die als Vorbilder dienen könnten, z. B. Politiker, tun viel zu wenig und sind somit kein Beispiel zur Nachahmung. (Vgl. van Bronswijk et al. 2021, S. 111 unter Bezug auf Mills 2020)

2. Ideologien

Viele ideologische Weltanschauungen bremsen Klimahandeln aus. So rechtfertigt häufig ein überzeugter Glaube an das kapitalistische Wirtschaftssystem, das die Welt als Ressource nutzt und Wachstum als unhinterfragtes Paradigma festlegt, die ausbeutenden Strukturen und hemmt eigenes nachhaltiges Handeln. Der Glaube an übermenschliche Kräfte, Gott, die Mutter Natur u. a. kann zu der Haltung führen, dass alles schon irgendwie gerichtet wird und man sich nicht engagieren muss.

Weiterhin lässt sich auch ein Glauben an Technik als Wunderwaffe beobachten, der davon ausgeht, dass für alle Probleme eine technische Lösung gefunden werden kann, wie z. B. durch Geoengineering, Erzeugung künstlicher Wolken, den Einschluss von CO_2 im Boden. Das birgt natürlich die Gefahr, dass keine Reduktion von CO_2 mehr angestrebt wird.

Systemrechtfertigungen hemmen ebenfalls nachhaltiges Handeln. Bei dieser Abwehrreaktion wird die Klimakrise z. B. als »der natürliche Lauf der Dinge« deklariert, gegen den man nichts unternehmen müsse. So kann weiter am Status quo festgehalten werden. (Vgl. van Bronswijk et al. 2021, S. 111 ff. unter Bezug auf Gifford 2011 u. a.)

3. Vergleiche mit anderen Menschen und Akteuren

Menschen entwickeln ihre Identität in sozialen Kontexten und vergleichen sich dabei auch mit anderen. Wenn andere Menschen wenig nachhaltig handeln, hemmt das auch das eigene Verhalten. Soziale Normen beeinflussen uns. Gerade in Bezug auf nachhaltiges Verhalten sind häufig noch nicht deutliche Normen ausgeprägt, dass man bestimmtes Verhalten, z. B. Fleischessen, fliegen, große Autos fahren etc., nicht tut, weil es nicht klimafreundlich ist.

Gerechtigkeit spielt im Vergleich mit anderen Menschen ebenfalls eine große Rolle. Einschränkungen sollten fair verteilt sein, das ist vielen Menschen wichtig. Wenn man selbst aus ökologischen Gründen Einschränkungen in Kauf nimmt, wird es als ungerecht wahrgenommen, wenn andere das nicht tun. Warum soll ich auf die Flugreise verzichten, wenn andere das nicht tun?

Es kann außerdem ein Gefühl von Hilflosigkeit entstehen, wenn man das eigene klimafreundliche Verhalten mit dem »großer Player« vergleicht, z. B. mit Konzernen, die nicht klimafreundlich sind. (Vgl. van Bronswijk et al. 2021, S. 115 ff.)

4. Unumkehrbare Kosten

Hier geht es um »sunk costs«, d.h. Kosten, die bereits investiert wurden und die man nicht mehr rückgängig machen kann. Wenn man in ein Auto investiert hat, nutzt man es auch, damit sich die Kosten »bezahlt machen«. Dann ist es z.B. schwerer, auf den öffentlichen Verkehr umzusteigen. Viele Gewohnheiten zählen dazu. Man führt sie fort, weil man das gewohnt ist, bereits in sie »investiert« hat, sie z.B. auch kulturell »erlernt« hat, wie z.B. Fleischessen. An ihnen etwas zu verändern, bedeutet, dass man erst wieder investieren muss, z.B. muss man neue pflanzenbasierte Rezepte finden, neue Weisen der Zubereitung lernen etc. Oder man kauft weiterhin Aktien von Konzernen, die fossile Brennstoffe abbauen, weil sie in der Vergangenheit Gewinne eingefahren haben. Auf andere Aktien umzusteigen, würde bedeuten, dass man sich wieder neu informieren muss usw. (Vgl. auch van Bronswijk et al. 2021, S.118 ff.)

5. Missbilligung

Auf der einen Seite ist es wichtig, kritisch zu denken, nicht alles hinzunehmen und auch gesellschaftliche Systeme bezüglich Lobbyismus, Wirtschaftsinteressen oder Geheimdienstaktivitäten zu hinterfragen.

Auf der anderen Seite ist zunehmend eine Verschwörungsmentalität zu beobachten, die weit über das kritische Denken hinausreicht. Hier werden wissenschaftliche Fakten in Frage gestellt und diskreditiert, auch weil sie unbequem sind. Verschwörungsmythen liefern einen psychischen Ausweg, um an etablierten Verhaltensweisen festhalten zu können. Dabei sind Verschwörungsmythen selbstbestätigend: Wer widerspricht, wird als Teil der Verschwörung gesehen.

Es gibt unterschiedliche Formen der Leugnung von Klimafakten. Unwissenheit kann Verleugnung begünstigen, aber auch gezielte Desinformation. So führt die fossile Industrie seit Jahrzehnten Desinformationskampagnen durch (s. z.B. Fuhr / McKinnon / Heinrich Böll Stiftung 2018). Es gibt vielfältigen Lobbyismus gegen Klimafakten. Und aus unterschiedlichen Gründen schenken Menschen diesen falschen Aussagen Glauben, z.B. wenn der Job durch gesellschaftliche Maßnahmen zum Klimaschutz bedroht ist oder wenn man an bestimmten Privilegien festhalten möchte.

Wenn man sich in der Art und Weise, wie man leben möchte, eingeschränkt fühlt, können Verleugnungen herangezogen werden, um nichts verändern zu müssen oder es tritt Reaktanz, »Gegenwehr«, ein. So kann ein Verweis auf den wissenschaftlichen Konsens bei Klimaleugner*innen dazu führen, dass Wissenschaft insgesamt in Frage gestellt wird. Auch Maßnahmen, die als unfair oder sehr einschränkend wahrgenommen werden, können Reaktanz hervorrufen. (Vgl. van Bronswijk et al. 2021, S. 122 ff.)

6. Wahrgenommene Risiken

Wenn in nachhaltigem Handeln / Klimahandeln Risiken gesehen werden, kann dieses das Handeln hemmen. Wahrgenommene Risiken können sich auf die eigene Unversehrtheit beziehen, z. B. dass man Angst hat, beim Fahrradfahren verletzt zu werden (in Deutschland sterben jährlich im Durchschnitt 450 Radfahrer bei Unfällen mit Autos und LKW). Ein klimafreundliches Leben ist z.Zt. noch in vielen Bereichen teurer, z. B. muss man in eine Solaranlage zunächst investieren, oder Biolebensmittel kosten im direkten Vergleich häufig mehr Geld. Solche finanziellen »Risiken« können hemmend wirken. Darüber hinaus gibt es auch zeitliche Risiken. So muss man häufig auch mehr Zeit investieren, um sich z. B. über nachhaltigere Produkte zu informieren, nachhaltige Reisen benötigen mehr Zeit, Fahrradfahren dauert oft länger als Autofahren etc.

Als soziale Wesen wollen Menschen nicht gerne vom Mainstream abweichen. So können auch soziale und psychische Risiken wirksam werden, wenn man mit verändertem Verhalten von anderen Menschen der Bezugsgruppen abweicht. (Vgl. van Bronswijk et al. 2021, S. 126 ff.)

7. Begrenztes Handeln

Viele Menschen zeigen in einigen Bereichen nachhaltiges Handeln, z. B. Mülltrennen, auf Plastiktüten verzichten o.ä. und beschränken sich dann aber häufig auf dieses, auch wenn die Handlungen z. T. nur einen kleinen Klimaschutz-Effekt haben und in vielen anderen Bereichen des eigenen Lebens noch mehr möglich wäre.

Es gibt vielfach Rebound-Effekte, d. h. Veränderungen oder Einsparungen in einem Bereich führen dazu, dass man woanders wieder mehr verursacht. Man kauft ein E-Auto und fährt damit aber wieder mehr. Man dämmt sein Haus, macht dafür aber wieder mehr Flugreisen etc. (Vgl. van Bronswijk et al. 2021, S. 128 ff.)

Für weitere Informationen

Van Bronswijk, Katharina / Komm, Jan-Ole / Zobel, Ingo: Die Evolution der Drachen der Untätigkeit. Aktuelle Erkenntnisse zur Lücke zwischen Wissen und Handeln. In: Dohm, Lea / Peter, Felix / van Bronswijk, Katharina: Climate Action – Psychologie der Klimakrise. Handlungshemmnisse und Handlungsmöglichkeiten. S. 105–140. Gießen 2021. (Psychosozial-Verlag)

6.2 Möglichkeiten dem Knowledge-Action-Gap zu begegnen

6.2.1 Handlungsbarrieren kennen und ihnen entgegenwirken

Handlungsbarrieren können natürlich auch bei Schüler*innen auftreten. Dafür ist es nötig, die »Drachen der Untätigkeit«, d. h. die Handlungsbarrieren zunächst zu kennen. Nur so kann man sie »entlarven« und gezielt Strategien entwickeln, um den einzelnen Handlungsbarrieren entgegenzuwirken.

So kann man beispielsweise, um »begrenztem Denkvermögen« entgegenzuwirken, gezielt Fakten in den Alltag übersetzen. Was bedeutet es für uns und meinen Alltag konkret, wenn die Klimakrise weiter fortschreitet? An Beispielen kann man aufzeigen, was die derzeitige Situation schon jetzt für andere Menschen bedeutet. Man kann konkret Handlungsoptionen aufzeigen, um Selbstwirksamkeit zu ermöglichen. Den Bystander-Effekt kann man bewusstmachen, um ihm damit entgegenzuwirken. Ideologien, Fake News, Verschwörungsmythen u.Ä. kann man gemeinsam reflektieren und anhand von Fakten überprüfen. Ist es der Vergleich mit anderen, der im Weg steht, kann man bewusst den Blick auf die lenken, die schon jetzt viel eingeschränkter leben müssen, z. B. in anderen Ländern, als auf die, die sich noch alle Freiheiten herausnehmen. Kosten, die ein nachhaltiges Leben zunächst teurer erscheinen lässt, können analysiert und den Kosten für die Folgeschäden eines Nicht-Nachhaltigen-Lebens gegenübergestellt werden. Auch dass Nachhaltigkeit nicht teurer sein muss, kann an vielen Beispielen aufgezeigt werden. Angst, vom Main-Stream abzuweichen, kann bewusst hinterfragt und Abweichung auch geübt werden. Rebound-Effekte sollten thematisiert werden etc.

6.2.2 Wissensvermittlung

Auch wenn Wissensvermittlung allein nicht ausreicht, dass Handlungen folgen, ist sie dennoch ein erster und ungemein wichtiger Schritt. Ohne grundlegende Kenntnisse über die Problematik und die Dramatik der Situation, ohne Wissen darüber, dass grundlegende Maßnahmen zum Klimaschutz nötig sind, um die Lebensgrundlagen für Menschen auf dieser Erde zu erhalten, kann man keine Veränderung erwarten.

Hier ist Wissensvermittlung wichtig. Es muss Wissen vermittelt werden über die Grundlagen der Klimakrise, über die Problematik von Kipppunkten und über die Unumkehrbarkeit, wenn diese Prozesse angestoßen werden. Es muss Wissen darüber vermittelt werden, was alles auf dem Spiel steht.

Darüber hinaus ist es wichtig, sich darüber Gedanken zu machen, wie diese Inhalte vermittelt werden. Es kann nicht um den Aufbau von Angstszenarien gehen, die dann zu Resignation und Lähmung führen – gerade auch nicht gegenüber Schüler*innen, die diese Situation nicht verursacht haben. Das ist ja eine der ganz großen Ungerechtigkeiten der Situation: Die, die Situation nicht verursacht haben, werden viel mehr unter ihr leiden als die Verursacher*innen.

Allerdings kann die Situation auch nicht ausgeblendet, schöngeredet oder verharmlost werden. Das ist viel zu lange passiert, und dadurch ist viel zu viel wertvolle Zeit verlorengegangen. Die Situation macht es nötig, dass wir den Fakten endlich ungeschönt ins Auge blicken, denn nur so kann die Notwendigkeit zu wirklich grundlegenden Veränderungen deutlich werden. Im »Handbuch Klimakommunikation« werden beispielsweise Anregungen gegeben, wie man angemessen über die Klimakrise kommunizieren kann. So ist es beispielsweise wichtig, die Distanz zu Klimaereignissen zu überbrücken und aufzuzeigen, dass das Klimageschehen kein Ereignis in ferner Zukunft ist, sondern uns heute schon betrifft, z.B. mit Veränderungen in der Natur (Absterben heimischer Baumarten, veränderter Vogelzug, Ausbreiten invasiver Arten, Zunahme von Waldbränden etc.) oder mit Beeinträchtigungen unserer Gesundheit (Zunahme von Erkrankungen durch Hitze, Luftverschmutzung etc.). Es ist sinnvoll, positiv zu bleiben und statt Schuldzuweisungen zu formulieren Lösungsstrategien aufzuzeigen und auch Geschichten des Gelingens zu erzählen. Es ist anregend, deutlich zu machen, dass notwendige, grundlegende Veränderungen der Gesellschaft auch eine Zunahme von Lebensqualität bedeuten können, wie etwa autofreie Innenstädte etc. (Vgl. Schrader 2022, S. 143 ff.)

In der Schule und im Unterricht ist es eine Herausforderung, die Problematik so mit Schüler*innen zu besprechen, dass sie zum einen nicht überfordert werden, sondern gesund und resilient mit der Situation umgehen können, sie aber zum anderen die Notwendigkeit für grundlegende Veränderungen erkennen und eine Akzeptanz für diese entwickeln, sodass sie das eigenen Leben verantwortlich und nachhaltig gestalten und gesellschaftliche (möglicherweise auch politische) Verantwortung wahrnehmen. Was neben Wissensvermittlung noch wichtig sein kann für Handlungsänderungen und Resilienz, soll im Folgenden thematisiert werden.

Für weitere Informationen

Schrader, Christopher / Klimafakten. de (Hrsg.): Über Klima sprechen. Das Handbuch. Onlineversion: www.klimakommunikation.klimafakten.de/

Schrader, Christopher / Klimafakten.de (Hrsg.) Über Klima sprechen. Das Handbuch. München 2022. (Oekom)

Klimafakten. de: Verschiedene Publikationen. www.klimafakten.de/service/publikationen. (Hier werden immer wieder aktuelle Fakten präsentiert und gute Klimakommunikation wird thematisiert. Z. B. Reader: Das Klima zum Thema machen I+II, Infoposter zu Desinformationstricks von Klimawandelleugner*innen, Diskussion über Wirksamkeit der Aktionen der »Letzten Generation« u. v. a.)

6.2.3 Naturbegegnung

Um ein Bewusstsein dafür zu bekommen, dass es wichtig ist, Natur (und unsere ganze Biosphäre) zu schützen, muss man »Natur« erfahren und eine »Beziehung« zu ihr haben. Viele Kinder und Jugendliche haben häufig wenig Zeit in der Natur verbracht. Die, die in Städten leben, haben oft wenig Möglichkeit, Natur zu erleben, insbesondere auch dann, wenn sie nicht zu den Familien gehören, die sich Urlaube leisten können. Aber auch die Kinder in ländlichen Gegenden kennen meistens keine »intakte« Natur mehr, sondern sehen vorwiegend zersiedelte Monokulturen der industriellen Landwirtschaft. In der Regel verbringen Kinder und Jugendliche viel mehr Zeit in virtuellen Welten als in der Natur. Dass das ein Problem ist, ist offenkundig.

Wenn Kinder und Jugendliche Natur erleben, können sie auch emotional von ihr angesprochen werden. Sie können von Natur fasziniert werden, wenn sie Ökosysteme mit alle ihrer Schönheit erleben, sie können staunen über das, was sie dort sehen, über viele Details, über das Zusammenspiel von allem. Es kann ihnen dabei auch deutlich werden, dass die Natur verletzbar ist und i. d. R. fast immer in der Begegnung mit Menschen den Kürzeren zieht. Es kann ein Bewusstsein dafür entstehen, welche gravierenden Verletzungen der Natur zugefügt werden.
Solche Erfahrungen, die nicht nur auf die Kognition ausgerichtet sind, können helfen, das Knowledge-Action-Gap zu überwinden. Wenn man auf emotionaler Ebene eine Beziehung zur Natur hat, ist es nicht mehr unwichtig oder egal, was mit der Natur passiert. Motivation zum Handeln kann dadurch gestärkt werden. Der tiefenökologische Ansatz von Joanna Macy bietet übrigens auch viele Anregungen zum Aufbau einer emotionalen Beziehung zur Natur.

Weiterhin können in direkter Naturbegegnung Artkenntnisse erworben und ökologisches Verständnis vertieft werden. Auch dieses ist ausgesprochen wichtig. Wissen über ökologische Zusammenhänge und Artkenntnisse sind für den Erhalt der Biodiversität unumgänglich.

Exkursionen, Wandertage, Unterricht in der Natur, aber auch Natur in der direkten Nähe erleben, auf (hoffentlich) naturnah gestalteten oder renaturierten Schulhöfen, in Parks – all diese Möglichkeiten sollten genutzt werden, um Schüler*innen Begegnungen mit der Natur zu ermöglichen. Auch in Klassenzimmern kann Natur erlebbar werden. Es können Pflanzen gezogen, z. T. auch Tiere gehalten werden. Zum Beispiel können Raupen von Schmetterlingen gehalten werden, die sich verpuppen und nach dem Schlüpfen freigelassen werden können. (Eine Anleitung dazu s. unten.) Ein Vorgang der staunen lässt, aber auch ein Bewusstsein weckt für die Verletzlichkeit der Natur. Acker e. V. bietet ebenfalls auch viele Anregungen zum »grünen Klassenzimmer«.

Kinder und Jugendliche sind häufig sehr empathisch gegenüber Natur und Tieren. Diese Fähigkeiten gilt es zu stärken, s. dazu auch Kap. 6.2.4. Viele außerschulische Lernorte bieten außerdem gute Möglichkeiten zur direkten Naturerfahrung, s. Kap. 10.

Für weitere Informationen

Spahn-Skrotzki, Gudrun: Raupe, Puppe Schmetterling. Das Wunder einer Verwandlung im Klassenraum. In: Praxis Grundschule Heft 3. Mai 2013. S.42-49.
Macy, Joanna / Brown, Molly: Für das Leben! Ohne Warum. Ermutigung zu einer spirituell-ökologischen Revolution. 4. Aufl. Paderborn 2017 (Junfermann)
»Tiefenökologie«-Homepage: www.tiefenoekologie.de/

6.2.4 Empathie, »Verbindung« und »seelische Fähigkeiten« stärken

Die Vorstellung, dass man Kinder zur »Moral« erzieht und damit auch zu verantwortlichem Handeln, ist immer noch weit verbreitet. (S. z.B. Kohlberg und die Stufen der Moralentwicklung. Kohlberg u.a. beschreiben, dass sich Kinder und Jugendliche im Laufe der Sozialisation immer weiter zu höherem moralischen Verhalten entwickeln.) Dieser Ansatz ist aber auch kritisch zu hinterfragen. Gerade in Bezug auf Empathie haben Kinder Erwachsenen sehr häufig einiges voraus. Albert Schweitzer macht z.B. darauf aufmerksam, dass Kinder häufig viel »mitleidiger« und empathischer sind als Erwachsene und viele Erwachsene sich diese Fähigkeit im Laufe des Älterwerdens abtrainiert haben. Schweitzer beschreibt in seiner Biographie, dass er sich die Fähigkeit zur Empathie gegenüber allem Leben ganz bewusst erhalten wollte. (Vgl. Schweitzer 1986, S. 55ff.)

Wenn man mit Kindern im Elementar- und Grundschulalter und auch mit Jugendlichen zu tun hat, kann man die Beobachtung von Schweitzer sehr häufig bestätigen. Viele Kinder sind sehr mitfühlend gegenüber anderen Lebewesen und auch gegenüber menschlichem Leid. Sie leiden mit, wenn ein Tier leidet. Sie möchten etwas tun und helfen, z.B. der verletzten Katze, dem Regenwurm auf dem Asphalt etc. Sie haben auch ein starkes Gerechtigkeitsempfinden gegenüber Ungerechtigkeit und menschlichem Leid, z.B. gegenüber anderen Kindern, die in anderen Teilen der Welt in sehr prekären Verhältnissen leben. Erwachsene neigen dann häufig dazu, Kinder als naiv zu belächeln, sie nicht ganz ernst zu nehmen. Albert Schweitzer beschreibt, dass Kinder und Jugendliche oft annehmen, gerade weil sie Erwachsene weniger mitleidig und empathisch erleben, dass es nötig sei, sich mit dem »Erwachsenwerden« solche Gefühle abzutrainieren. Schweitzer betont, dass diese Entwicklung aber völlig falsch ist. (Vgl. Schweitzer 1986, S. 55ff.)

Dieser Aussage von Schweitzer ist zuzustimmen: Es ist wichtig, die empathischen Fähigkeiten der Kinder zu bewahren und zu stärken und ihnen deutlich zu machen, dass es gut und richtig ist, dass sie so empfinden. Dieses sollte eine wichtige Aufgabe der schulischen Sozialisation sein: Kinder sollten in ihren Empfindungen bestärkt werden, darin, dass es ok und richtig ist, Mitgefühl zu haben. Auch das Bedürfnis etwas zu tun zu wollen, sollte als richtig erlebt und ebenfalls unterstützt werden.

Es kann deutlich werden, und das können Lehrkräfte auch vermitteln, dass hier Erwachsene wieder von Kindern und Jugendlichen lernen können.

Auch in der Bewegung von FFF wird das deutlich. Kinder und Jugendliche sind viel stärker mitfühlend gegenüber dem, was wir der Natur, der Erde und allen Lebewesen antun, den Menschen im globalen Süden, den kommenden Generationen. Diese empathischen Fähigkeiten lassen sie auf die Straße gehen und aktiv werden.

Es gilt also in der Klima- und Biodiversitätsbildung empathische Fähigkeiten zu stärken und Gefühle zuzulassen, gerade auch um einseitiger Kognition entgegenzusteuern. Richard Stiegler macht in seinem Buch »Warum uns der Klimawandel an innere Grenzen bringt … und wie wir daran wachsen können« (Stiegler 2020) auf den Sachverhalt aufmerksam, dass der menschliche Verstand und die menschliche Intelligenz dafür eingesetzt wurden und werden, immer weiter fortzuschreiten, Grenzen zu überschreiten, alles, was machbar ist, auch zu machen. Das hat zum einen positive Effekte – dadurch gibt es viele Errungenschaften, von denen wir profitieren, wie z. B. die moderne Medizin, die hygienischen Fortschritte, Komfort und Wohlstand etc. – auf der anderen Seite hat aber gerade der entgrenzte technische Fortschritt vielfach zerstörerisches Potential: Moderne Waffensysteme bedrohen das gesamte Leben auf der Erde, radioaktive Abfälle belasten noch hunderte von Generationen nach uns, die Nutzung der fossilen Brennstoffe feuert den Klimawandel an, der klimaschädliche Flugverkehr expandiert, es werden immer schwerere und antriebsstärkere PKW entwickelt und verkauft, die moderne Landwirtschaft zerstört die Biodiversität und beschleunigt ebenfalls den Klimawandel, die industrielle Tierhaltung lässt darüber hinaus das Pandemie-Risiko steigen und missachtet grundlegende Bedürfnisse der Tiere. Wir wissen das alles und noch viel mehr. Dennoch wird weitergemacht. Was technisch möglich ist, wird gemacht, auch wenn überaus vernünftige Gründe dagegensprechen und ein nachhaltigeres Handeln gefordert wäre. Rationalität scheint hier immer wieder an Grenzen zu kommen.

Stiegler plädiert dafür, bei Lösungsansätzen für die Klima- oder Biodiversitätskrise nicht nur auf rationale Lösungen zu setzen, denn das hat häufig keinen Erfolg, wie auch die Problematik des Knowledge-Action-Gaps zeigt. Man kauft trotzdem das PS-starke Auto, obwohl man weiß, dass es klimaschädlich ist, macht die Flugreise oder Kreuzfahrt, kauft das Billig-Schnitzel. Stiegler betont, dass es wichtig ist, dass Menschen auf einer anderen Ebene berührt werden, damit sie anders handeln, nicht nur auf einer rationalen. Er stellt heraus, dass Menschen auch andere Fähigkeiten haben, die er als »Seele« oder »seelische Fähigkeiten« beschreibt. Wir sind in der Lage, andere Lebewesen zu lieben und uns mit ihnen verbunden zu fühlen, und wenn wir das tun, möchten wir ihnen nicht schaden.

Er beschreibt dieses zunächst für den zwischenmenschlichen Bereich: Menschen, denen wir uns verbunden fühlen, möchten wir nicht schaden, auch wenn wir es könnten, tun wir es i. d. R. nicht (oder zumindest nicht direkt). So möchten sich z. B. Eltern i. d. R. gegenüber ihren Kindern so verhalten, dass sie ihnen nicht schaden. Diese Verbundenheit gilt es, so Stiegler, zu erweitern, sie gegenüber allen anderen Lebewesen zu spüren und zu stärken. Wir können nicht ohne andere Lebewesen auf dieser Erde existieren. Unser Leben ist mit anderem Leben verbunden. Menschen könnten viel achtsamer und verantwortlicher mit allem Leben umgehen, wenn sie die Möglichkeit hätten, eine Verbundenheit mit allem Leben wieder deutlicher zu spüren. Der Verstand würde dann zwar nicht ausgeschaltet, so Stiegler, sondern könnte gemeinsam mit den »seelischen Fähigkeiten« wirken, dann aber achtsam und verträglich und nicht expandierend. Stiegler plädiert dafür, im Bildungsbereich auch Raum für die Förderung und Entwicklung der »seelischen Fähigkeiten« zu lassen, d. h. für die Fähigkeit Gefühle zuzulassen, für Liebesfähigkeiten, Empathiefähigkeiten, und diese zu fördern und nicht nur auf Kognition zu setzen. (Vgl. Stiegler 2020, S. 27 ff.) Für diese Förderung sind Ansätze wie oben »Naturbegegnung« (Kap. 6.2.3) und »Selbstwirksamkeitserfahrungen« (Kap. 6.2.5) wichtig.

Viele Bildungstheoretiker und -praktiker wie z. B. Margret Rasfeld, Gerald Hüther u. a. fordern ebenfalls Raum für die Förderung von empathischen Fähigkeiten, der in unserem leistungsorientierten Schulsystem dringend geschaffen werden muss. Es kann nicht nur um Leistung und Leistungsbewertung gehen, sondern wir brauchen auch Zeiten jenseits davon in der Schule. Im Buch Future Skills, das »30 zukunftsentscheidende Kompetenzen und wie wir sie lernen können« vorstellt, wird z. B. auch ein Schwerpunkt auf Empathie und ihre Förderung gelegt. (Vgl. Spiegel et al. 2021) Es gibt dort viele spannende Anregungen zu »Skills«, die in der Schule geübt werden und Schule und Gesellschaft verändern können.

Für weitere Informationen

Spiegel, Peter / Pechstein, Arndt / von Hattburg, Anabel Ternés / Grüneberg, Annekatrin (Hrsg.): Future Skills. 30 zukunftsentscheidende Kompetenzen und wie wir sie lernen können. München 2021 (Franz Vahlen)

Weitere Beiträge in dem Buch zu wichtigen »Skills« sind z. B.: Hüther/Heinrich: Loving Kindness als innere Haltung; Schaller/Hoch: Global Citizenship - Als Weltbürger*in denken und fühlen; Haverkamp/Peter: Empathie als Grundzutat unseres Miteinanders; Höckel: Teachers for Life – wie werden wir Lehrende für Future Skills?; Rasfeld: Ein neues Paradigma des Lernens; Göpel: Transformabilität als Kernkompetenz im 21. Jahrhundert u. v. a.

Stiegler, Richard: Warum uns der Klimawandel an innere Grenzen bringt… …und wie wir daran wachsen können. Freiburg im Breisgau 2020. (arbor)

6.2.5 Resilienz stärken und Selbstwirksamkeitserfahrungen ermöglichen

Es ist ungerecht, dass Kinder- und Jugendliche viel Lebenszeit und schulische Bildungszeit aufwenden müssen, um sich mit Problemen auseinanderzusetzen, die sie nicht verursacht haben. Dennoch haben Kinder und Jugendliche keine andere Wahl, als sich mit der Klima- und Biodiversitätsproblematik auseinanderzusetzen und Lösungs- und Handlungsstrategien zu entwickeln, damit auch sie der fortschreitenden Eskalation etwas entgegensetzen können und Veränderung bewirken.

Es kann bei einer Klimabildung in Schulen nicht schwerpunktmäßig nur darum gehen, Fakten zu vermitteln. Klimabildung und auch BNE stehen vor der Herausforderung, Schüler*innen die Thematik nahezubringen, ohne dass sie verzweifeln und in Apathie verfallen. Sie sollen in die Lage versetzt werden, konstruktiv und für sie gesund mit der Situation umzugehen, Lösungsstrategien zu entwickeln und nachhaltig und verantwortlich zu handeln. Sie sollen dazu befähigt werden, das besser zu machen, was ihre Eltern und Großeltern »verbockt haben«. Es geht bei Klima- und Biodiversitätsbildung also auch im Kern auch um Resilienzförderung und Empowerment.

Der israelisch-amerikanische Medizinsoziologe Aaron Antonovsky lieferte grundlegende Studien und Ergebnisse zu der Frage, wie Gesundheit entsteht. Nach umfangreichen Untersuchungen entwickelte er das Modell der Salutogenese, das auch bis heute in der Resilienzforschung grundlegend ist. Für eine gesunde Entwicklung von Schüler*innen ist nach Antonovsky (1997) ein Kohärenzgefühl wichtig, das drei Dimensionen umfasst:

- *Das Gefühl der Verstehbarkeit:* Die eigene Welt sollte verständlich und in sich stimmig sein. Die Zusammenhänge des Lebens sollten auch bei Problemen nachvollziehbar sein. Das verhindert das Gefühl des Ausgeliefertseins.
- *Das Gefühl der Handhabbarkeit oder Bewältigbarkeit*: Hierbei geht es um die Erfahrung von Selbstwirksamkeit (ähnlich dem Begriff der »Selbstwirksamkeitserwartung« nach Albert Bandura).
- *Das Gefühl von Bedeutsamkeit*: Hier stehen Fragen zur Sinnhaftigkeit des eigenen Lebens und Handelns im Mittelpunkt.

Diese drei Dimensionen, die Antonovsky herausarbeitet, sollte eine Klimabildung, die auch die Resilienz von Schüler*innen intendiert, berücksichtigen: Zunächst müssen Schüler*innen Zusammenhänge verstehen. Hier geht es natürlich um Fakten: Wie hängt unsere Ernährung mit dem Klima zusammen? Was macht CO_2 in der Atmosphäre? Warum ist Fliegen so extrem klimaschädlich? Was sind Kippelemente? Wofür brauchen wir eine intakte Biodiversität? Eine altersgerechte Aufarbeitung von Zusammenhängen ist also grundlegend. Schüler*innen erfahren dabei, dass sie der Klimakrise nicht einfach ausgeliefert sind, sondern sie verstehen Zusammenhänge.

Darüber hinaus ist es wichtig, dass Schüler*innen die Situation auch als handhabbar erleben, also nicht von den Fakten erschlagen werden nach dem Motto, »es ist eh alles zu spät«. Es sollte deutlich werden, dass man etwas tun kann und dass sie auch selbst etwas tun können. Schüler*innen sind aufgrund ihres Alters oder ihrer vermeintlich mangelnden Lebenserfahrung nicht zur Passivität verdammt, sondern sie haben Möglichkeiten, etwas zu tun und damit auch etwas zu bewirken. Sie können selbst nachhaltig handeln, Prozesse in der Gesellschaft anstoßen, die Erwachsenen zum Handeln bewegen. Und Selbstwirksamkeit zu erleben kann auch sehr sinnstiftend für das eigene Leben sein. Die Fridays-for-Future-Bewegung ist das beste Beispiel hierfür.

Eine gute Klima- und Biodiversitätsbildung sollte also immer auch darauf zielen, Schüler*innen Selbstwirksamkeitserfahrungen machen zu lassen. Und für diese braucht man Zeit. Auch aus diesem Grund ist die Forderung vom »Projekt 20« auf jeden Fall zu unterstützen, mindestens 20 Prozent der schulischen Zeit der Klimaproblematik und Lösungsstrategien und -erfahrungen zu widmen. Ansätze wie der FREI DAY sind sehr sinnvoll, um Schüler*innen Selbstwirksamkeitserfahrungen zu ermöglichen. (Vgl. Kap. 9.1)

Auch auf den ökologischen »Handabdruckrechner« kann zurückgegriffen werden, ein im Internet verfügbarer Rechner, der sich an das Konzept des ökologischen Fußabdrucks anlehnt, aber nicht die Problematik unseres Handelns aufzeigt, sondern kreativ Möglichkeiten darstellt, tätig zu werden und die Welt nachhaltig zu verändern.

Für weitere Informationen

Rasfeld, Margret: FREI DAY. Die Welt verändern lernen. Für eine Schule im Aufbruch. 3. Aufl. München 2022. (Oekom)
Germanwatch: Ökologischer Handabdruck-Rechner: www.handabdruck.eu/
Spiegel, Peter / Pechstein, Arndt / von Hattburg, Anabel Ternés / Grüneberg, Annekatrin (Hrsg.): Future Skills. 30 zukunftsentscheidende Kompetenzen und wie wir sie lernen können. München 2021 (Franz Vahlen)

6.2.6 Nicht die Zuversicht verlieren

Stiegler vergleicht den derzeitigen Zustand der Erde mit einem Menschen, der die Diagnose für eine schwere Krebserkrankung bekommen hat. Zu Beginn der Erkrankung merkt die Person noch wenig, vielleicht etwas Erschöpfung oder leichte Schmerzen. Auch in Bezug auf die Klimaveränderungen merken wir erst wenige

»Zipperlein« wie partielle Hitzewellen, Hurrikans etc. Aber sowohl beim Menschen als auch bei der Erde kann das ganze System zunehmend beeinträchtigt werden – bis es irgendwann zusammenbricht.

Stiegler macht darauf aufmerksam, dass es wichtig ist, zwischen Diagnose und Prognose zu unterscheiden. In Bezug auf den Zustand der Erde haben wir eine Diagnose. Die steht fest und die ist dramatisch, sie wurde in den vorherigen Kapiteln aufgezeigt. Auch die Prognose ist nicht gut – wenn wir so weitermachen wie bisher, aber das liegt noch in unserer Hand. Auf die Prognose können wir noch Einfluss nehmen. Wir dürfen nun nicht in eine Schreckstarre verfallen, sondern die Prognose sollte uns dazu motivieren, alle Hebel in Bewegung zu setzen, um einen positiveren Verlauf als den prognostizierten zu erzielen. (Vgl. Stiegler 2020, S. 20 ff.)

Wir müssen also die positiven Möglichkeiten in den Blick nehmen, nicht mehr wegschauen, nicht in Fatalismus verfallen, sondern Veränderung mit allen Kräften anstoßen. Wir müssen Veränderung wollen und uns mit allem dafür einsetzen. Wir dürfen die Zuversicht und den Glauben an eine mögliche Veränderung nicht verlieren, sondern sollten uns gemeinsam und solidarisch auf den Weg zu einer nachhaltigen Gesellschaft machen und uns gegenseitig darin unterstützen.

Auch Mojib Latif betont, wie wichtig die Zuversicht ist, eine Veränderung noch zu schaffen.

> *»Die Zerstörung der Lebensgrundlagen darf von uns nicht hingenommen werden. Jeder und jede von uns ist aufgerufen, sich, in welcher Weise auch immer, aber selbstverständlich gewaltfrei, gegen einen nicht mehr zu beherrschenden Klimawandel zu stemmen. Wir alle müssen es unbedingt wollen. Wir müssen dem Planeten die Wertschätzung entgegenbringen, die er verdient. Und schließlich gehört auch der feste Glaube an eine gute Zukunft zu den Voraussetzungen, die notwendig sind, um eine Klimakatastrophe zu verhindern. Bedenkenträger sind fehl am Platz, wir brauchen einen Aufbruch. Ohne Optimismus und Enthusiasmus wird uns der Antrieb fehlen, die Dinge energisch anzugehen und zum Besseren zu wenden.«*
>
> (Latif 2022, S. 212)

Dieser Optimismus und diese Zuversicht, aber auch den Aufbruch und die Entschiedenheit im Handeln sollte Schüler*innen vermittelt werden! Es gibt z. B. Filme wie »Tomorrow« oder der »Der Waldmacher«, die zeigen, Veränderung ist möglich, und die zum eigenen Handeln inspirieren.

7. Klimabildung in allen Schulstufen und Schulformen

7.1 Klimabildung in Grundschulen

Kann das Thema Klima- und Biodiversitätskrise bzw. -katastrophe ein Thema für die Grundschule sein? Überfordert man damit nicht die Kinder und löst in ihnen gravierende Ängste aus?

Es kann in der Grundschule nicht darum gehen, den Kindern das Thema Klimawandel in all seinen Facetten und seiner dramatischen Bedrohung »beizubringen«. Damit würde man Kinder im Primarbereich sicherlich überfordern. Sie haben ein Recht darauf, möglichst unbeschwert aufzuwachsen, ohne dass wir sie massiv mit Problemfeldern belasten, die sie nicht verursacht haben und die wir als die Verursacher möglicherweise auf sie »abladen« würden.

Es ist schön und richtig, wenn Kinder im Elementar- und Primaralter mit möglichst viel positiver Stärkung und wenig Belastung aufwachsen, damit sie eine gute Resilienz entwickeln.

Die Klimakrise ist aber Fakt und zunehmend auch in den Medien und Gesprächen von Erwachsenen präsent. Das Thema ist also mit hoher Wahrscheinlichkeit schon bei den meisten Kindern angekommen. Dieses gilt es nicht zu negieren, denn das würde erst recht zu Verunsicherung führen, sondern so aufzugreifen, dass Kinder nicht damit belastet werden.

Handlungsmöglichkeiten aufzeigen

Um Belastungen bei Kindern zu vermeiden, ist es wichtig, ihnen Handlungsperspektiven aufzuzeigen und sie Erfahrungen machen lassen, dass sie etwas tun und verändern können. Mit solchen Erfahrungen kann die Resilienz gestärkt werden (vgl. Kap. 6.2.5). Natürlich können sich Kinder auch in der Grundschule mit Klimafakten auseinandersetzen, diese sollten jedoch immer verbunden sein mit Möglichkeiten, selbst aktiv werden zu können und etwas zu tun, also mit positiven Handlungsoptionen, die deutlich machen, dass sie etwas verändern können. So werden sie von den Themen nicht »erschlagen«, verängstigt oder verunsichert, sondern sie erfahren, dass sie direkt etwas bewirken können. Es kann dabei z. B. aufgezeigt und ausprobiert werden, wie man Plastik vermeiden, weniger Fleisch essen, etwas gegen Müll tun oder wie man Energie sparen kann u. v. m.

Es ist dabei wichtig zu beachten, dass es Handlungsmöglichkeiten sein sollten, die die Kinder auch ohne Unterstützung der Eltern durchführen können, auch wenn es natürlich sinnvoll ist, die Elternhäuser möglichst mit »ins Boot« zu holen.

Gute Vorbilder sind wichtig

Grundlegend wichtig ist es, dass die Schule und Schulgemeinschaft auch Klimaschutz lebt, (vgl. Kap. 4). Natürlich ist es schon für Grundschüler*innen ein großes Problem, wenn sie wissen, dass man klimafreundlich handeln sollte und z. B. wenig / kein Fleisch essen, Müll trennen, Energie sparen, Plastik vermeiden sollte etc., sie aber dann permanent erleben, dass »ihre« Schule nicht nach diesen Ausrichtungen handelt.

Gerade im Grundschulalter ist das Lernen am Modell von großer Bedeutung (vgl. Bandura 1976, Mendl 2015 etc.). Lehrer*innen sind oft Vorbilder, und Schüler*innen identifizieren sich häufig sehr mit ihrer Schule. Wenn hier Klimaschutz vorgelebt wird, wenn er »Ökoroutine« ist (vgl. Kap. 2.3), dann wird er nachgeahmt und kann in das eigene Leben integriert und somit zur Selbstverständlichkeit werden. Hier sind alle Punkte von Relevanz, die im Kapitel 4 zum Whole Institution Approach aufgezeigt wurden. Grundschulen sollten deshalb alles daransetzen, möglichst klimafreundlich in allen Bereichen aufgestellt zu sein: Das Essen in der Mensa sollte also überwiegend vegetarisch/vegan sein (auch saisonal, regional und möglichst in Bioqualität), weitere Produkte, die verkauft werden (z. B. am Kiosk), sollten nachhaltig und fair sein. Die Schule sollte auf Energiesparmaßnahmen achten, wenig Müll produzieren, keine Plastikverpackungen einsetzen, Müll trennen etc.

Diese Maßnahmen sollten auch an die Elternhäuser kommuniziert werden verbunden mit der Bitte und Anregung, auch zu Hause auf klimafreundliches Verhalten zu achten.

Lehrkräfte sollten sich ihrer Vorbildrolle bewusst sein. Es ist auch unter diesem Gesichtspunkt wichtig, dass Lehrkräfte möglichst klimafreundlich leben und dieses auch ihren Schüler*innen kommunizieren.

Weiterhin sollten von Seiten der Schulen Kinder und Eltern dazu angeregt werden, den Schulweg möglichst klimafreundlich zu gestalten. Anstatt Parkplätze für Elterntaxen zu bauen, sollten Grundschulen möglichst deutlich mitteilen, dass sie sich eigenständige und klimafreundliche Schulwege der Kinder wünschen und diese offensiv unterstützen. In der Regel liegen Grundschulen für die meisten Kinder so nah, dass sie sie eigenständig erreichen können. Die Städte und Gemeinden sollten von Seiten der Schulen mit in die Verantwortung genommen werden, dass sichere Schulwege garantiert werden können, durch gute Geh- und Fahrradwege, Verkehrsberuhigung, strikte Tempolimits, Halteverbote, gute Fahrradabstellmöglichkeiten etc. Dass Bewegung, die ein eigenständiger Schulweg bietet, gesund für die Kinder ist und Kinder in ihrer Eigenständigkeit fördert, kann darüber hinaus deutlich gemacht werden. Schon beim Schulweg können Kinder erfahren, dass es »normal« ist, sich klimafreundlich zu Fuß oder per Fahrrad fortzubewegen.

Empathische Fähigkeiten bewahren und stärken

Es wurde im Kapitel 6 deutlich, dass Wissen allein nicht zum nachhaltigen Handeln führt, sondern auch andere Fähigkeiten, insbesondere die Empathiefähigkeit, von großer Bedeutung sind.

Gerade Kinder im Grundschulalter haben häufig noch sehr empathische Fähigkeiten, z. B. gegenüber anderen Tieren, auch Pflanzen, anderen Menschen. Diese Fähigkeiten gilt es zu bewahren und zu stärken. Kindern sollte deutlich werden, dass es richtig ist, mitzuempfinden, und dass sie sich diese Fähigkeit nicht abtrainieren müssen, auch wenn sie erleben, dass Erwachsene »gefühlskälter« sind (s. Kap. 6.2.4).

Naturbegegnung fördern

Wenn man empathische Fähigkeiten von Kindern weiter stärken möchte, ist Naturbegegnung sehr wichtig. Hierzu können in der Grundschule wichtige Beiträge geleistet werden.

Viele Kinder wachsen inzwischen sehr entfremdet von der Natur auf und erleben Natur kaum noch direkt. Sie verbringen i. d. R. viel mehr Zeit vor Bildschirmen als draußen in der Natur. In der Folge fehlt ein Gefühl der Verbundenheit zur Natur. Schule kann hier gegensteuern und Kindern möglichst häufig die Chance geben, Natur zu erleben (s. Kap. 6.2.3). Dabei können sie dann auch ihre Schönheit und Einzigartigkeit, aber auch ihre Verletzlichkeit wahrnehmen.

Es können Exkursionen und Wandertage in den Wald oder in andere Ökosysteme stattfinden (s. z. B. auch Kap. 10 Außerschulische Lernorte). Es ist sinnvoll, dass Kinder die Vielfalt und das Zusammenspiel in Ökosystemen kennenlernen: Wie sind unterschiedlichen Arten voneinander abhängig, was passiert, wenn es plötzlich zu wenig Wasser gibt etc.? Begegnungen mit Tieren fördern empathische Fähigkeiten. Man kann sich »Natur« auch ins Klassenzimmer holen. Pflanzen aussäen und pflegen, Schmetterlinge aus Raupen aufziehen u.Ä. Bei Besuchen auf ökologisch wirtschaftenden Bauernhöfen können Begegnungen mit Tieren stattfinden und es kann dafür sensibilisiert werden, welche Bedürfnisse sie haben, wie eine ökologisch achtsame Bebauung der Erde stattfinden kann, wie im Einklang mit der Natur Landwirtschaft betrieben werden kann etc.

Möglichkeiten für Unterricht und Projekte

Im Unterricht und in Projekten können Kinder in der Grundschule darin unterstützt werden, selbst aktiv zu werden und für den Klimaschutz etwas zu tun. Dafür gibt es vielfältige Möglichkeiten, z. B.:

Ernährungsprojekte

- Ernährungsprojekte können einerseits die Problematik unserer Ernährungsgewohnheiten aufzeigen (vgl. Kap. 3.2.1), andererseits aber Kinder auch selbst aktiv werden lassen: Sie können etwa Mahlzeiten selbst zubereiten, die klimafreundlich sind, die also größtenteils aus regionalen und saisonalen Pflanzen bestehen, und dabei auch erleben, dass sie sehr wohlschmeckend sind.
- Ist ein Schulgarten vorhanden, so können die Kinder die Pflanzen verarbeiten, die sie selbst angebaut haben. Sie erfahren dann direkt, wie Gemüse angebaut wird und wie viele Arbeitsschritte dafür nötig sind. Dadurch kann eine Wertschätzung von Lebensmitteln entstehen. Schüler*innen können dabei auch heimische Gemüse kennenlernen, die sie möglicherweise bislang nicht kennen. (Zum Teil sind exotische Gemüse und Früchte eher bekannt als heimische alte Sorten.) Die Initiative Acker e. V. unterstützt übrigens Schulen und Schulklassen im Anbau von Gemüse, s. Kap. 10.5.
- Auch beim gemeinsamen Frühstücken können klimafreundliche Lebensmittel im Vordergrund stehen, aber auch z. B. die Möglichkeiten, Plastik zu reduzieren. Viele in Plastik verpackte Lebensmittel wie Burger-Patties, Bratlinge, Hummus, Pizza etc. können gut selbst gemacht werden und dabei auch viel günstiger sein.
- Bei der Thematik Ernährung gibt es viele Überschneidungen mit der Thematik Gesundheit. Es können Zusammenhänge zwischen hohem Fleischkonsum und Gesundheitsrisiken hergestellt und die Vorteile einer gesunden vollwertigen klimafreundlichen Ernährung deutlich gemacht werden.
- Das Thema Süßigkeiten kann auf die Problematik »globaler Handel« am Beispiel der Schokoladenproduktion (Kinderarbeit, und auch -sklaverei) aufmerksam machen und es kann deutlich werden, dass es faire Produkte gibt. Zwar sind diese etwas teurer, aber schon Kinder können abwägen, dass sie, wenn sie weniger essen, sich diese auch leisten können, was wiederum Kinder in anderen Ländern unterstützt (und dabei dann auch ihrer Gesundheit zuträglich sein kann). Bei diesem Thema haben die Kinder durchaus eigenen Handlungsspielraum.
- Lebensmittelverschwendung kann ebenfalls ein wichtiges Thema sein.

Müllvermeidung

- Es können Projekte zu Mülltrennung stattfinden.
- Die Klasse oder die ganze Schule kann an Müllsammlungen teilnehmen oder sie organisieren.
- Das Vermeiden von Plastikverpackungen kann auch besonders thematisiert werden: Ausgehend von Bildimpulsen zu Plastikinseln können die Kinder zu Hause auf die Suche gehen und Plastikverpackungen sammeln. Wie können diese vermieden werden (Obst, Gemüse, Lebensmittel unverpackt kaufen, Herstellung von eigenen Produkten wie Waschmitteln und Shampoos, Verwendung von festen Seifen und Shampoos etc.) und wie können bereits vorhandene wei-

ter verwertet werden (Stifthalter aus Shampooflaschen, Kräuteranzucht in Plastikflaschen etc.)?

Energie sparen

- Projekte zu Energiesparmaßnahmen können stattfinden. Wie spart man Strom und Heizkosten? Wie lüftet man klimafreundlich? (Schüler*innen können beispielsweise als »Klimadetektive« ausgebildet werden, die darauf achten, dass die Heizung nicht zu hoch aufgedreht ist, richtig gelüftet wird, kein unnötiger Standby-Betrieb läuft etc.)

Mobilität

- Klimafreundliche Mobilität kann z. B. auch im Rahmen der Verkehrserziehung ein wichtiges Thema sein Wie bewege ich mich klimafreundlich fort? (»Klimaführerschein« für nachhaltige Fortbewegung, Fahrradführerschein, gemeinsames Üben der Benutzung öffentlicher Verkehrsmittel etc.)

Projekte können im Rahmen von Unterrichtseinheiten stattfinden, aber natürlich auch in Form von Projektwochen zu Klima- und Biodiversitätsthemen. Unterschiedliche Klassen oder auch Jahrgangsstufen können sich dann verschiedene Schwerpunkte der Klimaproblematik herausgreifen und diese am Ende präsentieren. Selbstverständlich sind auch Projektwochen zu nur einer Thematik denkbar, bei denen die verschiedenen Facetten eines Themas wie beispielsweise »Ernährung« bearbeitet werden, z. B. Tierschutz, Welternährung, Lebensmittelverschwendung etc. Am Ende der Woche können dann auch unterschiedliche klimafreundliche Gerichte präsentiert und probiert werden.

Projektwochen haben den Nachteil, dass sie nur sehr selten stattfinden, i. d. R. nur einmal im Jahr. Es sollte angestrebt werden, sie häufiger stattfinden zu lassen, beispielsweise jedes Halbjahr oder jedes Quartal. So könnten auch Projektwochen aufeinander aufbauen.

FREI DAY in der Grundschule

In Grundschulen ist es aber auch sehr gut möglich, den FREI DAY einzuführen, eine sinnvolle Methode, zukunftsrelevante Themen und insbesondere auch die Klima- und Biodiversitätsthematik in die Schulwoche einzubauen und Schüler*innen selbstgesteuert an für sie wichtigen Themen arbeiten und sie Selbstwirksamkeitserfahrungen machen zu lassen, s. Kap. 9.1. Das ist sehr zu empfehlen und wird auch schon von vielen Grundschulen praktiziert.

7.2 Klimabildung in der Sekundarstufe I

In der Sekundarstufe I (Sek. I) sollte Klima- und Biodiversitätsbildung das zentrale Thema sein, dem in allen Bereichen höchste Priorität zukommt. Die Forderung des Projekts 20, mindestens 20 Prozent der Schulzeit dieser Thematik zu widmen, sollte hier unbedingt zum Tragen kommen. Klimabildung kann in der Sek. I in den einzelnen Fächern stattfinden, aber auch im fächerübergreifenden Unterricht, in Projekten und auch dem FREI DAY.

Wichtig ist auch hier: Schüler*innen sollten Handlungsoptionen aufgezeigt und Selbstwirksamkeitserfahrungen ermöglicht werden. Die Auseinandersetzung mit Fakten ist belastend, deshalb es ist wichtig, dass sich Schüler*innen nicht als hilflos und dem Geschehen ausgeliefert erfahren, sondern dass sie erleben, dass sie etwas gestalten und verändern können (s. Kap. 6.2.5). Der Einsatz für den achtsamen Umgang mit der Natur mit all ihren Lebensbezügen sollte im Vordergrund stehen sowie auch Gerechtigkeit für Menschen im globalen Süden, d. h. mit den derzeitigen »Verlierern« unseres unsolidarischen Wirtschaftssystems.

Klimabildung in der Schule leben
Auch in der Sek. I ist es von großer Bedeutung, dass die Schule Nachhaltigkeit in möglichst vielen Bereichen lebt (s. Kap. 4). Je älter die Heranwachsenden werden, desto mehr stoßen ihnen Diskrepanzen zwischen dem, was ihnen als richtig und wichtig beigebracht wird, und dem, wie gehandelt wird, auf. Es sollte also schon in der Schule erlebt werden, dass das, was im Unterricht und in Projekten als wichtig und nötig erfahren wird, auch in der Schule umgesetzt wird. Lehrkräfte sollten sich ihrer Vorbildrolle bewusst sein und auch ihr eigenes Verhalten in Bezug auf Klimafreundlichkeit und Nachhaltigkeit reflektieren.

Empathieförderung und Naturbegegnung
Es ist wichtig, die empathischen Fähigkeiten der Kinder zu stärken und zu fördern. Das gilt natürlich auch noch für die Mittelstufe. Kinder und Jugendliche, die in diesem Bereich über ausgeprägte Fähigkeiten verfügen, sollten in diesen bestärkt werden, z. B. im Mitempfinden gegenüber dem Leid anderer Lebewesen. Sie sollten erfahren, dass es normal und richtig ist, Mitgefühl zu haben (s. Kap. 6.2.4). Bei Kindern und Jugendlichen, deren empathische Fähigkeiten möglicherweise nicht so stark ausgeprägt sind, gilt es, diese besonders zu fördern.

Zur Förderung und Stärkung von empathischen Fähigkeiten ist direkte Begegnung wichtig: So ist Naturbegegnung auch in der Mittelstufe von hoher Bedeutung. Um Achtsamkeit und Wertschätzung gegenüber der Natur zu fördern, sollte diese erfahren und in ihrer Vielfalt, aber auch Verletzlichkeit erlebt werden. Es sollten viele Anlässe für Naturbegegnung gesucht werden:

- Wandertage sollten als Tage in der Natur genutzt werden. Statt Lasertag »spielen« zu gehen (eine äußerst fragwürdige Beschäftigung an Wandertagen, die sich aber zunehmender Beliebtheit erfreut…) können Wald oder andere Ökosysteme erlebt und z. B. auch mit Rallyes oder anderen Spielangeboten erkundet werden.
- Exkursionen in den Wald oder in andere Ökosysteme, z. B. mit thematischen Schwerpunkten. Hier kann etwa die Wahrnehmung von »intakter« und zerstörter Natur im Fokus stehen. Es gibt auch zahlreiche Möglichkeiten, emotionale Bezüge herzustellen und zu fördern, z. B. durch Übungen zur Wahrnehmung (z. B. Natur allein und über einen gewissen Zeitraum, z. B. eine halbe Stunde, auf sich wirken lassen: Was hört, riecht, sieht man? Einen »eigenen« Baum suchen und ihn über das Jahr hindurch besuchen, Veränderungen dokumentieren; einen Quadratmeter Waldboden wahrnehmen und beschreiben etc. Auch der Ansatz der Tiefenökologie bietet Möglichkeiten Förderung der Wahrnehmung von Natur.)
- Besuche von ökologisch wirtschaftenden Bauernhöfen motivieren im Vergleich zur Massentierhaltung zu Konsumveränderungen.
- Außerschulische Lernangebote bieten viele Möglichkeiten, Natur zu erfahren, s. Kap. 10.
- Klassenfahrten mit viel Naturbegegnung ermöglichen ebenfalls die Kontaktaufnahme zur Natur: Ökologische Landschulheime, verschiedene Aktionen mit Naturerfahrung, d. h. Wandern, Kanufahren, Fahrradfahren etc.
- Natur kann auch im Fachunterricht im Klassenzimmer erfahrbar gemacht werden, z. B. zur Anschauung im Biologieunterricht, im Deutschunterricht anhand von Gedichten oder eigenen Texten, im Kunstunterricht durch morphologische Erkundungen etc.
- Schüler*innen können Natur auch als Rückzugsraum erleben, falls die Lage der Schule das zulässt.

Empathie durch Begegnung zu fördern ist übrigens auch wichtig, wenn es um die Wahrnehmung globalen Unrechts geht. Auch wenn hier i. d. R. keine direkte Begegnung möglich ist, bieten z. B. Medien Ersatz. Lebensbedingungen von Menschen in anderen Teilen der Welt, die durch unseren Lebensstil beeinträchtigt werden, werden in vielen Filmen und Dokumentationen dargestellt. Besonders intensiv wird die »Begegnung« für Schüler*innen dann, wenn die Kinder und Jugendlichen in den Dokumentationen im ähnlichen Alter wie die Schüler*innen sind. Der »Chat der Welten« bietet darüber hinaus für Schulklassen die Möglichkeit, online in Kontakt mit Kindern und Jugendlichen anderer Länder zu treten (www.engagement-global.de/chat-der-welten.html).

Weltläden und Welthäuser bieten ebenfalls viele Materialien zu der Thematik an und z. B. auch Workshops u.Ä., wo viel über Lebensbedingungen in anderen

Ländern erfahren werden kann und auch über Alternativen zu Ausbeutung und Zerstörung.

Klimabildung im Fachunterricht

In der Sek. I kann in allen (!) Fächern Klimabildung stattfinden, und es sind auch alle Fächer dafür gefordert. Bislang gibt es die Tendenz, Klima- und Biodiversitätsbildung überwiegend in den Fächern Geografie und Biologie zu verorten, was aber nicht ausreichend ist, um die unterschiedlichen Problemfelder der Thematik zu erfassen. In Kap. 8 werden Anregungen und Anknüpfungspunkte für die einzelnen Fächer aufgezeigt.

Natürlich ist es erstrebenswert, dass sich Fachlehrer*innen auch in Bezug auf die Themen Klima, Biodiversität und Problematik unseres Lebensstils fortbilden. In der Regel sind in Studium und Ausbildung diese Inhalte viel zu wenig vorgekommen.

Klimabildung in Projekten und im fächerübergreifenden Unterricht

Natürlich bietet sich es sich an, dass zu Klima-, Biodiversitäts- und BNE-Themen Fächer zusammenarbeiten. Im fächerübergreifenden Unterricht können die verschiedenen Facetten unterschiedlicher Themenkomplexe viel besser erfasst und bearbeitet werden, z. B. unter ökologischen, sozialen, wirtschaftlichen oder historischen Perspektiven. Klimabildung und BNE gehen nie in einem Fach auf, deshalb sollten immer Möglichkeiten zur thematischen Zusammenarbeit gesucht werden, in persönlichen Absprachen, aber auch in Schulcurricula, in Jahrgangsteams etc.

Projektwochen zur Klimabildung zu planen ist selbstverständlich ebenfalls sinnvoll. Gut wäre es, wenn diese nicht nur einmal im Jahr stattfinden, sondern durchaus auch häufiger, thematisch aufeinander aufbauend und mit dem Impetus, dass die Inhalte der Wochen auch wichtig sind (was nicht unbedingt suggeriert wird, wenn nur am Schuljahresende eine Projektwoche nach den Zeugniskonferenzen stattfindet).

FREI DAY in der Sekundarstufe I

Mittelstufenschulen sind dafür prädestiniert, dass sie den FREI DAY einführen. Er lässt sich organisatorisch gut in den wöchentlichen Schulalltag einbauen und ermöglicht eine sinnvolle Klimabildung mit vielfältigen Selbstwirksamkeitserfahrungen für Schüler*innen. (S. Kap. 9.1) Viele Sekundarschulen haben das bereits getan und machen damit sehr gute Erfahrungen.

Berufsberatung für »nachhaltige Berufe«

In vielen sogenannten »grünen« oder »nachhaltigen« Berufen, d. h. z. B. in Berufen, die für die Energiewende relevant sind, werden händeringend Auszubildende gesucht. Schulen sollten diesbezüglich Jugendliche beraten und unterstützen. Es ist oft noch viel zu wenig bekannt, dass es hier viele gute Berufsaussichten gibt.

7.3 Klimabildung in der Oberstufe

In der Oberstufe ist die Auseinandersetzung mit dem Klimawandel, der Biodiversitätskrise und den Auswirkungen unseres externalisierenden Lebensstils auf hohem wissenschaftlichem Niveau möglich. Hier können wissenschaftliche Fakten ausgewertet und wissenschaftliche Expertise kann in vielen Bereichen einbezogen werden. Lösungsstrategien können diskutiert und entwickelt werden.

Kontakte zu Forschungseinrichtungen und Universitäten können hergestellt und genutzt, Expert*innen können in den Unterricht einbezogen werden. Wissenschaftler*innen von Scientists for Future suchen z. B. gerne den Austausch mit Schüler*innen und unterstützen Lehrkräfte gerne im Unterricht. Auch die Homepage von Scientists for Future bietet viele wissenschaftliche Materialien.
Neben der Auseinandersetzung mit naturwissenschaftlichen Fakten sind die gesellschaftswissenschaftlichen Fächer gefordert, die Auswirkungen unserer Wirtschaftsstrukturen und globale Verflechtungen zu analysieren, zu problematisieren und Alternativen zu reflektieren. Hier können z. B. auch direkt Kontakte zur Wirtschaft gesucht werden. Notwendige gesellschaftliche Transformationen können erarbeitet und diskutiert werden.

Dass in der Oberstufe fächerübergreifendes Arbeiten und vernetzendes Denken sinnvoll ist und gefördert werden sollte, auch im Sinne einer guten Wissenschaftspropädeutik, ist offenkundig. Fachlehrer*innen sind gefordert, zusammenzuarbeiten und sinnvolle Projekte zu entwickeln.

Auch in der Oberstufe ist es wichtig, eigene Forschung und Initiative zu fördern. Lehrkräfte sollten hier wie in den jüngeren Schulstufen selbstgesteuerte Lernprozesse initiieren, die auch Selbstwirksamkeitserfahrungen ermöglichen, z. B. in Form von Projektarbeiten / Semesterarbeiten, aber auch in Organisationsformen wie beispielsweise dem FREI DAY.

Für die Aufgabe der Berufsorientierung, die sinnvollerweise auch in Oberstufen stattfinden soll, ist zu beachten, dass viele »nachhaltige Berufe« bislang kaum bekannt sind und in vielen Bereichen Auszubildende und Studierende gesucht werden, z. B. in Berufen, in denen es um die Energiewende geht. In den Oberstufen ebenso wie in den letzten Jahren der Sek. 1 sollten Schulen hier Informationsangebote für Schüler*innen bieten.

7.4 Klimabildung in Beruflichen Schulen

Für Klimabildung in Beruflichen Schulen gilt eigentlich alles, was auch für Sekundarstufen I und II aufgezeigt wurde. Darüber hinaus bietet aber die berufliche

Ausrichtung zusätzliche Möglichkeiten, das Thema Klimakrise direkt auch auf die jeweilige berufliche Ausrichtung zu beziehen und aus dieser Perspektive besonders zu thematisieren. Viele Berufe sind gefordert, sich durch die Klima- und Biodiversitätskrise neu zu orientieren. Hierzu kann die berufliche Bildung wichtige Beiträge leisten.

So ist es beispielsweise für Schüler*innen landwirtschaftlicher Berufe wichtig, sich mit den Folgen konventioneller Landwirtschaft auseinander zu setzen und mit der Notwendigkeit einer Landwirtschaftswende hin zu ökologischer und nachhaltiger Ausrichtung.

Für wirtschaftlich ausgerichtete Schulen und Klassen ist es zentral, die Problematik unseres Wirtschaftssystems zu analysieren und dringend notwendige Transformationen (Postwachstum, Gemeinwohl-Ökonomie etc.) kennenzulernen.

Für Schüler*innen technischer Berufe kann auch »grüne Technik« in vielen Bereichen und Berufsfeldern besonders thematisiert werden. Viele »grüne Technik-Berufe« haben noch viel zu wenig Nachwuchs.

In Berufszweigen mit sozialem Schwerpunkt kann ein besonderer Fokus auf Klimabildung und Klimakommunikation gelegt werden. (Wie kann ich andere für die Klimaproblematik sensibilisieren, andere zum Klimahandeln anregen, die Thematik in meine Einrichtungen mitnehmen, die Einrichtungen auch unter Klimagesichtspunkten umgestalten? etc.)

In vielen weiteren Berufszweigen können spezifische Klimaschwerpunkte gesetzt werden, was hier im Einzelnen nicht mehr aufgeführt werden kann. Die Klimakrise und die notwendige gesellschaftliche Transformation fordern uns alle heraus und damit auch alle Berufe. In der beruflichen Bildung können Schüler*innen erfahren und erarbeiten, welche besonderen Beiträge sie mit ihrem Beruf für eine gesellschaftliche Transformation leisten können. Sie können aus der Schule viele Inspirationen in ihre Praxis mitnehmen und dort auch als Multiplikator*innen wirken.

7.5 Sprachsensible Klimabildung – Alle Kinder/ Schüler*innen mitnehmen

Eine gesellschaftliche Transformation zu Nachhaltigkeit und globaler Gerechtigkeit muss gerecht sein, d.h. die Kosten müssen so gestaltet sein, dass sie niemanden ausgrenzen und von allen getragen werden können. Grundlegend ist es auch, alle Menschen mitzunehmen, d.h. allen Menschen muss klar sein, warum wir einschneidende gesellschaftliche Veränderungen brauchen, warum wir unser Verhalten und Konsumieren in vielen Bereichen ändern müssen.

Auch wenn es so ist, dass i.d.R. finanziell Bessergestellte deutlich größere ökologische Fußabdrücke haben, d.h. mehr Treibhausgasemissionen durch ihr Konsum-, Mobilitäts- und insbesondere auch Reiseverhalten verursachen, ist es nötig, auf einem Weg zur nachhaltigen Gesellschaft niemanden auf der Strecke zu lassen oder auszugrenzen. Veränderungen sollten von allen verstanden und mitgetragen werden können. Dazu kann Schule einen entscheidenden Beitrag leisten.

Es ist festzustellen, dass gerade in der FFF-Bewegung überproportional Gymnasialschüler*innen vertreten sind, die sehr häufig aus »bildungsbürgerlichen« Familien stammen. Was ist aber mit den anderen? Wie erreicht man alle Schüler*innen?

Wie in vielen anderen unterrichtlichen Belangen ist es auch bei Inhalten von Klima- und Biodiversität nötig, auf eine sprachbewusste Vermittlung zu achten, so dass nicht aufgrund von sprachlichen Barrieren (Verwenden von unbekannten Ausdrücken, zu komplexen Satzgefügen etc.) Kinder und Jugendliche ausgegrenzt werden. Es ist wichtig, dass sich Lehrkräfte dieses Problems bewusst sind und sie darauf achten, gerade bei den Themen Klima- und Biodiversität alle mitzunehmen, damit nicht noch größere gesellschaftliche Spaltungen auftreten als wir derzeit schon haben.

Aber auch eine Orientierung an der Lebenswelt der Schüler*innen ist nötig. Natürlich ist es schwierig, sich über Klimaschutz Gedanken zu machen, wenn zu Hause das Geld knapp ist und unklar ist, wovon man bis zum Monatsende leben soll. Hier ist Sensibilität von Seiten der Lehrkräfte gefordert. Es kann aber deutlich werden, dass klimafreundliches Handeln und Nachhaltigkeit nicht nur »Luxus« sind, sondern durchaus auch günstiger sein und mehr Lebensqualität bieten können. Es können Werte hinterfragt werden: Definieren wir uns über unsere Konsumprodukte? Und es können nachhaltige Lebensstrategien aufgezeigt werden: Saisonale und regionale überwiegend pflanzenbasierte Nahrung kann günstiger sein als konventionelle und auch gesünder, durch den Kauf von Second-Hand-Kleidung kann auch Markenkleidung finanzierbar und nachhaltig sein, in den sozialen Medien gibt es Trends wie »Visible Mending« zum stylischen Reparieren von Kleidung oder zahlreiche Ideen zum Upcycling und auch das gemeinsame Nutzung und Teilen von Geräten kann Kosten für alle reduzieren.

Es ist aber auch wichtig, sich mit unserem Wirtschaftssystem und Gerechtigkeitsfragen auseinanderzusetzen. Das derzeitige externalisierende Wirtschaftssystem zerstört nicht nur Natur und Lebensgrundlagen und beutet Menschen im globalen Süden aus, sondern trägt auch bei uns in Deutschland zu Ungleichheit bei und grenzt Menschen von gesellschaftlicher Teilhabe aus. Eine gesellschaftliche Transformation zu Nachhaltigkeit und Solidarität muss auch darauf angelegt sein, bei uns Ungleichheit und Ungerechtigkeit, Armut und Kinderarmut zu verringern. Perspektiven von Postwachstums- und Gemeinwohl-Ökonomie können da sinnvolle Anknüpfungspunkte bieten.

Für weitere Informationen

Leisen Josef: Handbuch Lesen im Fachunterricht. Sachtexte sprachsensibel bearbeiten – Verstehendes Lesen vermitteln. Stuttgart 2020. (Klett)

Leisen, Josef: Handbuch Fortbildung Sprachförderung im Fach. Sprachsensibler Fachunterricht in der Praxis. Stuttgart 2017. (Klett)

Beese, Melanie / Kleinpaß, Ayke / Krämer, Silke / Reschke, Maren / Rzeha, Sarah / Wiethoff, Marie: Praxishandbuch Sprachbildung Biologie. Sprachsensibel unterrichten – Sprache fördern Stuttgart 2017. (Klett)

Oleschko, Sven / Weinkauf, Benjamin / Wiemers Sonja: Praxishandbuch Sprachbildung Geographie. Sprachsensibel unterrichten - Sprache fördern. Stuttgart 2016. (Klett)

www.sprachsensibles-unterrichten.de/

www.sprachsensibles-unterrichten.de/wp-content/uploads/2017/12/Buch_Sprachsensibles-Unterrichten-foerdern.pdf

8. Perspektiven für Klimabildung in einzelnen Fächern

Im Folgenden sollen für unterschiedliche Fächer Anknüpfungspunkte für Klimabildung aufgezeigt werden, um deutlich zu machen, dass es vielfältige Möglichkeiten gibt, Klima- und Biodiversitätsbildung in den Unterricht zu bringen. Es geht darum, gerade Lehrkräften, die diesen Bereich bislang noch wenig integrieren, erste Ideen aufzuzeigen, die natürlich vielfach weiterentwickelt und ergänzt werden können und sollen. Es soll dazu ermutigt werden, diese wichtigen Inhalte in die eigenen Fächer einzubringen – auch wenn diese möglicherweise nicht in den Lehrplänen stehen. Denn es ist ein Problem, dass diese Inhalte noch viel zu wenig in den Lehrplänen vorkommen. Dass sich hier bald etwas ändert und auch andere Lehr-Lernformen vorangetrieben werden, die noch bessere Klimabildung ermöglichen (vgl. Kap. 9), ist sehr zu hoffen. Dieses Buch möchte dazu ermutigen, nicht zu warten, sondern sich – angesichts der Dringlichkeit – mit den Schulen und Kolleg*innen, aber auch mit seinem eigenen Fachunterricht auf den Weg zu guter Klimabildung zu machen. Das »Projekt 20« regt an, 20 Prozent der schulischen Unterrichtszeit den drängendsten Problemen unserer Zeit zu widmen. Für diese wichtige Aufgabe sind alle Fächer gefordert.

Die folgenden Möglichkeiten sollen zum Weiterdenken und Weiterentwickeln, zum Austausch, zum eigenen kreativen Nachdenken etc. anregen. Natürlich können und müssen diese Ideen für unterschiedliche Klassenstufen, Leistungsniveaus, Schulformen verändert, angepasst oder umgedacht werden.

8.1 Naturwissenschaftliche Fächer

8.1.1 Biologie

Das Fach Biologie ist das Fach, das grundlegende Verständnisse für Ökologie und Biodiversität vermitteln soll. Im Fach Biologie kann es vertieft darum gehen, wie Ökosysteme funktionieren, welche weitreichenden Auswirkungen Störungen haben und warum eine intakte Biodiversität eine wichtige Grundlage für alles Leben auf diesem Planeten ist. Es kann Begeisterung für Natur und ihre Vielfältigkeit entstehen, aber auch Verständnis für ihre Verletzlichkeit und Gefährdung. Fakten zur Biodiversitäts- und Klimakrise und deren gegenseitige Verstärkung sind wichtige Inhalte in höheren Klassenstufen. Die Problematik des Artensterbens, deren Dramatik immer noch nicht ausreichend in der Öffentlichkeit angekommen ist, sollte grundlegend im Fach Biologie thematisiert und wichtige Strategien dagegen sollten kennengelernt werden. Ursachen des Artensterbens wie industrielle Landwirtschaft (Auswirkungen von Pestiziden, Fungiziden, Stickstoffeintrag, Monokulturen etc.), Regenwaldvernichtung, Entwässerung von Mooren, Erderwärmung, Zerstörung von Lebensräumen sind natürlich weitere Inhalte.

Für ein gutes Verständnis von Biodiversität sind Artkenntnisse nötig. Auch diese kann das Fach Biologie sowohl zoologisch als auch botanisch in allen Schuljahren aufbauen. Günter Altner unterscheidet in der Biologie zwischen »harter« und »weicher« Biologie und führt aus, dass in der Vergangenheit in der Biologie der Schwerpunkt bei der »harten« Biologie lag. Darunter versteht er Fakten, Daten, empirische Untersuchungen. Seit Descartes haben sich in der Naturwissenschaft, so Altner, überwiegend die Methoden durchgesetzt, in denen es um Unterwerfung und Beherrschung der Natur zum Zwecke naturwissenschaftlicher Erkenntnis, technologischen Fortschritts und wirtschaftlicher Nutzung geht. Dass diese Naturwissenschaft, gepaart mit einem kapitalistischen Wirtschaftssystem, in die derzeitige ökologische Krise führte, ist evident. Altner plädiert dafür, in den Naturwissenschaften und insbesondere auch in der Biologie Räume für »weiche« Biologie zu ermöglichen, d.h. sich auf Ansätze zu beziehen, die in einfühlender Weise Wissenschaft betreiben. In der »harten Wissenschaft« zählen exakte, objektivierbare Daten, Ergebnisse müssen jederzeit reproduzierbar sein, ganzheitliche Erfahrung, Mitgefühl, Empathie werden so weit wie möglich ausgeklammert, man seziert, nimmt auseinander, analysiert und stellt das persönliche Empfinden zurück. Altner zeigt aber exemplarisch an Wissenschaftlern wie Konrad Lorenz und Thure von Uexküll auf, dass exakte Wissenschaft auch mit Mitgefühl, Empathie und Achtsamkeit gegenüber der Natur verbunden werden und trotzdem zu exakten Ergebnissen führen kann. (Vgl. Altner 2000, S. 53ff.) Konrad Lorenz hat beispielsweise grundlegende Erkenntnisse zur Verhaltensforschung beigesteuert, ist aber immer sehr achtsam, empathisch und vorsichtig beobachtend mit den Lebewesen, die er beforscht hat (z.B. Gänseküken), umgegangen. Wissenschaftliche Experimente sollten im Sinne einer »weichen Biologie« so angelegt werden, dass die zu beforschenden Lebewesen keinen Schaden nehmen, d.h. Mitgefühl gegenüber dem anderen Leben darf und soll zugelassen werden.

Dafür können Biologielehrer*innen sich einsetzen: Verantwortung gegenüber der Natur und allen Lebewesen sollte im Biologieunterricht leitende Maxime auch bei allen wissenschaftlichen Experimenten und Untersuchungen sein. Dabei können dann auch Mitgefühl und Empathiefähigkeiten gegenüber anderem Leben, die bei Kindern häufig schon sehr deutlich ausgeprägt sind, gestärkt werden (vgl. Kap. 6.2.4).

Durch alle Schuljahre hindurch kann Biologieunterricht auch draußen stattfinden und Naturerfahrung ermöglichen, dabei kann für Natur und ihre Gefährdung sensibilisiert und Empathie gefördert werden. Direkte Begegnungen mit Natur und insbesondere auch mit Tieren, denen mit Achtsamkeit und unter Achtung ihrer Bedürfnisse begegnet wird, ist sinnvoll. Gerade auch im Biologieunterricht draußen kann Begeisterung für Natur und ihre Vielfalt entstehen und dadurch motiviert Einsatz und Engagement für deren Erhalt.

8.1.2 Physik

Das Fach Physik ist natürlich dafür zuständig, die naturwissenschaftlichen Grundlagen des Klimawandels zu vermitteln. Zum Verständnis des Klimawandels hat z. B. die LMU (Ludwig-Maximilians-Universität München, Abteilung Klimabildung) Klimakoffer entwickelt, die veranschaulichen, wie der Klimawandel und der menschengemachte Klimawandel entstehen, und die sehr gut im Unterricht eingesetzt werden können.

Möglichkeiten und Funktionen der erneuerbaren Energien, Grundlagen der Energiewende, neue zukunftsrelevante Energien etc. bieten natürlich viele Themen und Experimentierfelder im Unterricht. Es wird immer wieder thematisiert, dass für die Energiewende in Deutschland viel zu wenig Fachkräfte vorhanden sind und dass in vielen Ausbildungsberufen und Studienfächern für neue und nachhaltige Technologien Menschen gesucht werden. Physiklehrer*innen können Begeisterung für die Auseinandersetzung mit neuen und wichtigen Technologien wecken, indem sie z. B. Schüler*innen auch selbst forschen und experimentieren lassen, so dass möglicherweise auch Interesse entsteht, sich im Beruf für die Energiewende zu engagieren.

Schülerforschungszentren, z. B. das SFN in Kassel, lassen Schüler*innen selbstgesteuert an relevanten Themen arbeiten und forschen. Das ist motivierend für Schüler*innen, fördert ihre Kreativität, und es können möglicherweise sogar Forschungsarbeiten und Ideen entstehen für Lösungen technischer oder ökologischer Probleme (s. z. B. Arbeiten, die bei Jugend forscht eingereicht werden). Diese Arbeitsmethoden können u. U. auch im Fach Physik in Ansätzen realisiert werden. Ein solches Arbeiten ist natürlich auch in weiteren Fächern, insbesondere auch den anderen Naturwissenschaften (Biologie, Chemie) sinnvoll.

Zum Weiterlesen und Materialien

Lesch, Harald / Scorza, Cecilia / Theis-Bröhl, Katharina: Den Klimawandel verstehen. Berlin 2021. (Springer) Anhand von Sketchnotes werden physikalische Grundlagen des Klimawandels sehr anschaulich erklärt. Das Buch kann gut von Schüler*innen und im Unterricht verwendet werden.

Klimakoffer der LMU, Abteilung Klimabildung, die sehr gut zum Verständnis des Klimawandels im Unterricht eingesetzt werden können. Sie können dort erworben und ca. ab Klasse acht eingesetzt werden. www.klimawandel-schule.de/ Es gibt dort auch viele weitere Materialien und Unterrichtsvorschläge.

8.1.3 Chemie

Das Fach Chemie kann gemeinsam mit dem Fach Physik wichtige naturwissenschaftliche Grundlagen des Klimawandels vermitteln. Wirkung von Treibhausgasen in der Atmosphäre (Kohlenstoff, Methan, Lachgas), Auswirkungen und Problematik der Nutzung fossiler Brennstoffe, Einlagerungen von Kohlenwasserstoff und Methan in der Erde und die Problematik von deren Freisetzung u. v. a. Darüber hinaus sollte das Fach Chemie auch Verständnis für die Problematik von Rückkopplungsprozessen und Kipppunkten erwirken.

Viele Kipppunkte werden durch chemische Prozesse angestoßen, wie z. B. das Abtauen der Permafrostböden und der Freisetzung von Methan, Aufnahme von CO_2 in den Ozeanen, Abschwächung der marinen Kohlenstoffpumpe, Versauerung der Ozeane und damit auch das Absterben der Korallen durch Versauerung der Ozeane, unterschiedliche Wirkung von Salz- und Süßwasser z. B. beim Abtauen der Pole und damit Auswirkungen auf die thermohaline weltweite Zirkulation (meridionale Umwälzzirkulation), Golfstrom, El Nino etc.

Gerade ein gutes naturwissenschaftliches Verständnis für die Problematik von Kipppunkten und ihre Unumkehrbarkeit, kann die Dramatik der Situation deutlich machen und vor Augen führen, wie wichtig es ist zu handeln, um das Erreichen von Kipppunkten noch abzuwenden. Hier können also explizit vom Fach Chemie aus sehr wichtige Handlungsimpulse ausgehen.

Weiterhin kann im Fach Chemie deutlich werden, warum es wichtig ist, Moore und Wälder als CO_2-Speicher zu erhalten und was bei Trockenlegung bzw. Abholzung passiert und warum Wiedervernässung bzw. Wiederaufforstung wichtige Maßnahmen gegen den Klimawandel sind.

Darüber hinaus kann das Fach Chemie für die Auseinandersetzung mit der Problematik von Kunststoffen und Plastik sensibilisieren. Dass Kunststoffe in der natürlichen Mitwelt und insbesondere in Gewässern, Meeren und Ozeanen ein großes Problem sind, ist bekannt. Warum ist das ein Problem? Warum dauert die Zersetzung so lange? Wie wird Plastik produziert? Welche schädlichen Stoffe werden im Prozess noch freigesetzt? Woraus besteht Plastik? Was passiert mit Plastik in der Natur und insbesondere in Gewässern? Welche Alternativen gibt es beispielsweise aus nachwachsenden und recycelbaren Materialien? Eine Auseinandersetzung mit solchen Inhalten kann selbstverständlich verbunden werden mit Fragen, wie man Plastik vermeiden kann, wie man dafür aktiv werden kann u.ä.

Die Problematik von Pflanzenschutzmitteln, Pestiziden, Fungiziden etc. und ihre Wirkung – insbesondere auf die Biodiversität – sollte aufgegriffen werden. Stickstoffeintrag in Form von Kunstdünger kann problematisiert werden etc. An den Problemfeldern können dann z. B. auch Vorteile ökologischer Landwirtschaft deutlich werden. Zu diesen Inhalten kann das Fach Chemie gut mit dem Fach Biologie zusammenarbeiten. Wenn das Fach Chemie beispielsweise die chemische Zusammensetzung und Wirkungsweise von Pflanzenschutzmitteln oder Kunstdünger aufgreift, können die ökologischen Folgen im Fach Biologie vertieft werden.

8.1.4 Mathematik

Die gesamte Klimawissenschaft besteht aus mathematischen Modellen und Berechnungen. Diese können in vereinfachter Form, je nach Klassenstufe, vielfach im Mathematikunterricht eingesetzt werden und daran Zusammenhänge und Handlungsnotwendigkeiten verdeutlicht werden. Gerade in höheren Klassenstufen können hier viele Daten, Statistiken, Modellrechnungen einbezogen werden.

In Bezug auf das Thema »Wahrscheinlichkeit« kann man sich übrigens auch damit beschäftigen, was es bedeutet, wenn sich 99 Prozent der Klimawissenschaftler*innen in Bezug auf den Klimawandel, seine Dramatik und die Notwendigkeit zu handeln einig sind, und damit auch »Klimawandelskeptiker*innen« den Wind aus den Segeln nehmen.

In der Sek. 1 können mathematische Grundrechenarten, Prozentrechnung, Verhältnisberechnung etc. auch an anschaulichen Beispielen aus dem Bereich Klima oder globale Verteilung geübt werden und dadurch Beiträge zur Bewusstseinsbildung geleistet werden. Man kann z. B. »ökologische Fußabdrücke« berechnen, etwa den eigenen in Bezug auf den weltweiten Durchschnitt oder den von einzelnen Ländern, z. B. Deutschland, im Vergleich zu anderen Ländern etc. Man kann berechnen, wie viel mir eigentlich »zusteht«, wenn alle Menschen gleiche Rechte haben, CO_2 zu emittieren, und die Erde keinen Schaden nehmen soll. Man kann z. B. auch prozentual berechnen, wie viel von meinem Fußabdruck auf meine Ernährung, meine Mobilität, meine Heizung etc. zurückzuführen ist.

Anhand des Weltverteilungsspiels können CO_2-Emissionen von Deutschland oder Ländern des globalen Nordens ins Verhältnis zur Bevölkerung gesetzt werden, das gleiche geht auch mit Ländern des globalen Südens. Anhand von globaler Verteilung von Reichtum, Emissionen, Bevölkerung gibt es viele Möglichkeiten z. B. Prozentrechnung an Beispielen zu veranschaulichen und »nebenbei« globale Ungerechtigkeiten deutlich werden zu lassen.

Auch z. B. in Bezug auf unsere Ernährung können viele unterschiedliche Berechnungen angestellt werden: Wie viel Land brauche ich für meine Ernährung, wenn sie fleischlastig ist, wie viel, wenn sie vegan ist? Wie viel Land brauchen wir weltweit, wenn alle so viel Fleisch essen wie wir? Wie viel Land braucht man für eine pflanzenbasierte Ernährung? Wieviel Land steht jedem Menschen weltweit zu, wenn die Erde keinen Schaden nehmen soll? Wenn alle verbrauchen würden wie wir, wie viele Erden brauchen wir? Für solche Fragen und Berechnungen bietet z. B. auch der Weltacker Berlin (s. Kap. 10.3) direkte Anschauung.

Auch der Erdüberlastungstag (Earth Overshoot Day / Country Overshoot Day), der 2022 weltweit am 28. Juli war, in Deutschland allerdings schon am 4. Mai, eröffnet viele Möglichkeiten zu Berechnungen zwischen dem Verbrauch der einzelnen Länder.

Es gibt viele Möglichkeiten für anschauliche Verteilungsrechnungen. Dabei können Fragen diskutiert werden: Was ist gerecht? Wieviel steht jedem zu? Viele weitere Fragen stellen sich und fordern die Kreativität der Mathematiklehrer*innen heraus.

Zum Weiterlesen und Materialien

Global Footprint Network: Earth / Country Overshoot Day: www.footprintnetwork.org/

Ökologischer Fußabdruckrechner: z. B. Brot für die Welt: www.fussabdruck.de/, WWF: www.wwf.de/themen-projekte/klima-energie/wwf-klimarechner/ u. v. a. s. Internet.

Globales Lernen. Weltverteilungsspiel: www.globaleslernen.de/de/bildungsmaterialien/alle/weltverteilungsspiel

Scientists for Future: Wissenszentrum. Da gibt es Materialien und Folien mit vielen Modellen / Berechnungen etc.: https://info-de.scientists4future.org/materialien/

8.1.5 Geographie

Das Fach Geographie ist natürlich dafür prädestiniert, Grundlagen des Klimawandels zu vermitteln. Das Thema ist in den Curricula des Fachs verortet, und es gibt es vielfältige Materialien. Geographielehrer*innen haben sich während ihres Studiums mit Klima und Klimaveränderungen auseinandergesetzt – i. d. R. deutlich mehr als Lehrkräfte anderer Fächer. Geographielehrer*innen sollten alle Möglichkeiten nutzen, die Klimakrise zum Gegenstand des Unterrichts zu machen.
Sie können sich darüber hinaus im Kollegium als Expert*innen anbieten, etwa bei der Gestaltung fächerübergreifenden Unterrichts oder bei der Umsetzung von institutionellen Klimaschutzmaßnahmen.

8.2 Geisteswissenschaftliche Fächer

8.2.1 Religion

Seit Jahrhunderten stehen in christlichen Kirchen und christlicher Theologie Menschen im Fokus des Interesses, d. h. der Mensch und seine Beziehung zu Gott.

Schöpfungstheologie, d.h. eine Theologie, die sich explizit mit der Natur, den Pflanzen und Tieren und der gesamten Biosphäre auseinandersetzt und den Umgang mit ihr thematisiert, ist eher ein Randthema. Auch in der christlichen Ethik nimmt der Umgang mit der Schöpfung keinen großen Raum ein.

Dem Christentum wird wiederholt der Vorwurf gemacht, sich zu sehr allein auf den Menschen und sein Heil zu fokussieren und die übrige Schöpfung zur freien Verfügung des Menschen anzusehen. Carl Amery hat diesen Vorwurf schon in den 1970er Jahren formuliert (vgl. Amery 1974), aktuell findet man ihn z.B. bei Philipp Blom (vgl. Blom 2022) u.a. Gerade der Herrschaftsauftrag in Genesis 1,28 wird für Naturzerstörung verantwortlich gemacht. »Herrschen« und »untertan machen« (so von Luther übersetzt) sind auch Vokabeln, die dieses nahelagen. Amery und Blom ist zuzustimmen: Naturzerstörung geht seit der Neuzeit explizit und bis heute von christlichen Ländern aus. Auch wenn andere »nicht-christliche« Länder wie z.B. China inzwischen auch massiv auf Kosten der Natur expandieren: Sie folgen dem externalisierenden und ausbeutenden Lebensstil, der ihnen über Jahrhunderte vom christlichen Abendland vorgelebt wurde. Allerdings ist davon auszugehen, dass der biblisch intendierte Umgang mit der Schöpfung in großen Teilen ein achtsamer und bewahrender war und dass der Herrschaftsauftrag für die Legitimierung von Naturzerstörung, so wie wir sie heute erleben, missbraucht wurde. (Eine ausführliche Auseinandersetzung mit den biblischen Grundlagen zum Umgang mit der Schöpfung s. Spahn-Skrotzki 2022)

Die Theologie ist heute herausgefordert, das, was über viele Jahrhunderte versäumt wurde, aufzuarbeiten und das eigene Verhältnis gegenüber der Schöpfung neu zu reflektieren und sich aus dem Anthropozentrismus zu lösen: Die Schöpfung ist gute Schöpfung Gottes, jedes Lebewesen hat einen ihm immanenten Wert, unabhängig des Nutzens für den Menschen. Der Schöpfung gebührt Schutz und Bewahrung und ein überaus achtsamer Umgang. Das kann alles theologisch und biblisch gut begründet werden. (s. z.B. Spahn-Skrotzki 2022)

Das eigene Versagen der Kirchen und der Theologie gegenüber der Schöpfung muss bekannt und aufgearbeitet werden. Ein erster Schritt dazu ist bereits mit der »Wuppertaler Erklärung« passiert (vgl. Ökumenischer Rat der Kirchen 2019). Ein achtsamer Umgang mit der Schöpfung sollte endlich in der Theologie zentral thematisiert und gelebt werden. Aktuell sind Kirchen zum großen Teil noch sehr weit davon entfernt, Nachhaltigkeit in ihren Einrichtungen zu leben, aber auch für diese gilt der Whole Institution Approach (vgl. Kap. 4). Darüber hinaus muss Kirche auch endlich ihre gesellschaftliche Verantwortung wahrnehmen und einen grundlegend verantwortlichen Umgang mit der Schöpfung, der wirklich nachhaltig ist und nicht mehr Ressourcen verbraucht als nachwachsen können, in der Gesellschaft einfordern. Das bedeutet, dass sie sich noch viel deutlicher als bisher für konsequenten Klimaschutz und Schutz der Biodiversität positionieren muss, aber z.B. auch für einen achtsamen Umgang mit allen Geschöpfen insgesamt, s.z.B. die

Problematik der industriellen Tierhaltung. Es geht um klare Positionierung und nicht immer um Kompromisse mit einer nichtnachhaltigen Wirtschaft, Landwirtschaft etc. Auch Jesus hat sich klar positioniert!

Das Fach Religion kann grundlegende Versäumnisse im Verhältnis gegenüber der Schöpfung thematisieren und auch mit Schüler*innen aufarbeiten. Vor allem kann es aber auch im Religionsunterricht für einen verantwortlichen und achtsamen Umgang mit der Schöpfung sensibilisieren und dabei z. B. auch direkte Naturbegegnung ermöglichen, Empathieübungen einbeziehen etc. Die Schöpfung ist gute Schöpfung Gottes und wir haben Verantwortung für sie. Genesis 1,28 kann dabei in dem Sinne verstanden werden, dass wir Menschen von Gott die Aufgabe zugesprochen bekommen haben, als Gottes Statthalter oder Mandatar auf der Erde zu wirken, und dabei zur Sorge und Verantwortung gegenüber den anderen Mitgeschöpfen und der gesamten Erde herausgefordert sind. Dass dieses konkret ein verantwortliches und nachhaltiges Handeln im eigenen Leben, aber auch im gesellschaftlichen bedeutet, kann in vielen Bereichen mit Schüler*innen herausgearbeitet werden.

Christen sind zur Verantwortung und Solidarität gegenüber allem Leben als von Gott gewolltem Leben herausgefordert. Das schließt Verantwortung gegenüber allen Menschen, auch im globalen Süden und den kommenden Generationen ein, aber auch gegenüber allen anderen Lebewesen und der Erde. Der christliche Glaube und viele biblische Stellen regen zum Handeln in dieser Welt an, nicht zuletzt Jesu radikale Parteinahme für die Schwachen und Ausgegrenzten. Schüler*innen können in vielen Bereichen Handlungsperspektiven entwickeln und umsetzen. So können sie auch im Religionsunterricht wichtige Selbstwirksamkeitserfahrungen machen.

Sinnvoll ist es in Zusammenhängen zu denken. Sowohl Menschen als auch die gesamte Schöpfung brauchen Solidarität und Veränderung im Handeln. Ein Ansatz, der beides verbindet, ist z. B. der Ansatz der Ehrfurcht vor dem Leben Albert Schweitzers, auf den sehr gut im Religionsunterricht zurückgegriffen werden kann. Auch die Enzyklika Laudato Si' von Papst Franziskus denkt in dieselbe Richtung, sie kann selbstverständlich auch sehr gut im evangelischen Religionsunterricht eingesetzt werden.

Weiterhin ist das Fach Religion gefordert, sich mit den Auswirkungen unseres Lebensstils auf Menschen im globalen Süden und die kommenden Generationen auseinanderzusetzen. Hier stellen sich eklatante Gerechtigkeitsfragen. Diese Problematik wird bei den Ausführungen zum Fach Ethik dargestellt (vgl. Kap. 8.2.2) und gilt natürlich gleichermaßen für das Fach Religion. Im Fach Religion kann diese Problematik explizit auch noch aus christlicher Perspektive reflektiert werden. Dabei sollte deutlich werden, dass die derzeitigen externalisierenden Strukturen keinesfalls mit dem christlichen Glauben kompatibel und wir dringend herausgefordert sind, unsere christliche Verantwortung zum solidarischen und nachhaltigen Handeln wahrzunehmen.

Zum Weiterlesen und Materialien

Bücher und Texte zur Ehrfurcht vor dem Leben von Albert Schweitzer.
Papst Franziskus: Enzyklika Laudato Si´Laudato Sí. Bonn 2015. (Kann man kostenlos, gegen Porto, bei der Deutschen Bischofskonferenz bestellen.)
Das Institut für Theologische Zoologie bietet viele Ansätze für eine Abkehr vom Anthropozentrismus und einen neuen Umgang mit den Mitgeschöpfen. Homepage: www.theologische-zoologie.de/, siehe auch Kap. 10.1.
Spahn-Skrotzki, Gudrun: Klimakrise, externalisierender Lebensstil und Religionspädagogik. Bad Heilbrunn 2022. (Julius Klinkhardt)
Weitere Materialien s. auch Kap. 8.2.2, Ethik.

8.2.2 Ethik

Die Klima- und Biodiversitätskrise bietet viele Anknüpfungspunkte für den Ethikunterricht. Der externalisierende Lebensstil kann aus vielfacher Sicht reflektiert und problematisiert werden, d.h. das Abwälzen der Kosten für unser vermeintlich gutes Leben auf die Mitwelt, die Menschen des globalen Südens, die kommenden Generationen. Die Problematik, dass die Verursacher i.d.R. nicht die Kosten für die Auswirkungen für ihr klimaschädliches Wirtschaften, Produzieren, Konsumieren etc. tragen, ist ein höchst brisantes ethisches Thema. Stillschweigend wird es in vielen Bereichen unserer Gesellschaft und unseres Wirtschaftssystems geduldet, dass Verursacher nicht für die Schäden ihres Handelns aufkommen: Unsere Ernährung befeuert den Klimawandel und verschärft den Hunger in der Welt. Unsere Mobilität ist absolut klimaschädlich, ebenso unser Energieverbrauch und Konsumverhalten.

- Wie sieht verantwortliches Handeln gegenüber der Mitwelt und dem Klima aus?
- Wie können wir verantwortlich gegenüber dem globalen Süden und den kommenden Generationen handeln?
- Welche Veränderungen sind für ein nachhaltiges Leben nötig?
- Wie kann ein gutes Leben für alle aussehen?

Das sind Fragen, die im Ethikunterricht zentral gestellt werden sollten und für die wir dringend Antworten und Lösungsstrategien brauchen.

Wir können nicht mehr so weiterleben wie bisher und permanent Kosten auslagern, wenn ernsthaft über Gerechtigkeitsfragen nachgedacht wird. Das Fach kann wichtige Beiträge leisten, Unrechtsstrukturen gegenüber Menschen in anderen Teilen der Welt, gegenüber den jungen Menschen und den kommenden Generationen, die von unserem Lebensstil ausgehen, zu thematisieren und bewusst zu machen. Dass Menschen im globalen Süden zum Beispiel viel mehr vom Klimawandel betroffen sind als wir, obwohl sie ihn nicht verursacht haben, ist doch absolut skandalös und fordert uns eigentlich deutlich zum anderen Handeln heraus. Das gleiche gilt für junge Menschen und kommende Generationen, die noch viel mehr als wir unter den Folgen unseres Lebensstils zu leiden haben werden.

Dass Fach Ethik kann wichtige Beiträge für die Akzeptanz von Veränderungen leisten, indem es die Problematik unseres Lebensstils bewusstmacht und der stillschweigenden Akzeptanz (vgl. Lessenich 2017, 22 ff.) entgegenwirkt. Dass Veränderung und »Verzicht« auch das eigene Leben bereichern können, kann dabei ebenfalls reflektiert werden, wenn über Fragen nachgedacht wird, was ein gutes Leben ausmacht. Visionen / Ideen für Veränderung und Schritte zur Umsetzung können entwickelt werden.

Materialien zu globalen Gerechtigkeitsfragen findet man z. B. bei der Initiative Oscar Romero, beim Dachverband der Weltläden, beim Südwind-Institut u. a. Auch das Weltverteilungsspiel verdeutlicht beispielsweise diese globalen Unrechtsstrukturen, die von den Ländern des globalen Nordens ausgehen. Der Film Agraprofit zeigt z. B. auch auf, wo eine Problematik unseres Konsumverhaltens liegt, d. h. günstig und zum eigenen Vorteil kaufen und konsumieren zu wollen und uns dabei in guter Gesellschaft zu wissen.

Eine weitere Aufgabe des Ethikunterrichts ist es, unser Verhältnis zur Mitwelt grundlegend zu reflektieren und zu problematisieren (s. auch Kap. 2.2). Natur wird i. d. R. nach dem Nutzen beurteilt, den sie für uns Menschen hat. Das wird auch am Begriff »Umwelt« deutlich. Alles ist um uns herum angeordnet und zu unserer Verfügung da. Diese Haltung gegenüber und Nutzung von der Natur hat in die derzeitige Situation und ökologische Krise geführt. Eine Abkehr vom Anthropozentrismus ist nötig und eine neue Bestimmung des Mensch-Natur-Verhältnisses, bei dem der Natur und allen Lebewesen Rechte und Eigenwert zugestanden werden. Hier kann das Fach Ethik wichtige Reflexionen anstoßen.

Wenn der Ethikunterricht auch religionskundlich angelegt ist, ist es sinnvoll, sich damit auseinanderzusetzen, dass es gerade bei ethischen Fragen in den Weltreligionen viele Übereinstimmungen gibt. So ist Ausbeutung der Natur mit keiner der Weltreligionen kompatibel, sondern Verantwortung und Achtsamkeit gegenüber allem Leben sind ethische Maximen in allen großen Weltreligionen. Und natürlich rechtfertigt keine Weltreligion einen externalisierenden Lebensstil, der das Leben anderer Menschen in anderen Teilen der Welt beeinträchtigt. Materialien zur Ethik der Weltreligionen und deren Gemeinsamkeiten bietet das »Projekt Weltethos«.

Zum Weiterlesen und Materialien

Agraprofit Der Film: www.youtube.com/watch?v=pgCD-4Q-4Wo
Christliche Initiative Oscar Romero: www.ci-romero.de/
Dachverband Weltläden: www.weltladen.de/lernort-weltladen/materialien/
Globales Lernen: Weltverteilungsspiel: www.globaleslernen.de/de/bildungsmaterialien/alle/weltverteilungsspiel
Projekt Weltethos: www.projektweltethos.de/
Südwind-Institut: www.suedwind-institut.de/

8.2.3 Deutsch

Im Fach Deutsch können Themen wie Nachhaltigkeit und Klima, die Problematik unseres Lebensstils, globale Gerechtigkeitsfragen u.Ä. anhand vieler Texte behandelt werden, indem z. B. Argumentationsweisen und Textstrukturen analysiert werden, Zusammenfassungen geübt werden etc.

Werbestrategien in Bezug auf nicht-nachhaltige Produkte, Erzeugung von Konsumbedürfnissen u.Ä. können untersucht werden, ebenso wie Argumentationsweisen von Klimawandelleugnern oder -verharmlosern. Diesbezüglich sind z. B. auch Texte von Wirtschaftskonzernen und -unternehmen interessant, die »Greenwashing« betreiben oder Vokabular aus dem Nachhaltigkeitsbereich zur Bewerbung ihrer nicht-nachhaltigen oder klimaschädlichen Produkte verwenden. »Was ist für mein Leben wirklich wichtig und welche Bedürfnisse erzeugt die Werbung für unterschiedliche Produkte in mir?« ist eine Frage, die in Bezug auf unser Konsumverhalten vielfach Möglichkeiten zur Auseinandersetzung bietet.

Strategien für eine gelingende Klimakommunikation können mit Schüler*innen erarbeiten werden: Wie kann ich die dramatischen Klimafakten argumentativ so darstellen, dass sie bei der Person ankommen und Verhaltensänderungen eintreten (s. z. B. Handbuch Klimakommunikation)? Hierzu können z. B. Rollenspiele inszeniert oder auch Diskussionsrunden durchgeführt werden. Reden, Argumentationen, Erörterungen können ebenfalls zu diesen Fragen geschrieben werden.

Resilienz kann in Aktionen gestärkt werden, in denen Schüler*innen Selbstwirksamkeitserfahrungen machen. Sie können z. B. mit Ausstellungen, Plakaten, Texten, Reden, szenischen Darstellungen u.ä. auf die ökologische Problematik aufmerksam machen und Menschen anregen, etwas zu verändern. All solche Aktionen müssen gut kommuniziert werden, Texte müssen dafür geschrieben, Werbestrategien entwickelt werden. Hier kann sich das Fach Deutsch in vielfältiger Weise einbringen. Es können selbstverständlich auch Lektüren zur Klima- / Biodiversitätsproblematik gelesen oder Filme analysiert werden.

Im Fach Deutsch kann es aber auch Gelegenheit geben, persönliche Themen zu verbalisieren oder auch zu verschriftlichen. Sorgen und Ängste in Bezug auf die eigene Zukunft, die Zukunft der Erde können dabei Ausdruck finden und möglicherweise dadurch auch die Resilienz der Schüler*innen stärken, da man die ganzen Belastungen nun nicht mehr nur mit sich allein »herumschleppen« muss.

Um der Entfremdung von der Natur entgegenzuwirken und um Bezug und auch Verbundenheit zu Natur zu ermöglichen, die dann ein nachhaltigeres Handeln befördern kann, können lyrische und poetische Texte / Gedichte u. Ä. eingesetzt werden, die das Berührtwerden von und die Verbundenheit mit der Natur ausdrücken (Naturlyrik). Auch direkte Naturerfahrungen können gemacht und dann selbst verbalisiert werden z. B. in Form von eigenen Texten / Gedichten.

Zum Weiterlesen und Materialien

Christopher Schrader / Klimafakten. de (Hrsg.): Über Klima sprechen. Das Handbuch. Onlineversion: www.klimakommunikation.klimafakten.de/

Komplettes Buch: www.klimakommunikation.klimafakten.de/wp-content/uploads/HandbuchKlimakommunikation_Gesamt-mitLinks_final.pdf

Auch als gedrucktes Buch erhältlich:

Christopher Schrader / Klimafakten.de (Hrsg.): Über Klima sprechen. Das Handbuch. München 2022. (Oekom)

8.2.4 Fremdsprachen

Im Fremdsprachenunterricht können ähnliche Schwerpunkte wie z. B. im Deutschunterricht gesetzt werden. Es können Texte, die sich mit der Problematik beschäftigen, herangezogen werden und je nach Niveau der Schüler*innen auch aktuelle Zeitungsartikel der jeweiligen Sprache. Werbestrategien können diskutiert und Klimakommunikationsmöglichkeiten entwickelt und erprobt werden. Eigene Texte können zu der Thematik verfasst, Handlungsstrategien erarbeitet und kommuniziert werden, Rollenspiele zu Klimakommunikation, zur Problematik unseres Lebensstils oder Veränderungen im Handeln durchgeführt werden usw. (s. auch Kap. 8.2.3). Auch hier können durch Projekte und Initiativen zu nachhaltigen Themen Selbstwirksamkeitserfahrungen gemacht werden.

Politische Strategien zur Klimaneutralität, aber auch das persönliche Bemühen um Nachhaltigkeit in der Bevölkerung der verschiedenen Länder des Fremdsprachenunterrichts können erarbeitet und mit Deutschland verglichen werden. Wo können wir z. B. voneinander lernen? Es können viele Materialien zu der Thematik Klima und Nachhaltigkeit eingesetzt werden, gerade auch aus dem Bereich der politischen Bildung. Das DFI (Deutsch-Französisches Institut) stellt z. B. viele Materialien zu Nachhaltigkeit und Klima online.

Im Fach Englisch kann man neben ausgewählten Materialien übrigens auch die Klimakonferenzen verfolgen, die in englischer Sprache stattfinden, oder auch daraus verfasste Texte und Vereinbarungen. Planspiele zur Thematik, z. B. auch zu den Klimakonferenzen, auf denen unterschiedliche Interessengruppen vertreten sind (große Wirtschaftsnationen, Inselstaaten des Pazifiks u. a.), können initiiert werden.

Lektüren können selbstverständlich auch zum Thema Klima und Nachhaltigkeit ausgewählt werden.

Bei Schulpartnerschaften, Schüler*innenaustausch u.Ä. können explizit die Themen Nachhaltigkeit und Klima im Fokus stehen. Auch online kann die Thematik mit Partnern aus den jeweiligen Ländern diskutiert werden. Der »Chat der Welten« bietet z. B. gute Möglichkeiten zum Online-Austausch zwischen Schulklassen und Menschen des globalen Südens (www.engagement-global.de/chat-der-welten.html). Übrigens sollte beim »Live-Austausch« auch möglichst auf eine klimafreundliche Anreise geachtet werden (s. Kap. 4.2.2).

Zum Weiterlesen und Materialien

Deutsch-Französisches Institut: Nachhaltige Entwicklung in Frankreich und Deutschland. www.nachhaltige-entwicklung-bilingual.eu/de/startseite.html

8.2.5 Darstellendes Spiel

Im Fach Darstellendes Spiel können Klima- und Nachhaltigkeitsthemen Gegenstand der eigenen Texte und ihrer Umsetzung sein. Durch das Erproben neuer Rollen können auch neue Positionen und Handlungen ausprobiert werden.
Es können Klimainhalte einem Publikum vorgestellt werden, es kann auf Problemfelder und Zusammenhänge aufmerksam gemacht werden, die Problematik unseres Lebensstils und Handlungsveränderungen können aufgezeigt werden und vieles mehr. Hier gibt es Möglichkeiten, Themen, die die Lernenden beschäftigen, zur Umsetzung zu bringen, und Klima und Nachhaltigkeit sind i. d. R. sehr relevante Themen für Schüler*innen.

Durch szenische Darstellung kann Selbstwirksamkeit erfahren werden. Darstellendes Spiel intendiert ja auch, ein Publikum anzusprechen und zu bewegen, und da bietet die Thematik viele Möglichkeiten.

8.2.6 Kunst

Dass Nachhaltigkeit ein zentrales Thema für den Kunstunterricht sein kann, zeigt die »documenta fifteen« im Sommer 2022 in Kassel. Die Kurator*innen, ein Kollektiv aus Indonesien, stellen, leider überschattet durch die Diskussion um antisemitische Tendenzen einzelner Werke, kapitalistische Ausbeutungsstrukturen in den Fokus, insbesondere ihre Auswirkungen im globalen Süden, in der Natur und in Bezug auf das Klima. Verschiedene Künstler*innen, vornehmlich aus dem globalen Süden, machen mit den unterschiedlichsten Installationen und Kunstwerken auf die Auswirkungen des externalisierenden Lebensstils des globalen Nordens aufmerksam und zeigen seine Folgen auf (z. B. »Return to Sender« von »The Nest Collectiv« bei diesem Projekt wird Müll und abgelegte Kleidung, die wir nach Afrika verschiffen und die dort vielfältige Problemfelder schafft, in einer Installation sichtbar gemacht). Alternativen zum kapitalistischen Wirtschaften, solidarische Vernetzung, Kooperativen, alternative Lebensformen etc. werden bei vielen Darstellungen und Installationen deutlich und regen zum nachhaltigen und solidarischen Handeln und Mittun an. In der »documenta fifteen« wird deutlich: Kunst hat eine politische Dimension, kann Problemfelder aufzeigen und Veränderung anstoßen. Auch wenn die »documenta fifteen« nur eine temporäre Ausstellung war, sind viele Installationen in Katalogen und im Internet dokumentiert und können Anstöße liefern und ermutigen, die politische Dimension von Kunst in den Fokus zu nehmen.

Das Fach Kunst kann in vielen Bereichen auf eine kreative Weise die Auseinandersetzung mit den Klimaveränderungen, der Biodiversitätskrise und den Auswirkungen des externalisierenden Lebensstils anregen. Schüler*innen können sowohl in Darstellungen diese Probleme durchdringen, veranschaulichen und bewusstmachen (z. B. als Plakate für Demos in eigenen Ausstellungen) oder aber versuchen, Lösungsansätze und Perspektiven zu entwickeln (z. B. Upcycling-Projekte, Werbestrategien für Postwachstumsgesellschaften und nachhaltige Lebensformen, Auseinandersetzung mit alternativen, nachhaltigen Wohnformen etc.).

Das Fach kann durch die Schulung und Sensibilisierung von Wahrnehmungskompetenzen empathische Fähigkeiten stärken. Kunst bietet, wie z. B. auch Musik, die Möglichkeit, Ängste, aber auch Wünsche und Hoffnungen kreativ zum Ausdruck zu bringen und kann damit auch einen Beitrag zur Resilienz der Schüler*innen leisten. Selbstwirksamkeit kann erfahren werden, wenn »eigene« Kunst auch andere zum Handeln inspiriert.

Es gibt unterschiedliche Künstler, die sich mit Themen von Nachhaltigkeit, Klimawandel, globaler Ungleichheit etc. auseinandersetzen und mit ihren Werken auf diese aufmerksam machen und zum anderen Handeln anregen wollen. Viele von diesen können im Unterricht eingesetzt werden. Zum Beispiel:

Sebastiao Salgado (Fotodokumentationen über Ausbeutung und Zerstörung aber auch über die Schönheit der Natur). Der Film von Wim Wenders über Sebastio Salgado (»Das Salz der Erde«) gibt einen Einblick in sein bemerkenswertes Arbeiten.

Joseph Beuys (7000 Eichen) und vor allem auch seine Schülerin Shelley Sacks stoßen mit dem Ansatz der Sozialen Plastik nachhaltige Prozesse in der Gesellschaft an (»Exchange Values – on the table«, »Erdforum« und andere Projekte). Menschen können emotional angesprochen, Empathie kann gefördert und möglicherweise nachhaltiges Handeln angeregt werden.

Zum Weiterlesen und Materialien

Kunstforum International, Günzel, Ann-Katrin (Hrsg.): Utopia. Weltentwürfe und Möglichkeitsräume in der Kunst. Bd. 275. Köln 2021. (Kunstforum International)

Sacks, Shelley / Kurt, Hildegard: Die rote Blume. Ästhetische Praxis in Zeiten des Wandels. Klein Jasedow 2013. (ThinkOya)

Salgado, Sebastiao: Genesis. Eine fotografische Hommage an unseren Planeten in seinem ursprünglichen Zustand. Köln 2013. (Taschen)

Wenders, Wim / Salgado Juliano Ribeiro Salgado: Das Salz der Erde. Eine Reise mit Sebastiao Salgado. 2014. (Film über das Leben und Wirken Salgados)

8.2.7 Musik

Dass Musik vielfach empathische Fähigkeiten anspricht und damit auch für die Problematik des Klimawandels sensibilisieren kann, wird im Video von Greenpeace mit Ludovico Einaudi »Elegy for the Arctic« (www.youtube.com/watch?-v=2DLnhdnSUVs) deutlich. Dieses Musikvideo, das auch in der Ausstellung des Klimahauses in Bremerhaven auf einer großen Leinwand gezeigt wird, rührt dort ganze Schulklassen zu Tränen. Man kann daran erkennen, dass Musik relativ leicht eine emotionale Ebene ansprechen kann, gerade wenn Alternativen zu zu viel Kognition im üblichen Schulalltag gesucht werden. Hier tun sich im Fach Musik Chancen auf, Achtsamkeit und Empathie zu fördern.

Klimainhalte können mit Musik transportiert werden. Vom Fach Musik aus können Konzerte oder Auftritte veranstaltet werden, in denen dann mit unterschiedlichen Stücken, auch z. B. mit eigenen, auf die Problematik aufmerksam gemacht wird und zu Solidarität und Veränderung angeregt wird. Musik kann dabei emotionale Ebenen ansprechen, die eher zum Handeln führen als eine rein kognitive Auseinandersetzung. (Zum Beispiel: Homepage mit Liedern zur Mitwelt- und Klimaproblematik: www.popkultur.de/48-lieder-ueber-umwelt-klimawandel-erde/)

Der SWR hat eine Sammlung »Konzerte gegen den Klimawandel« zusammengestellt, in deren Stücken auf ganz unterschiedliche Weise für die Problematik sensibilisiert wird: www.swr.de/swr2/musik-klassik/konzerte-gegen-den-klimawandel-100.html. Diese können in unterschiedliche Unterrichtszusammenhänge eingebunden werden oder Inspiration für die eigene Entwicklung von Musik und Konzerten sein.

Es gibt verschiedene Projekte, bei denen wissenschaftlichen Klimafakten eine musikalische Stimme gegeben wird. (S. z. B. www.br-klassik.de/aktuell/news-kritik/musik-wissenschaft-klang-des-klimawandels-100.html) Hieran lassen sich weitere Möglichkeiten anknüpfen, viele ökologische Probleme können auch musikalisch aufgegriffen werden: Das Tropfen des schmelzenden Eises kann in musikalische Installationen eingebunden werden oder die immer stärker verstummenden Vögel oder Insekten. Geräusche der Ozeane können vertont werden, die natürliche Stille im Gegensatz zu den lauten Geräuschen der Tanker und Kreuzfahrtschiffe.

Auch die zunehmende Erderwärmung kann musikalisch deutlich gemacht werden wie Daniel Crawford von der University of Minnesota in »A Song of Our Warming Planet« zeigt (www.klimafakten.de/meldung/der-klang-der-erderwaermung). Es gibt Vertonungen (sog. Daten-Sonifikationen), die die klimatische Veränderung in Alaskas Wäldern darstellen und z. B. unter »forest changes of the alexander archipelago« im Internet zu finden sind (s. auch hier: www.klimafakten.de/meldung/daten-sonifikation-den-klimawandel-zum-klingen-bringen). Sie sollen dadurch intuitiv erfassbar werden.

Der Rapper Baba Brinkman vermittelt wissenschaftliche Fakten zur Klimakrise in seinen Rap-Songs (www.klimafakten.de/meldung/baba-brinkman-der-peer-reviewte-klima-rapper und z. B. www.youtube.com/watch?v=t8gsh0AD3Go).

Das Singer-Songwriter-Duo Berge sensibilisiert mit Songs für Schmerz und Leid in der Massentierhaltung, z. B. in dem Lied »10.000 Tränen« (www.youtube.com/watch?v=q-eFhod4S8o).

Viele gute und interessante Anregungen zur Thematik Musik und Klima finden sich auf der gleichnamigen Homepage www.musik-und-klima.de/. Es gibt dort viele spannende Klimakompositionen, Online-Klimachöre während Corona, Klimakinderchöre, Klimalieder zu unterschiedlichen traditionellen Melodien aus anderen Weltregionen, Lieder zum Artensterben, Lieder und Musik zur Klimaflucht, Kinderlieder zum Thema Klima, (Kinder-)Lieder zum Mutmachen, Protestlieder oder Klimamusiktheater. Es finden sich Reflexionen zur Nachhaltigkeit und zum Energieverbrauch von Musik. Letzterer ist im Zeitalter von Spotify sehr hoch. Aber Musik kann auch ein Gut sein, das »nicht-digital« konsumiert sehr nachhaltig ist. »Ein ›Lebensmittel‹ und ›Luxusgut‹, das im Unterschied zu Fleischkonsum und Flugreisen nicht die Atmosphäre belastet.« (www.musik-und-klima.de/home/teil-der-loesung/14565) Beiträge der Musik für Nachhaltigkeit und Postwachstum werden auf der Homepage diskutiert und aufgezeigt und Lehrkräfte bekommen viele Tipps und Ideen für den Unterricht.

Inzwischen gibt es auch große Orchester, die sich der Klimaproblematik annehmen und klassische Orchesterwerke adaptieren, um mit diesen auf die Dramatik der Situation hinzuweisen, zum Beispiel in einer Adaption von Vivaldis »Vier Jahreszeiten« (www.klimafakten.de/meldung/wortlos-fuehlen-was-die-fakten-zeigen-klima-adaption-von-vivaldis-vier-jahreszeiten-hamburg und www.forseasonsbydata.com/daskonzert).

Mit vielen Musikstücken werden Menschen emotional stark angesprochen und bewegt, was Chancen zur Überwindung des Knowledge-Action-Gaps bietet. Gerade die emotionale und empathische Ansprache kann Empowerment und Anstoß zum »Aktivwerden« sein.

Musik bietet, wie z. B. auch Kunst, die Möglichkeit, Ängste, aber auch Wünsche und Hoffnungen kreativ zum Ausdruck zu bringen, und kann damit auch einen Beitrag zur Resilienz der Schüler*innen leisten. Selbstwirksamkeit kann erfahren werden, wenn diese Musik z. B. auch andere zum Handeln inspiriert.

8.3 Gesellschaftswissenschaftliche Fächer

8.3.1 Politik / Wirtschaft

Im Bereich der nationalen und internationalen Klimapolitik gibt es für das Fach Politik / Wirtschaft zahlreiche Anknüpfungspunkte: Klimakonferenzen, Umsetzung von Maßnahmen in unterschiedlichen Ländern, in Deutschland, in der EU, weltweit, Klimapolitik in Parteiprogrammen, Umsetzungsstrategien, tatsächliche Umsetzung, Lobbyismus …

Die Fächer Wirtschaft und Politik sind aber insbesondere auch herausgefordert, sich mit der immer noch vorherrschenden Wachstumsideologie auseinanderzusetzen. Die Grenzen des Wachstums sind offenkundig, die Welt steht kurz vor dem ökologischen Kollaps, nach wie vor wird Wirtschaftswachstum propagiert. Das berühmte Zitat des Wirtschaftswissenschaftlers Kenneth Boulding: »Anyone who believes that exponential growth can go forever in a finite world is either a madman or an economist« scheint immer noch nicht in der Wirtschaftswissenschaft angekommen zu sein, ebenso nicht wie der schon 1972 veröffentlichte Bericht des Club of Rome zu den Grenzen des Wachstums.

Gerade der schulische Politik- und Wirtschaftsunterricht bietet Chancen, die Problematik des Wachstums deutlich vor Augen zu führen und über Alternativen nachzudenken. Ein Film wie »Agraprofit« führt übrigens die Problematik unseres Wirtschaftssystems auf Ebene der Konsumenten vor Augen.

Die Fächer Politik und Wirtschaft können intensiv die Auseinandersetzung mit Postwachstumsökonomien fördern, die eine sinnvolle Perspektive bieten und in die Schüler*innen auch hineinwachsen sollten. Dass es hier nicht nur um »Verzicht« geht, sondern dass neue und bessere Lebensperspektiven für alle Menschen entstehen können, kann dabei deutlich werden und Schüler*innen ermutigen und ihnen Hoffnung geben. Solidarische Lebensformen können dabei kennengelernt werden, ebenso wie neue Ausrichtungen für die Leistungs- und Wachstumsgesellschaft. Ansätze wie die Gemeinwohl-Ökonomie können und sollten in dem Zusammenhang natürlich auch thematisiert werden.

Zum Weiterlesen und Materialien

Agraprofit. Der Film: www.youtube.com/watch?v=pgCD-4Q-4Wo

Brand, Ulrich / Wissen, Markus: Imperiale Lebensweise. Zur Ausbeutung von Mensch und Natur im globalen Kapitalismus. München 2017. (Oekom)

Felber, Christian: Gemeinwohl-Ökonomie. Komplett aktualisiert und überarbeitet. München 2018. (Piper)

I. L.A. Kollektiv (Hrsg.): Auf Kosten anderer? Wie die imperiale Lebensweise ein gutes Leben für alle verhindert. München 2017. (Oekom)

I. L.A. Kollektiv (Hrsg.): Das Gute Leben für Alle. Wege in die solidarische Lebensweise. München 2019. (Oekom)

Lessenich, Stephan: Neben uns die Sintflut. Die Externalisierungsgesellschaft und ihr Preis. Berlin 5. Aufl. 2017a. (Hanser)

Paech, Niko: Befreiung vom Überfluss. Auf dem Weg in die Postwachstumsökonomie. 9. Aufl. München 2016. (Oekom)

8.3.2 Geschichte

Unser Lebensstil ist immer noch imperial. Wir holen uns aus anderen Teilen der Erde das, was wir für unseren Lebensstil und unsere Konsumprodukte benötigen, bzw. lassen diese dort i. d. R. unter sehr prekären Bedingungen herstellen. Die Externalisierung von Kosten in den globalen Süden geschieht in vielen Bereichen (vgl. Kap. 1). Auch Sklaverei, die eigentlich in jedem Land der Erde verboten ist, geschieht permanent (s. z. B. 3-Sat-Dokumentation »Die unsichtbaren Hände«). Das Fach Geschichte ist gefordert, sich mit der historischen Entwicklung dieses imperialen Lebensstils auseinanderzusetzen. In diesem Zusammenhang muss selbstverständlich die gesamte Kolonialisierungsgeschichte betrachtet werden.

Auch die Ursachen für den Klimawandel liegen in diesem externalisierenden Lebensstil begründet. Es werden Ressourcen angeeignet, Lebensräume zerstört und dabei wird CO_2 emittiert, um wirtschaftlich zu profitieren. Unser »Fortschritt« und unser Wirtschaftssystem sind auf fossilen Brennstoffen aufgebaut, die vielfältige Spuren hinterlassen und zunehmend die Lebensgrundlagen auf dieser Erde zerstören. Diese immer stärker externalisierenden Strukturen und Entwicklungen seit der Neuzeit, die immer dramatischere Auswirkungen haben und inzwischen das gesamte Leben auf der Erde bedrohen, können im Fach Geschichte historisch aufgearbeitet, reflektiert und problematisiert werden und es können Schlüsse für dringend notwendiges Umdenken gezogen werden.

Weiterhin bietet es sich im Fach Geschichte an, sich mit den Klimaveränderungen im 16. und 17. Jahrhundert auseinanderzusetzen, von denen wir im Hinblick auf die aktuelle Situation lernen können, dass schon Klimaveränderungen von ein bis zwei Grad sehr gravierende Auswirkungen haben. Der Historiker Philipp Blom hat die Auswirkungen gründlich recherchiert und in seinem Buch »Die Welt aus den Angeln« dargestellt: Vor 400 Jahren wurde es in Europa um ein bis zwei Grad kälter, man spricht deshalb auch von der »Kleinen Eiszeit«. Sie ist auch Gegenstand der derzeitigen Klimaforschung und die Ursachen sind nicht völlig geklärt. Es gab während der Kleinen Eiszeit sehr lang andauernde Winter und niederschlagsreiche kühle Sommer. Dieses hatte gravierende Auswirkungen für die Bevölkerung in Europa. Ernten brachen ein, die Aussaatzeit und die Reifungsperiode verkürzten sich, das Getreide faulte auf den Äckern. In der Folge traten in vielen Ländern Europas Hungersnöte auf. Solche Auswirkungen lassen sich auch in der jetzigen Zeit, im Zeitalter der der Erwärmung feststellen. Denn auch der Anstieg der Temperatur führt bereits zu Verschiebungen von Anbauzonen und wird es noch viel massivere Folgen geben: Dürren, Ernteausfälle, Wasserverknappung, Versiegung von Brunnen etc. und in der Folge von all dessen Wassermangel, Hungersnöte etc. (Vgl. Blom 2020) Für das Fach Geschichte ist es lohnend, sich mit den Auswirkungen der Kleinen Eiszeit auseinanderzusetzen und Reflexionen für die aktuelle Situation anzustellen. Das historische Beispiel zeigt, dass schon relativ kleine Temperaturveränderungen wirklich gravierend sind und alles getan werden muss, diese so niedrig wie möglich zu halten.

Zum Weiterlesen und Materialien

3-Sat-Dokumentation: Die unsichtbaren Hände. 2015 www.youtube.com/watch?v=oLlMhPONVY4&t=288s.

Agraprofit Der Film: www.youtube.com/watch?v=pgCD-4Q-4Wo.

Blom, Philipp: Die Unterwerfung. Anfang und Ende der menschlichen Herrschaft über die Natur. München 2022. (Hanser)

Blom, Philipp: Die Welt aus den Angeln. Eine Geschichte der Kleinen Eiszeit von 1570 bis 1700 sowie der Entstehung der modernen Welt, verbunden mit einigen Überlegungen zum Klima der Gegenwart. 3. Aufl. München 2020. (dtv)

8.4 Zusammenarbeit der Fächer / Fächerübergreifender Unterricht

Die Klimaproblematik ist komplex, ebenso wie die Biodiversitätsproblematik. Inhalte dieser beiden existentiellen Krisen betreffen die Kompetenzen verschiedener Fächer, d.h. kein Fach kann die Thematik allein umfassend behandeln. Es geht um naturwissenschaftliche Grundlagen, wirtschaftliche und gesellschaftliche Entwicklungen und Verflechtungen, geschichtliche Entwicklungen, Zukunftsstrategien und -visionen, technische und gesellschaftliche Veränderungen, ethische Fragen usw. Hierfür sind viele Fächer gefordert, bzw. auch Unterricht jenseits vom Fachunterricht. Auch die Sensibilisierung für die Klima-Problematik und für die Bedeutung der Natur und der Biosphäre kann in ganz verschiedenen Fächern geleistet werden.

Vielfältige Möglichkeiten zur Zusammenarbeit der verschiedenen Fächer sollten gesucht und genutzt werden, im normalen Schulalltag, in Projekten und Projektwochen und natürlich auch mit Formaten wie dem FREI DAY (s. Kap. 9.1). Sicherlich ist es für die Resilienz der Lehrkräfte ebenfalls förderlich, wenn fruchtbar zusammengearbeitet wird, anstatt sich als Einzelkämpfer*in abzumühen!

8.5 Möglichkeiten für Klassenleitungen und Jahrgangsteams

Klassenlehrer*innen und Jahrgangsteams haben viele Möglichkeiten, die Kinder ihrer Klassen Naturerfahrungen machen zu lassen, indem sie Wandertage als Tage in der Natur nutzen und in die Natur gehen, anstatt z. B. Spaßparks zu besuchen oder Lasertag zu »spielen« (eine überaus fragwürdige Veranstaltung). Wandertage sind ja auch ursprünglich dazu gedacht, in die Natur zu gehen. Es können Naturerlebnisübungen und Spiele gemacht werden, um diese Erfahrung zu vertiefen (s. z. B. tiefenökologische Übungen nach Joanna Macy, Kap. 6.2.3). Naturbeobachtungen können verabredet und durchgeführt werden, Stilleübungen in der Natur, bei denen man Natur auf sich wirken lässt, u.Ä. Einfache Bestimmungsübungen (botanisch und zoologisch) können auch von Klassenlehrer*innen durchgeführt werden, die keine Biolog*innen sind. Dazu gibt es vielfältige Literatur.

Klassenlehrer*innen und Jahrgangsteams können anstreben, Klassenfahrten möglichst nachhaltig zu gestalten, vielleicht auch verknüpft mit speziellen Klima- / BNE-Bildungsangeboten, die viele Schullandheime anbieten (vgl. Kap. 10.7), selbstverständlich können dafür auch eigene Formate entwickelt werden. Es können mit den Schulklassen außerschulische Bildungsangebote im Bereich Klima- und BNE genutzt und Projektwochen und -tage zu diesen Inhalten gestaltet werden.

Klassenlehrer*innen und Jahrgangsteams können in ihren Klassen für möglichst nachhaltiges Verhalten sorgen: Mülltrennung, Energiesparmaßnahmen, achtsamer Umgang mit Lebensmitteln. Sie können ein nachhaltiges Frühstück anregen und unterstützen, ebenso wie eine nachhaltige Schulweggestaltung und ressourcensparenden Umgang mit Materialien etc.

Klassenzimmer können grün gestaltet werden mit vielen Pflanzen (die Schüler*innen mit guter Pflege begleiten), Tiere können gehalten und ein achtsamer Umgang mit ihnen geübt werden. Zu beobachten, wie sich z. B. aus kleinen Raupen wunderschöne Schmetterlinge entwickeln, ist ein großartiges Naturerlebnis, was durchaus im Klassenraum beobachtet werden kann. (Vgl. auch Kap. 6.2.3)

9. Klimabildung braucht auch neue Lehr-/Lernformen

9.1 FREI DAY (Netzwerk Schule im Aufbruch)

Die ehemalige Schulleiterin der Ev. Schule Berlin Mitte, Margret Rasfeld, hatte mit der Initiative des FREI DAY die glänzende Idee, Klima- und Biodiversitätsbildung und andere zukunftsrelevante Themen in den wöchentlichen Schulalltag zu integrieren, ohne gleich die Mammutaufgabe bewältigen zu müssen, die gesamte Schule bzw. das Schulsystem grundlegend zu reformieren. Auch wenn sicherlich eine Schulreform sinnvoll wäre: Im Hinblick auf die Klimakrise gibt es keine Zeit, strukturelle Veränderungen abzuwarten, sondern Klimabildung muss zügig und zeitnah in den Schulen Einzug halten. Der Ansatz des FREI DAY ermöglicht dieses. Er kann mit geringem Aufwand sofort, bzw. wenn man auf die Schulorganisation Rücksicht nehmen muss, zum Schuljahresanfang bzw. zum Halbjahr eingeführt werden. Der FREI DAY gibt Schüler*innen die Möglichkeit, Themen, die ihnen wichtig sind, selbstgesteuert zu bearbeiten und sinnvolle Projekte durchzuführen, die vielfältige Selbstwirksamkeitserfahrungen ermöglichen.

Klimabildung braucht Zeit in der Schule, und sinnvolle und umfassendere Klimaschutzprojekte entstehen nur schwer in einem 45-Minuten-Rhythmus, der verschiedene Fächer voneinander trennt. Mit dem Ansatz des FREI DAY wird den Schüler*innen freie Zeit zur Verfügung gestellt, damit sie sich in dieser mit zukunftsrelevanten Themen auseinandersetzen und selbst aktiv werden können. »Lernen die Welt zu verändern« (Rasfeld 2022), diese Intention steht hinter dem FREI DAY. Margret Rasfeld reagiert damit auf die Kritik von Fridays For Future, dass die Klima- und Biodiversitätskatastrophe viel zu wenig in den Schulen thematisiert wird und es im konservativen Unterricht viel zu wenige Möglichkeiten gibt, sich mit der Problematik auseinanderzusetzen und Lösungsstrategien zu erarbeiten.

Zur Organisation des FREI DAY

An einem Tag in der Woche wird den Schüler*innen Zeit zur Verfügung gestellt – es sollten mindestens vier Stunden sein –, in der sie an ihnen wichtigen Projekten arbeiten können. Sie haben dabei die Möglichkeit, sich mit anderen, die ebenfalls an der Thematik arbeiten wollen, zusammenzuschließen, ein Thema inhaltlich zu durchdringen, aber auch konkret an Lösungsstrategien zu arbeiten und diese umzusetzen. Sie können dabei die Erfahrung machen, dass man selbst, unabhängig von Alter und Status, etwas verändern kann. Diese Selbstwirksamkeitserfahrungen stärken die Resilienz. Da Klimabildung, BNE und weitere zukunftsrelevante Themen nicht in einzelnen Fächern aufgehen, wird der FREI DAY auch keinen Fächern zugeordnet. Lehrkräfte machen also auch keinen Unterricht, sondern sind »Lernbegleiter*innen«. Die Lernprozesse gestalten die Schüler*innen selbst. Lehrkräfte können Anregungen geben, Schüler*innen beraten und gemeinsam mit ihnen an Inhalten arbeiten. Natürlich ist der FREI DAY dann auch ein »bewertungsfreier Raum«, der unter diesen Voraussetzungen auch mehr Kreativität und Teamarbeit zulässt, als wenn Schüler*innen in Konkurrenz um die besseren Noten arbeiten.

Es bietet sich an, den FREI DAY jahrgangsübergreifend zu organisieren, da dann die Auswahl zur Kooperation und die Vielfalt der Themen größer ist.

Im Unterschied zu Projektwochen haben die Schüler*innen viel mehr Zeit für ihre Projekte. Sie müssen nicht nach einem bestimmten, verhältnismäßig kurzen Zeitraum (z. B. einer Woche) fertig sein, sondern Schüler*innen haben so viel Zeit, wie sie benötigen. So kann es Langzeitprojekte geben, aber auch welche von kürzerer Dauer, nach deren Abschluss Schüler*innen sich neue suchen oder sich in anderen weiter einbringen. Schüler*innen haben damit auch die Möglichkeit, in unterschiedlichen Teams zu arbeiten.

Initiativen und Projekte, die im FREI DAY entstehen, orientieren sich an den SDGs und können damit vielfältig und »bunt« sein. Margret Rasfeld beschreibt in ihrem Buch FREI DAY (2022), wie die Einführung des FREI DAY vonstattengehen kann, wie die Stunden für den FREI DAY zusammenkommen können, wie eine sinnvolle Kick-Off Veranstaltung durchgeführt wird, was bei der Organisation noch zu beachten ist (z. B. regelmäßige Reflexionsgespräche zwischen Schüler*innen und Lehrkräften) und vieles andere Wissenswerte. Inzwischen gibt es viele Schulen, die den FREI DAY bereits eingeführt haben, und es funktioniert sehr gut. Die Rückmeldungen sind überaus positiv!

Für weitere Informationen

Der FREI DAY. www.frei-day.org/der-frei-day/.
Netzwerk Schule im Aufbruch. www.schule-im-aufbruch.de
Rasfeld, Margret: FREI DAY. Die Welt verändern lernen. Für eine Schule im Aufbruch. 3. Aufl. München 2022. (Oekom)

9.2 Themenzentriertes Arbeiten

Einen ähnlichen Ansatz wie den FREI DAY stellen Uta Hauck-Thum und Micha Pallesche vor, nämlich das Themenzentrierte Arbeiten, THeA, das bislang in einigen Schulen in Baden-Württemberg praktiziert wird. Auch bei diesem Ansatz werden regelmäßig in der Woche Stunden zur Verfügung gestellt, in denen Schüler*innen eigenständig an Projekten arbeiten können. So gibt es Zeit und Raum für sinnvolle Klimabildung und für Möglichkeiten, Initiative und Engagement zu entwickeln.

Für weitere Informationen

Hauck-Thum, Uta / Pallesche, Micha: Lehren und Lernen für die Zukunft – schulische Transformationsprozesse im Kontext kultureller Nachhaltigkeit. In: Ringvorlesung Klimaschutz. LMU 31.05.2021. www.youtube.com/watch?v=P7oXxRHsLMA.

9.3 Projekt Verantwortung (Margret Rasfeld und Schule Berlin Mitte)

Das Projekt Verantwortung wurde an der Ev. Schule in Berlin Mitte entwickelt und ist inzwischen von vielen weiteren Schulen übernommen worden. Bei dem Projekt sollen sich Schüler*innen der 7. und 8. Klassen einen Bereich außerhalb der Schule suchen, in dem sie sich engagieren und etwas für das Gemeinwohl tun wollen. Das kann ökologisches Engagement sein für Nachhaltigkeit, Klimaschutz oder den Erhalt der Biodiversität, aber auch Einsatz für Kinder im Stadtteil, für alte Menschen, behinderte Menschen, gegen Rassismus etc. Dieses Engagement soll mindestens einmal pro Woche stattfinden. Schüler*innen können in diesem Projekt erleben, dass sie selbst etwas Sinnvolles tun können, dass es auf jeden Einzelnen ankommt, dass jeder etwas bewirken kann. Selbstverständlich sind auch hier – ähnlich wie beim FREI DAY – Reflexionsgespräche zwischen Schüler*innen und Lehrkräften wichtig.

Auch wenn nicht nur Klima- oder Biodiversitätsbildung beim Projekt Verantwortung im Fokus stehen, kann doch viel Engagement in diesem Bereich stattfinden und auf jeden Fall die Erfahrung gemacht werden, dass es sinnvoll und wichtig ist, sich für das Gemeinwohl zu engagieren.

Darüber hinaus werden mit diesem Projekt auch soziale und emotionale Kompetenzen gefördert, was im traditionellen, häufig sehr kognitiv ausgerichteten Fachunterricht viel zu wenig geschieht, und es bietet damit Chancen, dem Knowledge-Action-Gap zu begegnen (vgl. Kap. 6). Erfahrungen von Selbstwirksamkeit und Empowerment können gemacht und die Resilienz gestärkt werden. Darüber hinaus betont Margret Rasfeld, die Initiatorin des Projekts: »Wer sein Gemeinwesen mitgestaltet, macht grundlegende, das Demokratiebewusstsein stärkende Erfahrungen – das ist der Kernauftrag von Schule ...« (Rasfeld 2013, S. 66)

Für weitere Informationen

Rasfeld, Margret: Verantwortungslernen an der Evangelischen Schule Berlin Zentrum. In: Hackl, Armin / Pauly, Claudia / Steenbuck, Olaf / Weigand, Gabriele (Hrsg.): Begabung und Verantwortung. Frankfurt, Main : Karg-Stiftung 2013, S. 62–68. (Karg-Hefte. Beiträge zur Begabtenförderung und Begabungsforschung; 5). www.pedocs.de/volltexte/2014/9906/pdf/Karg_Hefte_5_2013_Rasfeld_Verantwortunglernen.pdf

9.4 Compassion-Projekt

Das Compassion-Projekt nach Lothar Kuld u. a., das auf dem Compassion-Ansatz von Johann Baptist Metz aufbaut, ist eigentlich für den Religionsunterricht entwickelt worden. Im Compassion-Projekt sollen sich die Schüler*innen in sozialen Einrichtungen (Altenheimen, Kindergärten, Obdachlosen-Asylen etc.) einbringen. Das Projekt intendiert, die Empathiefähigkeiten von Schüler*innen zu stärken. Es kann dafür aber auch sehr gut überfachlich eingesetzt werden.

Ähnlich wie beim »Projekt Verantwortung« (s. Kap. 9.3) kann man bei diesem Ansatz die Erfahrung machen, dass es sinnvoll ist, sich zu engagieren und etwas für das Gemeinwohl zu tun. Die Organisation von beiden Ansätzen ist unterschiedlich: Das »Projekt Verantwortung« findet über ein Jahr verteilt mindestens einmal wöchentlich für die Schüler*innen statt, begleitend zur Schulzeit. Das Compassion-Projekt ist eine Art Praktikum, das mindestens zwei Wochen lang in »Vollzeit«, statt Schulbesuch, durchgeführt wird.

Gerade wenn man das Compassion-Projekt auf BNE und Klimabildung beziehen möchte, kann es für weitere Formen der Gemeinwohlarbeit geöffnet werden, z. B. auch für die Mitarbeit in Initiativen für Nachhaltigkeit, Klimaschutz etc. Letztlich ist aber auch die Empathie-Erfahrung, die im Compassion-Projekt mit anderen Menschen gemacht werden kann, förderlich, um zu erfahren, dass Einsatz und Engagement für andere sinnvoll sein und auch das eigene Leben bereichern kann. Schüler*innen können dadurch für mehr Mitgefühl anderem Leben gegenüber sensibilisiert werden und – das zeigten Evaluationen des Compassion-Projekts – diese empathischen Fähigkeiten auch in andere Situationen übertragen.

Für weitere Informationen

Fricke, Michael / Kuld, Lothar / Sliwka, Anne (Hrsg.): Konzepte sozialer Bildung an der Schule. Compassion – Diakonisches Lernen – Service Learning. Münster 2022. (Waxmann)

9.5 Projekt-, fächerübergreifender und handlungsorientierter Unterricht

Projektlernen kommt bei den Ansätzen des FREI DAY und TheA zum Tragen. In Projekten können Inhalte umfassender bearbeitet werden und Schüler*innen haben die Möglichkeit, selbst tätig zu werden und etwas zu bewirken. Da sowohl beim FREI DAY als auch bei TheA Projektlernen permanent in der wöchentlichen Stundentafel verankert ist, sind diese Ansätze natürlich besonders attraktiv und sinnvoll.

Wenn aber die Schule solche Lernformen auch nach Überzeugungsarbeit nicht einführen möchte, können Projekte zum Klimalernen und zu BNE in anderen Formen angestoßen werden, z. B. in Projektwochen – möglichst mehrfach im Jahr und ggf. aufeinander aufbauend. Gerade wenn die Projektwochen nicht nur am Schuljahresende liegen, sondern auch häufiger stattfinden, signalisiert man, dass die Inhalte der Woche(n) wichtig sind.

Jahrgangsteams können gut Projekte und fächerübergreifenden Unterricht vereinbaren und sich dann insbesondere Klimaprojekte vornehmen. Auch durch Absprachen zwischen Kolleg*innen können Unterrichtsstunden zusammengelegt und Projektlernen ermöglicht werden.

Durch die Zusammenarbeit verschiedener Fachkolleg*innen kann fächerübergreifend gelernt werden. Fächerübergreifender Unterricht ist bei der Klimaproblematik und bei der Auseinandersetzung mit den Auswirkungen unseres externalisierenden Lebensstils sehr sinnvoll, denn die Problematik betrifft die Kompetenzen vieler Fächer und kann im Unterricht eines einzelnen Fachs nicht ausreichend erfasst werden. (Vgl. Kap. 8.4)

Dass Unterricht auch möglichst handlungsorientierte Komponenten haben sollte, ist bei der Auseinandersetzung mit der Problematik des Knowledge-Actions-Gaps und mit der Bedeutung von Selbstwirksamkeitserfahrungen (vgl. Kap. 6.2.5) deutlich geworden.

9.6 Roots & Shoots von Jane Goodall

> *»The most important message I have is: Don't forget that you as an individual matter. You have a role to play and every single day you make some impact on this planet. You get to choose, what sort of impact you make. So please think about the little choices you make. What do you buy, what do you eat, what do you wear? Did it harm the environment? Was it cruel to animals? And make this choices the right ones.«*
> *(Goodall, o. J.: An alle Roots & Shoots Sprösslinge.)*

Mit dieser Botschaft wendet sich Jane Goodall an Jugendliche – eigentlich an uns alle. Sie hat mit dem »Jane Goodall Institute Global« die Initiative »Roots & Shoots«

(Wurzeln und Schösslinge) gegründet, an der bereits mehr als 10.000 Kinder aus mehr als 50 Ländern mitwirken und in der sie vernetzt sind. Mit diesem Programm sollen Kinder und Jugendliche weltweit motiviert werden, sich für Menschen, Tiere und die Mitwelt zu engagieren. Sie können in Teams eigene Projekte entwickeln und werden bei der Umsetzung vom Jane-Goodall-Institut unterstützt. Roots & Shoots »…ist ein globales, ökologisches und humanitäres Jugendprogramm. Unsere Mission ist es Respekt und Mitgefühl für alle Lebewesen herzustellen, ein Verständnis für alle Kulturen und Glaubensrichtungen zu schaffen und eine Inspiration für diejenigen zu sein, die eine bessere Welt für Mensch, Tier und Umwelt aktiv mitgestalten möchten.« (Vgl. Jane Goodall Institut Deutschland o. J.)

Besonders schön an dem Programm ist, dass es in Zusammenhängen denkt und für Menschen, Tiere und die Mitwelt Initiative ergreift. Jugendliche werden zur Kooperation und Teamarbeit angeregt, können sich weltweit mit anderen Initiativen austauschen und Selbstwirksamkeit erfahren, indem sie mit ihren Projekten konkret etwas bewegen können. Viele Schulen und Schulklassen nehmen bereits an dem Programm teil, und um weitere Teilnahme wird geworben. Auf der Homepage des Jane Goodall Instituts werden viele interessante Projekte vorgestellt, bei denen man sich einklinken oder von denen man sich inspirieren lassen kann. Und auch neue Projekte sind sehr willkommen.

Für weitere Informationen:

Jane Goodall Institut Deutschland: www.janegoodall.de/.

10. Außerschulische Lernorte zur Klimabildung

Im Folgenden werden außerschulische Lernorte vorgestellt, die Klimabildung und BNE ermöglichen. Sicherlich ist die Auflistung nicht vollständig. Es gibt natürlich noch viel mehr Lernorte, und es entstehen neue. Was aber deutlich wird: Es gibt in allen Regionen von Deutschland gute außerschulische Lernorte für Klima- und Biodiversitätsbildung. Grundlage für die Zusammenstellung dieser Lernorte ist eine Auflistung von Einrichtungen vom Naturgut Ophoven, die um weitere ergänzt wurde. Auch die Einteilung der Regionen (West, Nord, Ost, Süd) wurde vom Naturgut Ophoven übernommen.

10.1 Region West

Naturgut Ophoven, Nordrhein-Westfalen

Das Naturgut Ophoven bietet viele Bildungsangebote für Schulklassen aller Schulstufen an. Es gibt viele Workshops, die vor Ort besucht werden können zu Klima- und BNE-Themen: Klimawandel, Energie, Ernährung, Ressourcen, Konsum, Lebensräume u. v. m. Weiterhin können Schulklassen auch an Online-Workshops teilnehmen. Ein großes Außengelände bietet vielfältige Erfahrungsmöglichkeiten und Naturbegegnung. Das gesamte Gelände ist als »KlimaErlebnisPark« gestaltet, der das Ziel hat, Kindern und Erwachsenen zu vermitteln, dass es viele Möglichkeiten gibt, sich aktiv für Klimaschutz einzusetzen. Verschiedene Aspekte des Alltagsverhaltens werden dabei angesprochen: Energie, Konsumverhalten, Ernährung und Mobilität. Schüler*innen werden hier angeregt, selbst für den Klimaschutz aktiv zu werden.

Es gibt auch Unterrichtseinheiten, die sich auf die Stationen im KlimaErlebnisPark beziehen, sowie eine GPS-Klima-Entdeckungstour.

Informationen: www.naturgut-ophoven.de

Landschaftsinformationszentrum Wasser und Wald Möhnesee (LIZ), Nordrhein-Westfalen

Im LIZ gibt es ein Ausstellungshaus, das sich den Themen Wald und Wasser widmet, darüber hinaus werden aber auch viele Möglichkeiten geboten, Natur draußen zu erleben. Es gibt Veranstaltungen zu den Themen Wasser, Wald, Landschaft, Boden, Biodiversität, aber auch konsumkritische Stadtführungen oder Veranstaltungen zum globalen Handel (z. B. Kakao), die gebucht werden können.

Ein Umweltmobil, das verschiedene BNE- und Klimathemen im Angebot hat, kann auch direkt an die Schulen kommen. Darüber hinaus unterstützt das LIZ Schulen bei ihren BNE-Bildungsaktivitäten individuell. In Kooperation mit einer Jugendherberge bietet das LIZ auch Mehrtagesprogramme, s. auch Kap. 10.7.

Informationen: www.liz.de/

Umweltzentrum Heerser Mühle e. V. Bad Salzuflen, Nordrhein-Westfalen

Im Umweltzentrum Heerser Mühle können Lehrkräfte unterschiedliche Veranstaltungen für ihre Klassen buchen. Positive Naturerfahrungen zu ermöglichen ist eine Kernintention des Zentrums. Weiterhin bemüht sich die Bildungsarbeit des Hauses darum, Kinder und Jugendliche (und Erwachsene) für die Belange des Naturschutzes zu sensibilisieren und zum aktiven Handeln zu motivieren. In vielen Veranstaltungen geht um die Problematik des Artensterbens (z. B. Insektensterben) und den notwendigen Erhalt der Biodiversität. Darüber hinaus gibt es kreative Initiativen wie z. B. ein Repair-Cafe.

Informationen: www.heerser-muehle.de/

Energeticon Alsdorf, Nordrhein-Westfalen

Das Energeticon in Alsdorf möchte junge Menschen für die Energiewende begeistern, um sie auf die Herausforderungen von morgen vorzubereiten. Es gibt einen 700 Meter langen Parcours, der mit 30 Stationen den Besuchern die notwendige Energiewende vom atomar/fossilen in das regenerative Zeitalter erläutert. Schulklassen können Führungen buchen.

Informationen: www.energeticon.de/

Institut für Theologische Zoologie Münster

Das Institut für Theologische Zoologie wurde von dem Biologen und Theologen Dr. Rainer Hagencord gegründet. Die Anthropozentrik zu hinterfragen, die zu den Ausbeutungsstrukturen gegenüber Natur und Tieren geführt hat, und zu einem neuen Mensch-Tier-Verhältnis anzuregen, ist die Intention des Instituts. Es gibt am Ort des Instituts die Möglichkeit, Natur und Tiere (Poitou-Esel) direkt zu erleben und mit ihnen in Kontakt zu treten. Es gibt Bienenstöcke, einen Naturgarten, Naturlernpfade und Workshops für Schulklassen. Darüber hinaus bietet das Institut Zooführungen im Zoo in Münster an, in denen intensive Erfahrungen mit Tieren gemacht werden können und die Problematik des Artensterbens an verschiedenen Beispielen erfahren werden kann. Ein Tagungshaus ist angeschlossen, so dass auch Lerngruppen übernachten können. (Eher für ältere Schüler*innen geeignet.)

Vom Institut wurde auch der Kapuziner Klostergarten in Münster als weiterer Lernort für einen nachhaltigen Lebensstil gestaltet mit vielfältigen Lebens- und Erfahrungsräumen. Auch hier geht es darum, Naturbegegnung zu ermöglichen und mit allen Sinnen wahrzunehmen. Schüler*innen können hier vielfältige Empathie- und Achtsamkeitserfahrungen machen und für die Vielfalt der Biodiversität sensibilisiert werden.

Eine weitere Kooperation gibt es mit dem Nationalpark Eifel. Im Projekt »Schöpfung erfahren« haben Schulklassen die Möglichkeit, mehrere Tage mit verschiedenen Schwerpunkten in der Natur zu sein und für diese und für deren Schutz mit allen Sinnen sensibilisiert zu werden. Natur soll dabei auch als Quelle für Hoffnung und Kraft (und möglicherweise auch Spiritualität / Religiosität) erfahren werden. Es gibt ein umfangreiches Materialhandbuch für Lehrkräfte.

Informationen:
- Institut für Theologische Zoologie: www.theologische-zoologie.de
- Zum Projekt mit dem Kapuziner Klostergarten:
  - Homepage des Projekts: www.kapuzinerklostergarten.de.
  - Weitere Angebote: www.theologische-zoologie.de/schwerpunkte/paedagogik-katechese/spiritual-gardening/
- Zum Projekt mit dem Naturpark Eifel:
  - Zum Projekt: www.schoepfung-erfahren.de/

Weltgarten Witzenhausen, Hessen

Der Weltgarten Witzenhausen bietet viele Möglichkeiten zum globalen Lernen, BNE- und Klimalernen. Schulklassen können hier an unterschiedlichen Angeboten an verschiedenen Lernorten teilnehmen. Im Tropengewächshaus können Schüler*innen viele Pflanzen kennenlernen, deren Früchte sie sonst nur aus dem Supermarkt kennen. Es gibt Themenschwerpunkte zu Klima, Ernährung, Energie, Boden oder Regenwald mit denen sich Schüler*innen auseinandersetzen können. Im Museum des DITSL Witzenhausen (Deutsches Institut für Tropische und Subtropische Landwirtschaft) können Schüler*innen einiges über die Kolonialgeschichte und Zusammenhänge mit heutigen Externalisierungsstrukturen und der Klimakrise erfahren. Der Lernort Weltladen Witzenhausen bietet viele Angebote zu fairem Handel, nachhaltiger Produktion etc.

Informationen: www.weltgarten-witzenhausen.de/

Umweltlernen Frankfurt

Umweltlernen Frankfurt bietet vielfältige Bildungsangebote zu Inhalten von BNE und Klima. Es gibt verschiedene Lernwerkstätten zu BNE- und Klimathemen, z. B. Abfall und Recycling, Klima und Energie, Ernährung, Konsum, Sustainable Development Goals u. v. a.

Für 4., 6. und 7. Klassen gibt es Angebote für ein ganzes »Schuljahr der Nachhaltigkeit«. Für die Klassen 8 und 9 gibt es Formate für Projektwochen zu Nachhaltigkeitsthemen. Spezielle Angebote gibt es mit dem Nachhaltigkeitslabor für die Sekundarstufe II, bei dem Umweltlernen mit anderen Institutionen aus Wissenschaft und Kunst zusammenarbeitet. Mit dem »Netzwerk Nachhaltigkeit lernen« verknüpft Umweltlernen Bildungsakteure und Unternehmen und Initiativen der Zivilgesellschaft.

Informationen: www.umweltlernen-frankfurt.de/

Jugendwaldheim Roßberg e. V., Hessen

Das Jugendwaldheim Roßberg bietet den Schulen des Landkreises Marburg-Biedenkopf für alle Jahrgangsstufen modulare Projekte zu den BNE-Themen Nachhaltigkeit, Wald, Wasser, Ernährung, Klima, Teambildung an. Mit den Projekten sollen die Schüler*innen eine positive emotionale Bindung zur Natur entwickeln, Natur mit allen Sinnen erleben und eigenständig lernen und forschen. Ein Energiefahrrad kann ausgeliehen werden und Materialboxen für die Klassen 8 bis 11 mit den Themenschwerpunkten »Naturwissenschaftlichen Grundlagen des Klimawandels« und »Folgen des Klimawandels und Anpassungen«.

Informationen: www.jugendwaldheim-rossberg.de

Arbeitsgemeinschaft Natur- und Umweltbildung Hessen e. V. und Netzwerk des Schuljahrs der Nachhaltigkeit, Hessen

In der Arbeitsgemeinschaft Natur- und Umweltbildung Hessen e. V. und dem Netzwerk des Schuljahrs der Nachhaltigkeit des Hessischen Ministeriums für Umwelt, Klimaschutz, Landwirtschaft und Verbraucherschutz sind verschiedene Einrichtungen mit Bildungsangeboten zu BNE und Klimabildung zusammengefasst. Alle aufgeführten Einrichtungen bieten auch Angebote für Schulklassen an:

- AZN Naturerlebnishaus Heideberg e. V.
- Nachhaltig lernen Region Marburg
- Beratungsstelle für ökologische Bildung, Bad Homburg
- Naturschutzhaus Weilbacher Kiesgruben, Main-Taunus-Kreis
- Umweltlernen in Frankfurt e. V.
- Naturschutzzentrum Bergstraße e. V.
- Netzwerk Bildung für Nachhaltige Entwicklung, Darmstadt und Dieburg
- Umweltzentrum Hanau
- Umweltzentrum und Gartenkultur Fulda e. V.
- Umweltbildungszentrum Licherode
- Wassererlebnishaus Fuldatal

Informationen:

- Schuljahr der Nachhaltigkeit: www.hessen-nachhaltig.de
- Arbeitsgemeinschaft Natur- und Umweltbildung Hessen: www.anu-hessen.de/ (Dort finden sich auch die Kontaktadressen zu den oben aufgeführten Partnerorganisationen.)

BNE-Netzwerke Hessen

In Hessen gibt es verschiedene BNE-Netzwerke: Darmstadt und Darmstadt-Dieburg, Frankfurt, Fulda und Region Osthessen, Hanau und Region, Marburg und Region, Mittelhessen, Nordhessen, Vogelsbergkreis, Wiesbaden. Die Netzwerke arbeiten mit unterschiedlichen Partnerorganisationen zusammen. Es gibt vielfältige Bildungsangebote für Schulklassen.

- BNE-Netzwerk Darmstadt / Dieburg: www.bne-darmstadt.de/
- BNE-Netzwerk Frankfurt: www.bne-frankfurt.de/
- BNE-Netzwerk Hanau und Region: www.hanau.de/vielfalt-leben/bildung/umweltzentrum/145040.html
- BNE-Netzwerk Marburg und Region: www.bne-marburg.de/
- BNE-Netzwerk Mittelhessen: www.mittelhessen-nachhaltig.de/
- BNE-Netzwerk Nordhessen: www.bne-nordhessen.de/

- BNE-Netzwerk Wiesbaden: www.bne-wiesbaden.de
- u. a. s. Liste: www.hessen-nachhaltig.de/regionale-netzwerke-bne-liste.html

Naturpark Saar-Hunsrück e. V., Saarland + Rheinland-Pfalz

Direkte Naturerfahrungen zu ermöglichen und damit auch Begeisterung für die Natur zu wecken, durch die auch ein nachhaltiges Handeln entstehen kann, ist Anliegen des Naturparks Saar-Hunsrück e. V. In den i. d. R. 2,5-stündigen Naturerlebnis-Programmen mit qualifizierten Referent*innen können Schüler*innen die heimische Natur- und Kulturlandschaft mit ihrer biologischen Vielfalt erkunden. Veranstaltungen zur Klimaproblematik, zum ökologischen Fußabdruck, zu nachhaltigem Konsum etc. sind ebenfalls im Angebot. Es gibt ein Netzwerk von Naturpark-Schulen, die vom Naturpark Saar-Hunsrück betreut werden. Darüber hinaus gibt es Arbeitsanregungen online, und der Naturpark Saar-Hunsrück bietet viele Materialien zu BNE-Themen zum Ausleihen an (Bodenkoffer, Bienenkoffer, Fledermaus-Rucksack, Wasser-Erlebnis-Koffer u. v. a.). Mit zwei Jugendherbergen in der Nähe werden auch Angebote für Klassenfahrten gemacht, s. auch Kap. 10.7.

Informationen: www.naturpark.org/bildung/

Spohns Haus Gersheim, Saarland

Das ökologische Schullandheim Spohns Haus bietet Tagesprogramme zu Klimathemen, Naturerfahrung, Ressourcen und Konsum etc. an. In der Regel finden die Veranstaltungen im Biosphärenreservat Bliesgau statt. Es können aber auch Veranstaltungen in der Schule durchgeführt werden, zu denen die Bildungsreferent*innen in die Schule / Klasse kommen. Mehrtägige Veranstaltungen können im Rahmen einer Klassenfahrt gebucht werden, s. auch Kap. 10.7.

Information: www.spohnshaus.de/

Evangelische Landjugendakademie und Kompass Globales Lernen Altenkirchen, Rheinland-Pfalz

Die Evangelische Landjugendakademie und Kompass bieten in Kooperation mit anderen außerschulischen Bildungsakteuren viele Seminare und Workshops zu Themen des globalen Lernens und zur Klimaproblematik an. Für Schulklassen können die Angebote individuell abgesprochen werden. Weiterhin werden auch Materialien zu diesen Themenbereichen online gestellt.

Informationen: https://globaleslernen.elan-rlp.de/

10.2 Region Nord

Alfred-Wegener-Institut (AWI) Bremerhaven

Das Alfred-Wegener-Institut hat zwei Schülerlabore, in denen Schulklassen sich mit Themen der Polar- und Meeresforschung und der damit verbundenen Klimaforschung auseinandersetzen können. Ein Labor befindet sich in Bremerhaven, das andere auf Helgoland. Im Bremerhavener Labor »Seaside« werden für die 3. bis 10. Klasse Besuchsserien von fünf bis sechs Wochen angeboten, in denen die Klassen dann einmal wöchentlich in das Labor kommen. Das Helgoländer Labor »Opensea« richtet sich mit einem besonderen Oberstufenprofil und vielen Themen aus der Biodiversitäts- und Klimaforschung speziell auch an Schüler*innen der Oberstufe. Bei beiden Angeboten findet vorab eine individuelle Themenabsprache statt.

Das AWI versteht sich als »Offenes Haus« und möchte sehr niederschwellig Schüler*innen und Schulklassen Einblicke in seine Arbeit ermöglichen. Für Schüler*innen der Sek. I und II können zu unterschiedlichen Themen Führungen gebucht werden. Am Zukunftstag (Girls-&-Boys-Day) können Schüler*innen für einen Tag ins AWI kommen und in verschiedene Arbeitsbereiche hineinschnuppern.

Beim AWI gibt es eine Expert*innenliste mit Menschen, die zu bestimmten Klima- und Biodiversitätsthemen zu Vorträgen und Diskussionen in Schulen und Schulklassen eingeladen werden können.

Das Institut bietet außerdem Schüler*innen der Oberstufe die Möglichkeit, bei ihnen während der Oberstufe für zwei Tage pro Woche zur Schule zu gehen und dort naturwissenschaftlichen Unterricht, der viele Forschungs- und Klima-/Biodiversitätsthemen beinhaltet, zu besuchen. Das Modell findet in Kooperation mit einer gymnasialen Oberstufenschule in Bremerhaven statt. Für Schüler*innen der Klassen 8 bis 10 gibt es das Angebot, einmal wöchentlich für drei Stunden ins AWI zu kommen und dort an Forschungsthemen zu arbeiten. Für die beiden letztgenannten Möglichkeiten müssen sich Schüler*innen individuell bewerben. Darüber hinaus können Schüler*innen auch Praktika am AWI machen.

Informationen: www.awi.de/arbeiten-lernen/aus-der-schule.html

Hochschule Bremerhaven

Mit dem Projekt »Hochschule Bremerhaven for Future – Klimakrise und ihre Folgen – verstehen und handeln« bietet die Hochschule Bremerhaven Lehrkräften einen Klimakoffer an sowie Unterstützung für den Einsatz des Koffers durch Studierende. Der Klimakoffer kann im normalen Unterricht, aber auch in Projektwochen eingesetzt werden und ist ab Klasse 8 geeignet. Alternativ können Schulklassen auch ins Schülerlabor der Hochschule kommen und dort mit dem Koffer, unterstützt durch

Studierende, arbeiten. Der Klimakoffer wurde von der Fakultät für Physik der Ludwig-Maximilians-Universität München entwickelt und besteht aus 12 Experimenten, die den Schüler*innen helfen, die Ursachen und Wirkungen des Klimawandels zu verstehen. Mit dem Wissen um diese Zusammenhänge sollen die Schüler*innen angeregt werden, über klimaschützende Verhaltensweisen nachzudenken und entsprechende Änderungen ihrer Lebensweise in ihren Alltag einzubauen.

Im Schülerlabor der Hochschule Bremerhaven gibt es darüber hinaus einen Klimaparcours, der mit Schulklassen besucht werden kann. Es geht um Experimente und Fragestellungen rund um das Thema Klima (Entstehung von CO_2, Veränderungen durch CO_2 in der Atmosphäre und in den Weltmeeren, Auswirkungen der steigenden Erdtemperatur). Schüler*innen erfahren dabei auch, durch welche Maßnahmen und Verhaltensänderungen sie einen Beitrag zur Verringerung der Treibhausgasemissionen leisten können.

Weiterhin organisiert die Hochschule Bremerhaven immer wieder Veranstaltungen für Schüler*innen zur Klimathematik, wie z. B. Schülerklimagipfel oder Veranstaltungen, die auch von Schüler*innen / Schulklassen besucht werden können wie die Klimaakademie. Hier lohnt sich ein Blick auf die Homepage zu aktuellen Veranstaltungen.

Informationen:
- www.hs-bremerhaven.de/hsbhv4future/
- Informationen zum Klimakoffer: www.klimawandel-schule.de/klimakoffer/

Klimahaus Bremerhaven

Das Klimahaus Bremerhaven ist ein Erlebnisort, der neben dem Eventcharakter auch Wissensvermittlung zur Klimakrise bietet. Das Klimahaus möchte für die Klimakrise sensibilisieren und dabei alle Sinne ansprechen. Besucher*innen können am 8. Längengrad entlang der Erde »reisen«, andere Klimazonen erleben und dort auch virtuell andere Menschen treffen. Sie können dabei erfahren, wie das Klima auf die Lebensverhältnisse der Menschen einwirkt und das Leben beeinträchtigt oder bedroht. Das Klimahaus ist als Ausflugsort für Schulklassen sinnvoll, die eine erste Auseinandersetzung mit der Thematik suchen.

Das Klimahaus beschäftigt hochqualifizierte Mitarbeiter*innen, die Workshops für Schulklassen anbieten und dort gebucht werden können. Bei der Deutschen Klimastiftung, die sich z. T. aus Mitteln des Klimahauses speist, werden mit einem KlimaBildungszentrum auch Fortbildungen für Lehrkräfte angeboten.

Informationen:
- www.klimahaus-bremerhaven.de/
- www.klimabildungszentrum.de

Gesellschaft für ökologische Planung e. V. Hamburg

Die Gesellschaft für ökologische Planung e. V. Hamburg möchte Kindern Naturerfahrung ermöglichen, sie für die Natur mit allen Sinnen sensibilisieren und auch für die »lokalen Schätze« in und um Hamburg, d. h. für die Elbe, den Süßwassertide-Auwald und die dort beheimateten Pflanzen- und Tierwelt, begeistern. Benachteiligte Kinder und Jugendliche bzw. Kinder/Jugendliche mit Migrationshintergrund stehen besonders im Fokus, deshalb wird auch ein Schwerpunkt auf Sprachförderung und soziale Integration gelegt.

Es ist für Schulklassen möglich, ein »Schuljahr« mit der Gesellschaft durchzuführen und dafür an vier bis fünf Projekttagen in das Elbe-Tideauenzentrum und die Naturerlebnisfläche zu kommen, bzw. auch in nahe gelegene Naturschutzgebiete. Darüber hinaus gibt es eine Wander-Ausstellung mit dem Spiel »Team-Escape Elbe« zum Thema Tideelbe und ihren Ökosystemen. Die Ausstellung des Elbe-Tideauenzentrums und die Naturerlebnisfläche kann ebenfalls von Schulklassen besucht werden.

Es ist ein Anliegen der Gesellschaft für ökologische Planung Hamburg e. V., von lokalen ökologischen Zusammenhängen auch auf globale zu schließen und damit auch die Klima- und Biodiversitätskrise in den Fokus zu nehmen.

Informationen: www.goep.hamburg/

Gut Karlshöhe Hamburg

Das Hamburger Umweltzentrum Gut Karlshöhe bietet viele unterschiedliche Veranstaltungen für Schulklassen aller Schulstufen zu folgenden Themenschwerpunkten an:

- Natürliche Lebensgrundlagen und Biodiversität
- Klimaschutz und Energie
- Nachhaltiger Konsum und gutes Leben

Es gibt eine Forscherwerkstatt und eine Wetterstation, die in Veranstaltungen mit einbezogen werden können.

Auf Gut Karlshöhe können Schulklassen die Natur- und Klimaschutzausstellung »jahreszeitHAMBURG« besuchen, die verschiedene Programme für Schüler*innen bereithält (z. B. Führungen, Rallye). Es gibt auch Kooperationsprojekte mit Schulen zu unterschiedlichen BNE-Themen. Gut Karlshöhe stellt Ausleihmaterialien und Downloads für Lehrkräfte zur Verfügung. Lehrkräfte und Referendar*innen können an Fortbildungsveranstaltungen zu BNE- und Klimathemen teilnehmen.

Informationen: www.gut-karlshoehe.de/fuer-schulen/

Erlebniswald Trappenkamp und Schleswig-Holsteinische Landesforsten

Der Erlebniswald Trappenkamp bietet verschiedene waldpädagogische Angebote an. Schulklassen können in verschiedenen Formaten »Wald erleben« und so ökologische Zusammenhänge verstehen. Es gibt Angebote für Projekttage und -wochen sowie für Klassenfahrten. (Zu Klassenfahrten s. auch Kap. 10.7.)

Schulklassen können ab Klasse 7 auch zu Arbeitseinsätzen in den Wald kommen und Waldpädagog*innen können in die Schule eingeladen werden. Es gibt die Möglichkeit, einen Schulwald zu pflegen, bei dem die Schulen durch die Schleswig-Holsteinischen Landesforsten unterstützt werden.

Informationen:
- www.forst-sh.de/leben/wald-macht-schule/
- www.erlebniswald-trappenkamp.de/

Nationalpark-Zentrum Multimar Wattforum Tönning, Schleswig-Holstein

Für den Besuch des Multimar Wattforums mit Schulklassen gibt es für alle Schulstufen Forschungs- und Entdeckungsangebote rund um die Ökosysteme Watt und Meer und ihre Flora und Fauna. Natürlich stehen Klima und Biodiversität und globale Zusammenhänge dabei auch im Fokus. Außerdem gibt es Hilfe und Unterstützung, wenn man mit der Schulklasse ins Wattenmeer gehen möchte. Auf der Homepage finden sich zudem verschiedene Download-Materialien für Lehrkräfte und ein Verzeichnis für Unterkünfte für Schulklassen.

Informationen: www.multimar-wattforum.de/bildung/

Naturgewalten Sylt

In der Ausstellung der Naturgewalten bekommen Schüler*innen viele Informationen über ökologische Zusammenhänge, Biodiversität und auch Klima und Klimaveränderungen. Neben der Ausstellung gibt es auch Führungen in die Natur mit speziellen Themen, die individuell, z. B. auch mit Schulklassen, gebucht werden können.

Informationen: www.naturgewalten-sylt.de/

Schulbiologiezentrum Hannover

Das Schulbiologiezentrum Hannover bietet viele Veranstaltungen für Schulklassen zu BNE- und Klimathemen an.
Schwerpunkte sind:

- Energie
- Klima
- Ernährung/Gesundheit
- Biodiversität
- Ökologie
- Ressourcen

Neben Wissensvermittlung zu diesen Themenfeldern geht es vor allem auch darum, Natur erfahrbar zu machen und für ihre Kostbarkeit und Verletzlichkeit zu sensibilisieren. Schulgartenarbeit trägt dazu bei, ein Bewusstsein für nachhaltige Ernährung zu entwickeln. Es gibt einen Schulgarten, der zum Schulbiologiezentrum gehört und der von Schulklassen besucht werden kann, bzw. an dem sie mitwirken können. Darüber hinaus gibt es auch Unterstützung für Schulgärten an Schulen, beispielsweise werden Saatgut und Stauden zur Verfügung gestellt. Für Lehrkräfte und Referendar*innen gibt es Fortbildungsveranstaltungen.

Informationen: www.schulbiologiezentrum.info/

10.3 Region Ost

Weltacker Berlin

Auf dem Berliner Weltacker, der eine Größe von 2000 Quadratmetern hat, können Kinder und Erwachsene ihren eigenen Flächenverbrauch ermitteln und in einen globalen Kontext setzen. Viele Zusammenhänge zwischen dem eigenen Konsumverhalten, dem Wirtschaftssystem des globalen Nordens und den Auswirkungen auf Menschen im globalen Süden, auf die Biodiversität und das Klima können hier sehr anschaulich erfahren werden. Der Weltacker regt dazu an, das eigene Konsumverhalten zu reflektieren. Auf dem Weltacker wird beispielsweise deutlich, wie viel Fläche für Futtermittel weltweit verwendet wird und dass eine pflanzliche Ernährung viel mehr Menschen ernähren könnte. Viele Zusammenhänge zwischen Landwirtschaft und Klima werden aufgezeigt. Es gibt viele Bildungsangebote für Schulklassen, darüber hinaus auch verschiedene Online-Formate.

Informationen: www.2000m2.eu/

Naturschutz Berlin-Malchow

Unter dem Namen »Naturschutz Berlin-Malchow« haben sich drei »Umweltbildungseinrichtungen« zusammengeschlossen, die an drei Standorten in Berlin Bildungsangebote für Schulklassen machen. Es gibt dabei vielfache Möglichkeiten, auch in großstädtischen Lebensräumen Natur zu erleben, und viele Anregungen für Arten- und Biotopschutz. Auch spezielle Klimathemen werden angeboten. Folgende Einrichtungen sind beteiligt: Naturhof im Lichtenberger Malchow, Naturschutzzentrum Schleipfuhl in Marzahn-Hellersdorf, Umweltbüro Lichtenberg in Hohenschönhausen.

Informationen: www.naturschutz-malchow.de

Waldschulen Berlin

In Berlin und Umland gibt es an acht Standorten Waldschulen, die unterschiedliche Angebote für Schulklassen anbieten. Das Erleben von Natur und des Ökosystems Wald stehen dabei im Vordergrund. Zu unterschiedlichen BNE- und Klimathemen gibt es spezielle Veranstaltungen und auch Ausstellungen.

Des Weiteren gibt es »Rucksack-Waldschulen«, bei denen die Teamer*innen mit Schulklassen für einen Tag in den Wald gehen und Naturerfahrungen mit verschiedenen Schwerpunkten ermöglichen. Ausgangspunkte dafür sind Haltestellen des öffentlichen Nahverkehrs.

Informationen:
www.berlin.de/forsten/waldbildung/waldschulen-und-lehrkabinett/

Naturschutzzentrum Ökowerk Berlin e. V.

Im Grunewald in Berlin befindet sich das Naturschutzzentrum Ökowerk Berlin e. V., das mit seinem drei Hektar großen Außengelände viele Angebote zu Naturerfahrung und Naturschutz bietet. Es gibt viele Formate für unterschiedliche Klassenstufen, die vor Ort stattfinden. Darüber hinaus wurden auch Angebote entwickelt, die eigenständig von Lehrkräften in ihren Schulklassen durchgeführt werden können, bzw. zu denen sich auch Expert*innen aus dem Ökowerk live hinzuschalten. Es gibt Materialien zum Ausleihen zu Themen von Arten- und Klimaschutz. (WWF-Artenschutzkoffer, BauKastenKLIMASCHUTZ…)

Informationen: www.oekowerk.de/

Campus Stadt Natur Berlin

Der Campus Stadt Natur bietet an verschiedenen Grünorten in Berlin Bildungsangebote zu Themen des Arten- und Klimaschutzes an. Campus Stadt Natur ermöglicht Naturerfahrung in städtischen Ballungsräumen. Lebendiges Erleben von Natur in Gärten und Parks, auf Wiesen und am Wasser wird durch erfahrene Referent*innen angeregt. Darüber hinaus gibt es Lehrpfade, Ausstellungen und digitale Angebote.

Informationen: www.campus-stadt-natur.de

Pädagogisches Zentrum für Natur und Umwelt Cottbus, Brandenburg

Im pädagogischen Zentrum für Natur und Umwelt in Cottbus können Schüler*innen (Schwerpunkt Grundschulen) Erfahrungen im Freiland machen. Der Unterricht ist handlungsorientiert ausgerichtet, es gibt Erfahrungsräume zu verschiedenen Ökosystemen wie Feuchtbiotope oder Wildblumenwiesen und verschiedene Entdeckerpfade (Wald, Wildblumen und auch Sinneswahrnehmung). Ein Schwerpunkt liegt beim Gartenbau. Schulklassen können im Garten ihr eigenes Gemüse anbauen und dann auch in einer Lehrküche verarbeiten. Zusammenhänge zwischen Landwirtschaft, Ernährung und Klima können in dem Kontext vertieft werden.

Informationen: www.cottbus.de/verwaltung/gb_iii/schulen/paedagogisches_zentrum_fuer_natur_und_umwelt.html

NABU Naturerlebniszentrum Blumberger Mühle, Brandenburg

Die Blumberger Mühle bietet verschiedene Themenführungen und Projekte in der Natur bzw. auch Walderlebnistage an. Schwerpunktmäßig richten sich die Angebote an Grundschulen und die ersten Jahre der Sekundarstufe. Ein spannendes Projekt ist die »Naturkonzerthalle«, in der Naturkonzerte stattfinden, bei denen die Bedeutung der Natur im menschlichen Leben auf eine sehr emotionale Art kommuniziert wird und die zum Umdenken anregen soll. Bei den Ereignissen arbeiten Wissenschaftler*innen, Musiker*innen, Künstler*innen und viele andere Menschen zusammen und präsentieren beeindruckende Veranstaltungen, die auch online angeschaut werden können.

Informationen: https://blumberger-muehle.nabu.de/

Zentrum für Ökologie, Natur- & Umweltschutz (ZÖNU) Tangermünde, Sachsen-Anhalt

Im Zentrum für Ökologie, Natur- und Umweltschutz (ZÖNU) in Tangermünde können Schulklassen viele Projekte im Bereich Bildung für nachhaltige Entwicklung durchführen, insbesondere zu Themen in den Bereichen Naturschutz, Klima und Biodiversität, aber auch zu globalen Gerechtigkeitsfragen und fairem Handel. Es gibt eintägige und mehrtägige Angebote. Es können auch gemeinsam mit dem Zentrum Projektwochen gestaltet werden. Auf dem Gelände befinden sich mehrere Naturerlebnisstationen. Für Klassenfahrten zu Themen der Nachhaltigkeit und des Klimas gibt es als Kooperationspartner ein Landschulheim in der Nähe, s. auch Kap. 10.7.

Informationen: https://zönu.de/

Haus der Flüsse Havelberg – Informationszentrum des Biospärenreservates Mittelelbe, Sachsen-Anhalt

Im Haus der Flüsse befindet sich ein Informationszentrum des UNESCO-Biosphärenreservates Mittelelbe. Auf über 300 Quadratmetern gibt es in einer multimedialen Ausstellung viele Informationen über das Biosphärenreservat und das Flusssystem Elbe-Havel und seinen Auenlandschaften und der dort vorkommenden Flora und Fauna. Im Außengelände findet man »Umweltbildungsstationen« rund um das Thema »Der Fluss und seine Aue«. Es gibt viele Möglichkeiten für Schulklassen, Veranstaltungen und Exkursionen zu buchen. Inhalte können individuell abgestimmt werden. 1,5-stündige bis ganztägige Formate sind für alle Schulklassen von der Grundschule bis zur Oberstufe möglich. Viele Informationsmaterialien sind als Download abrufbar.

Im Biosphärenreservat gibt es auch verschiedene Auenpfade mit Informationstafeln, die beispielsweise auch bei Wandertagen genutzt werden können.
Zweigstellen des Informationszentrums des Biospärenreservates Mittelelbe findet man in Magdeburg und zwischen Dessau und Oranienbaum.

Informationen:
- www.haus-der-fluesse.de/
- www.mittelelbe.com

Haus des Waldes, Sachsen-Anhalt

Das Haus des Waldes bietet für alle Schulstufen abgestimmte Walderlebnisführungen und Projekte in der Natur an. Dabei gibt es auch spezielle Angebote zu

Waldökologie und Klimathemen. Direkte Naturbegegnung und Natur mit Kopf, Herz und Hand zu erleben, wird als wichtige Intention herausgestellt. Im Haus befindet sich eine 500qm große Ausstellung zum Thema Wald. Darüber hinaus sind digitale Angebote verfügbar. In den Wintermonaten gibt es die Möglichkeit, Angebote in der Ausstellung zu besuchen, und ein Waldmobil kann von Grundschulen gebucht werden.

Informationen: https://hausdeswaldes.sachsen-anhalt.de/

Naturerbe Zentrum Rügen, Mecklenburg-Vorpommern

Das Naturerbe Zentrum Rügen bietet den spektakulären Besuch eines Baumwipfelpfads, der ungewöhnliche Perspektiven in den Wald ermöglicht. Darüber hinaus können nach Auskunft des Zentrums auch Bildungsangebote im Bereich BNE gebucht werden.

Informationen: www.baumwipfelpfade.de/nezr/

Auwaldstation Leipzig, Sachsen

Die Auwaldstation Leipzig hält für Schulklassen aller Altersstufen unterschiedliche Bildungsangebote zu Natur- und Artenschutz und Naturerfahrungen bereit. Viele Angebote werden im Leipziger Auwald verortet. Es wird explizit betont, dass ein Lernen und Erfahren mit allen Sinnen (Kopf, Herz und Hand) stattfinden soll. Für ältere Klassenstufen, insbesondere die Oberstufe, gibt es auch sehr wissenschaftlich ausgerichtete Veranstaltungen zu Klima, erneuerbaren Energien, Gewässer- und Bodenthemen.

Informationen: www.auwaldstation.de/

10.4 Region Süd

LBV Umweltstationen in Bayern

Der LBV (Landesbund für Vogelschutz e. V.) bietet in 16 »Umweltbildungseinrichtungen« (davon elf staatlich anerkannte Umweltstationen) spannende Programme zu den Themen Natur, Nachhaltigkeit, Bildung für nachhaltige Entwicklung, Biodiversität, Klima etc. Es gibt viele umfangreiche Angebote für Schulklassen. Natur direkt zu erleben, ist in vielen Bereichen möglich.

Standorte der staatlichen Einrichtungen bzw. der Netzwerkspartner sind:

- Umweltstation Naturerlebnisgarten, Kleinostheim
- Umweltstation Altmühlsee, Muhr
- Umweltstation Rothsee, Hilpoltstein
- Umweltstation Lindenhof, Bayreuth
- Umweltstation Fuchsenwiese, Bamberg
- Umweltstation Ökostation, Helmbrechts
- Vogel- und Umweltstation, Regenstauf
- Umweltstation Zentrum Mensch und Natur, Arnschwang
- Umweltstation, Straubing
- Umweltstation, München
- Umweltgarten, Wiesmühl a.d. Alz
- Naturpavillon Übersee, Chiemsee
- Umweltbildung der Bezirksgeschäftsstelle Oberbayern, München
- Umweltbildung der Bezirksgeschäftsstelle Schwaben, Memmingen
- Umweltbildung der Bezirksgeschäftsstelle Unterfranken, Veitshöchheim
- Umweltbildung der Geschäftsstelle Nürnberg

Informationen: www.lbv.de/umweltbildung/

Energie- und Umweltstation Nürnberg

In der Energie- und Umweltstation Nürnberg gibt es viele unterschiedliche Angebote für alle Schulstufen. Themenfelder sind beispielsweise: Wasser, Biodiversität, Energie, Klimaschutz, nachhaltige Ernährung, Konsum, Ressourcenschutz. Anregungen zum nachhaltigen Handeln sind dabei immer mit im Blick. Die Veranstaltungen dauern i. d. R. drei Stunden.

Informationen: www.nuernberg.de/internet/umweltstation/schulklassenprogramme.html

Umweltstation Haus im Moos Karlshuld, Bayern

In der Umweltstation Haus im Moos im Donaumoos (Karlshuld, Großraum Ingolstadt) können Lehrkräfte verschiedene Programmpunkte für ihre Schulklassen buchen. Die Station liegt im größten Niedermoorgebiet Süddeutschlands und legt einen Schwerpunkt auf das Kennenlernen dieses Gebiets und seiner Bedeutung für die Biodiversität und den Klimaschutz. Die Themen Konsum und Ernährung finden sich aber ebenso bei den Angeboten wie auch die Möglichkeit, ökologische Zusammenhänge zu erfahren und alte Handwerke auszuprobieren.

Informationen: www.haus-im-moos.de/

Umweltstation mooseum Bächingen, Bayern

Ebenfalls in der Nähe der Donau im schwäbischen Donautal (Bächingen) liegt die Umweltstation mooseum. Schulklassen können dort an unterschiedlichen Angeboten teilnehmen. Es wird viel zu Themen rund um Biodiversität und Ökosysteme (Wasser, Moor, Auwälder etc.), aber auch zu speziellen Klimathemen angeboten. Dabei liegt der Fokus auf einer handlungsorientierten Konzeption, und auch hier gibt es für Schüler*innen viele Möglichkeiten, selbst tätig zu werden.

Informationen: https://mooseum.net/

ökoprojekt mobilspiel e. V. München

Das ökoprojekt mobilspiel e. V. in München bietet für Schulklassen verschiedene Projekte aus dem Bereich BNE an, zum Beispiel Kleidung, Wasser, Regenwald, Klima, Gerechtigkeit. Es können aber auch individuell Themen vereinbart werden. Für die Klassen 1 bis 8 gibt es ein Schulgartenprojekt, ab Klassenstufe 9 ein Wirtschaftsprojekt »Mensch und Mitwelt vor Profite – Wirtschaft neu denken«. Speziell für Grundschulen wird auch noch ein Rad-Projekt angeboten.

Informationen: www.oekoprojekt-mobilspiel.de/

Schutzgemeinschaft Deutscher Wald Landesverband Bayern e. V.

Die Schutzgemeinschaft Deutscher Wald Landesverband Bayern e. V. bietet an unterschiedlichen Standorten Schulklassen Möglichkeiten, ein oder mehrere Waldtage zu verbringen. Natur erleben und auch aktiver Naturschutz (z. B. auch durch Beteiligungen an Baumpflanzungen) stehen dabei im Vordergrund. Gerade auch mehrtägige Aufenthalte im Wald ermöglichen intensive Naturbegegnung. Verschiedene Themen zu Klima und Biodiversität sind im Angebot.

Informationen: www.sdw-bayern.de/wald-entdecken/waldpaedagogik/

Schwäbische Jugendbildungs- und Begegnungsstätte Babenhausen, Bayern

Neben anderen Themen bietet die Jugendbildungsstätte ein- und mehrtägige Formate aus den Bereichen BNE und auch explizit Klima an. Schwerpunkt ist das ganzheitliche Lernen mit Kopf, Herz und Hand und die direkte Naturerfahrung, z. B. durch Naturerlebnistage. Themen können auch individuell abgesprochen werden. In der schwäbischen Jugendbildungsstätte Babenhausen kommt nur klimafreundliches und nachhaltiges Essen auf den Teller, d. h. explizit vegetarisches Essen. Das ist insofern erwähnenswert, da es immer noch Einrichtungen gibt, die Klima- und BNE- Bildungsangebote machen, dann aber bei der Ernährung konventionell und mit Fleisch-Angeboten aufgestellt sind. Da aber im Sinne des Whole Institution Approachs die Vorbildfunktion bei einer guten Klimabildung von großer Bedeutung ist (vgl. Kap. 4), wurden diese Einrichtungen, soweit das erkennbar war, nicht in diese Auswahl aufgenommen.

Informationen: www.jubi-babenhausen.de/bildungshaus/unsere-themen/bildung-fuer-nachhaltige-entwicklung

Ökostation Freiburg, Baden-Württemberg

Die Ökostation Freiburg hat mit dem »Grünen Klassenzimmer« für Schulklassen eine große Auswahl von Themen zu Nachhaltigkeit, Klima, Artenvielfalt, Naturerleben etc. im Angebot. Veranstaltungen können als 1,5-stündige Termine, aber auch als Projekttage mit ca. 3 Stunden gebucht werden.

Informationen: www.oekostation.de/de/gruenes_klassenzimmer/

KLIMA ARENA Sinsheim, Baden-Württemberg

Die KLIMA ARENA Sinsheim vermittelt mit ihrer permanenten Ausstellung die naturwissenschaftlich-technischen Hintergründe des Klimawandels zu den Themenschwerpunkten Grundlagen des Klimawandels, Wohnen und Energie, Mobilität sowie Lebensstil und Konsum. Kinder und Jugendliche können zur Erkundung an Quizzen und Rallyes teilnehmen und es gibt vielfach Anregungen zu Veränderungen, Aktivitäten, Vernetzung u.Ä. Auf dem 14.000 Quadratmeter großen Außengelände werden verschiedene Lebensräume vorgestellt und die Notwendigkeit des Erhalts der biologischen Vielfalt herausgearbeitet. Streuobstwiese, Rebflächen und Kräuterbeete ermöglichen zudem Naturerfahrungen. Schulklassen aller Schulstufen können Workshops zu unterschiedlichen Themen buchen und für Lehrkräfte sind Fortbildungen im Angebot

Informationen: https://klima-arena.de/

vhs ökostation, Stuttgart

Die vhs ökostation in Stuttgart möchte mit dem »Grünen Klassenzimmer« Gelegenheiten zur Naturbegegnung und zu lokalem, praxisnahem, handlungs- und erlebnisorientiertem Lernen bieten. Es gibt Veranstaltungen zu verschiedenen BNE-

und Klimathemen. An dem Lernort im Grünen können Projekte mit einer Dauer von einem Vor- bzw. Nachmittag, einer Projektwoche bis hin zu wöchentlichen Besuchen an der Ökostation vereinbart werden. Es gibt einen Natur- und einen Sinnesgarten, ein Naturlabor und eine abwechslungsreiche Natur-Kultur-Landschaft.

Informationen: https://vhs-stuttgart.de/vhs-oekostation

10.5 Überregional

Acker e. V.: Gemüseackerdemie und Gemüseklasse

»Es kann nicht sein, dass im 21. Jahrhundert Nachhaltigkeit und die Wertschätzung von Natur und Lebensmitteln keinen festen Platz in unserer Bildung haben.« (Christoph Schmitz, Gründer von Acker e. V., o. J.) Acker e. V. – ursprünglich als Ackerdemia gegründet – hat das Ziel, Kinder und Jugendliche für Natur und natürliche Lebensmittel zu begeistern. Dass in Deutschland jährlich 12 Millionen Tonnen Lebensmittel weggeschmissen werden, nimmt Acker e. V. als Anlass für Bildungsprogramme, die hier gegensteuern. Der Verein will erfahrbar machen, wie viel Arbeit und auch Freude z. B. in einem Bund Möhren stecken. (Vgl. Acker e. V. o.J)

Lehrkräfte und Schulklassen können mit Acker e. V. und dem Programm »Gemüseackerdemie« selbst, nach den Richtlinien des ökologischen Landbaus, Gemüse anbauen, entweder auf dem Schulgelände oder auch auf einem Acker oder Land in der Nähe der Schule. Coaches von Acker e. V. schulen die Lehrkräfte – die keinerlei Vorkenntnisse haben müssen – und unterstützen sie online oder auch vor Ort bei den konkreten Arbeiten. Es gibt vielfältige Begleitmaterialien (an BNE orientiert), die im Laufe des »Ackerjahres« im Unterricht eingesetzt werden können und viele Aspekte der Ernährung betreffen. (Gesunde Ernährung, globale Zusammenhänge, Unterschiede zwischen konventioneller und ökologischer Landwirtschaft, Welternährung, Ernährung und Klima etc.)

Mit der Gemüseklasse können auch Erfahrungen des Gemüseanbaus im Klassenraum gemacht werden. Auch hier gibt es vielfältige Unterstützung und Begleitmaterialien.

Acker e. V. erfährt von Seiten der Schulen, Lehrkräfte und Schüler*innen sehr hohen Zuspruch. Stand Juli 2022 haben schon 165.700 Kinder mit ihren Schulklassen an Acker-Programmen teilgenommen. (Emailauskunft Juli 2022 von Acker e. V.) Dass Schüler*innen durch die Teilnahme bewusster und nachhaltiger konsumieren als zuvor und Nachhaltigkeit kein Trend ist, sondern zur Lebenseinstellung wird, ist intendiert und wird durch die Begeisterung vieler Schüler*innen und Lehrkräfte bestätigt. Auch viele Auszeichnungen, die die Programme bereits bekommen haben, unterstreichen die Sinnhaftigkeit der Initiative. Schüler*innen können dabei Selbstwirksamkeit erfahren und vielfache Naturerfahrungen machen. Es gibt inzwischen Ansprechpartner für alle Regionen in Deutschland, so dass alle Schulen »mitackern« können. Schwerpunktmäßig sind die Materialien für die Klassen 3 bis 6 ausgelegt, wobei an Materialien für weitere Schulstufen gearbeitet wird. Schon jetzt können diese auch an Programmen teilnehmen. Für Kitas gibt es ein eigenes Programm (Acker-Racker).

Informationen: www.acker.co/

Weltläden

Weltläden bieten viele Bildungsmaterialen an und können i. d. R. auch als Lernorte genutzt werden. Sehr häufig gibt es kompetente Mitarbeiter*innen, die Bildungsveranstaltungen mit Schulklassen durchführen. In Weltläden gibt es die Möglichkeit, sich mit den Auswirkungen des globalen Wirtschaftssystems auf Menschen, die Mitwelt und das Klima auseinanderzusetzen. Es gibt viele interaktive Methoden, und es werden viele Handlungs- und Veränderungsmöglichkeiten aufgezeigt. Viele Materialien können entliehen oder als Download heruntergeladen werden. Es gibt ca. 800 Weltläden in Deutschland, die Bildungsangebote für Schulklassen bereithalten. Sie können als »Lernort Weltladen« über einen »Weltladen Finder« auf der Homepage des Dachverbands gesucht werden.

Informationen: www.weltladen.de/lernort-weltladen/bildungsangebote/

10.6 Schullandheime für Klimabildung

Es gibt ökologische Landschulheime, die sich darauf spezialisiert haben, bei Klassenfahrten Bildungsprogramme zu Nachhaltigkeit und Ökologie anzubieten, z. B.:

Umweltbildungszentrum Licherode e. V.
Ökologisches Schullandheim und Tagungshaus
Lindenstraße 14
36211 Alheim – Licherode
Tel.: 05664/9486-0
https://umweltbildungszentrum.de/klassenfahrten/

Spohns Haus
Ökologisches Schullandheim Spohns Haus
Dekan-Schindler-Str. 13-14
66453 Gersheim

Tel.: 06843/58999-0
https://spohnshaus.de/unsere-angebote/schullandheimaufenthalte/

Jugendbildungsstätte Rolleferberg
Rollefbachweg 64
52078 Aachen
Tel.: 0241/4463-0
www.bdkj-aachen.de/schwerpunkte/jugendbildungsstaette-rolleferberg/

Bildungszentrum Burg Schwaneck
Jugendherberge, Jugendbildungsstätte, Naturerlebniszentrum -
Burgweg 10
82049 Pullach
Tel.: 089/744-86670 oder -14070
www.burgschwaneck.de/

Schwäbische Jugendbildungs- und Begegnungsstätte Babenhausen
Am Espach 7
87727 Babenhausen
Tel.: 08333/9206-0
www.jubi-babenhausen.de/bildungshaus/unsere-themen/bildung-fuer-nachhaltige-entwicklung

Der *Naturpark Saar-Hunsrück* e. V. bietet mit zwei Jugendherbergen in der Nähe Naturerlebnisprogramme für Klassenfahrten an.
www.naturpark.org/bildung

Landschaftsinformationszentrum Wasser und Wald Möhnesee (LIZ) bietet mit einer Jugendherberge Mehrtagesprogramme für BNE-Themen an.
www.liz.de/

Vom *Erlebniswald Trappenkamp* und den *Schleswig-Holsteinischen Landesforsten* gibt es mit Kooperationseinrichtungen zur Übernachtung mehrtägige waldpädagogische Angebote für Klassenfahrten.
www.forst-sh.de/leben/wald-macht-schule/
www.erlebniswald-trappenkamp.de/

Das *Zentrum für Ökologie, Natur- & Umweltschutz* (ZÖNU) in Tangermünde hat ein Landschulheim als Kooperationspartner, so dass mehrtägige Veranstaltungen zu BNE- und Klimathemen auf Klassenfahrten durchgeführt werden können.
https://zönu.de

Ökologische Schulbauernhöfe bieten Möglichkeiten, ökologische Landwirtschaft zu erleben. Der *Schulbauernhof »Hutzelberghof«* beispielsweise bietet Unterkunft und Programme für Klassenfahrten an, in denen Schulklassen erleben können, wie ökologische Landwirtschaft funktioniert und wie Lebensmittel produziert werden. Schüler*innen arbeiten dabei in der Landwirtschaft, Käserei, Bäckerei etc. mit.

Hutzelberghof
Jahnstr. 4
37242 Bad Sooden-Allendorf
Tel. 0152/21593901
www.hutzelberghof.de

Viele *Jugendherbergen* bemühen sich um eine Reduzierung des CO_2-Fußabdrucks: www.jugendherberge.de/nachhaltig/. Es gibt Jugendherbergen mit einem besonderen »Umweltschwerpunkt: www.jugendherberge.de/inspiration/profil-umwelt/.

EPIZ. eV Berlin gibt eine Broschüre mit Anregungen für nachhaltige, ökologische Klassen- und Schulfahrten heraus: Faire Schule: Checkliste. Nachhaltige Klassenfahrten. Ein Leitfaden (nicht nur) für Faire Schulen. www.epiz-berlin.de/wp-content/uploads/faire_Klassenfahrten_03-1.pdf. Der Leitfaden enthält auch Kontaktadressen für ökologisch orientierte Hotels und Unterkünfte für Klassenfahrten in europäischen Ländern.

10.7 Exkurs: Nachhaltig Reisen nach dem Abitur

In den letzten Jahren und Jahrzehnten ist zunehmend der Trend zu beobachten, dass Schüler*innen nach dem Abitur weite Fernreisen machen, z. B. Work and Travel in Australien, mit dem Rucksack durch Südamerika oder Asien u.Ä. Viele z. T. auch fragwürdige Organisationen bieten »Hilfsprojekte« in weit entfernten Ländern an, die dem Wunsch nach »Erfahrungen weit weg« entsprechen: Arbeit in Waisenhäusern in Nepal, Meeresschildkrötenbabies retten auf Bali… Der Wunsch von jungen Menschen, in die Welt zu reisen und Erfahrungen zu machen, ist verständlich, aber er hat auch Haken. Unser Reiseverhalten – und nicht nur das der jungen Menschen – ist immer noch imperial. Menschen der Länder, die gerne angesteuert werden, sei es z. B. in Asien oder Südamerika, können nicht so ohne Weiteres zu uns reisen wie wir zu ihnen. Aus dieser Perspektive kann man diese Form von Tourismus hinterfragen.

Darüber hinaus ist der weltweite Flugtourismus ein Treiber des Klimawandels und deshalb höchst problematisch.

Es stellt sich die Frage: Kann man nach der Schule / nach dem Abitur Reisen machen, die auf der einen Seite spannende Erfahrungen ermöglichen und dem Bedürfnis nachkommen, etwas ganz anderes zu erleben, die auf der anderen Seite aber klimafreundlich sind und die man auf diesem Hintergrund Schüler*innen empfehlen kann?

Die Erlebnispädagogin Christine Franke hat ein Online-Modul entwickelt, das Schüler*innen motivieren möchte, nachhaltig zu reisen, d.h. zu Fuß, mit dem Fahrrad, mit Bus oder dem Zug. Sie zeigt anhand einer Reise mit dem Fahrrad auf, welche beeindruckenden Erfahrungen und Begegnungen möglich waren, welche Menschen und Kulturen sie kennengelernt hat. Möglicherweise war diese Art zu reisen intensiver als eine Flugreise in ferne Regionen und hat noch viel vielfältigere Erfahrungen ermöglicht. Christine Franke ist als Studentin mit dem Fahrrad bis nach China gefahren. Sie zeigt aber auf, dass so ein weites Ziel gar nicht unbedingt nötig ist. Die ersten spannenden Begegnungen fanden schon nach Verlassen der bekannten Umgebung statt.

Das Modul von Christine Franke kann sehr gut in Schulen eingesetzt werden, um Schüler*innen zum nachhaltigen Reisen anzuregen und unsere Form des Ferntourismus zu hinterfragen. Die Schüler*innen können durch diese Anregungen dem Dilemma entkommen, zum einen gerne klimafreundlich handeln zu wollen, zum anderen aber auch gerne Fremdes und einen Teil von der Welt kennenzulernen. Sie erfahren, dass beides möglich ist. (Das Material ist nicht hoch-professionell gestaltet. Es spricht aber gerade wegen seiner Authentizität Schüler*innen an.)

Elias Bohun hat nach dem Abitur eine nachhaltige Reise per Zug nach Vietnam und zurück gemacht und als Konsequenz daraus ein Reisebüro gegründet. Gerade weil es oft kompliziert ist, Zugreisen durch unterschiedliche Länder Europas, aber z.B. auch nach Asien zu buchen, nimmt er Kunden diese Aufgabe ab. So kann man inzwischen über sein Reisebüro und seine Homepage Zugreisen und Zugfernreisen buchen. Bohun berichtet übrigens auch, dass die Reise per Zug, also der Verzicht aufs Fliegen, der »coolste Teil der Reise« war. (Vgl. Wanzeck 2022, S. 17.)

Für weitere Informationen

Homepage Christine Franke mit Präsentation zum Einsetzen im Unterricht, bei Schulveranstaltungen etc. www.rolling-gen-osten.de/klimafreundlich-reisen/

Traivelling. Reisebüro von Elias Bohun für nachhaltige Zugfernreisen. www.traivelling.com/

11. Adressen und Links zu Materialien und Vernetzungsmöglichkeiten

Community Klima

Community Klima ist eine spannende Initiative, die von engagierten Schüler*innen gegründet wurde und viele Anregungen zur klimafreundlichen Gestaltung von Schulen (Whole School Approach) und für Klimabildung bereithält. Schulen, Schüler*innen und Lehrkräfte haben bei Community Klima die Möglichkeit, sich zu Nachhaltigkeitsthemen zu vernetzen und voneinander zu lernen und sich gegenseitig zu inspirieren. Online findet man vielfache Anregungen zur nachhaltigen Umgestaltung der Schule, viele Materialien und Ideen. Community Klima bietet live und online Workshops an und kooperiert mit FFF. Sie sind für ihr Engagement schon mehrfach ausgezeichnet worden. Besonders schön ist, dass Lehrkräfte, Schüler*innen, Schulleitungen, Schulen hier gemeinsam miteinander arbeiten und sich vernetzen können. Kern des Community Klima Netzwerks ist der Best-Practice-Leitfaden, der auch laufend durch neue Beispiele aktualisiert wird.

Informationen: https://community-klima.de

Klimabildung der Ludwig-Maximilians- Universität München

Die LMU in München hat einen eigenen Schwerpunkt zum Klimalernen. Auf der Homepage werden viele Materialien für Lehrkräfte zur Verfügung gestellt, die in unterschiedlichen Unterrichtszusammenhängen und Unterrichtsfächern eingesetzt werden können. Es gibt viele Kurzvideos von Scientists for Future, die verschiedene Aspekte der Klima- und Biodiversitätskrise in wenigen Minuten gut verständlich darstellen. Lehrkräfte können auf dieser Homepage aber auch auf schon fertig erarbeitete Unterrichtsentwürfe zurückgreifen. Es gibt Materialien und Unterrichtsentwürfe für die Grundschule sowie für die Sekundarstufen I und II.

Darüber hinaus können »Klimakoffer« ausgeliehen werden, anhand derer die Klimaveränderungen experimentell und anschaulich nachvollzogen werden können. Diese Koffer sind z. B. sehr gut im naturwissenschaftlichen Unterricht einsetzbar.

Informationen: https://klimawandel-schule.de/

Scientists for Future

Bei Scientists for Future haben sich ca. 27.000 deutschsprachige Wissenschaftler*innen zusammengefunden, die die Fridays-for-Future-Bewegung unterstützen und auf die Notwendigkeit zu grundlegender Veränderung und Transformation hinweisen. Sie möchten damit ausdrücklich die jugendlichen Aktivist*innen stärken und unterstreichen, dass die Forderungen von FFF richtig sind, die Situation dramatisch und drängend und dass aus wissenschaftlicher Perspektive schnell und einschneidend zu handeln ist, um noch die schlimmsten Entwicklungen der Klimakatastrophe abzuwenden.

Scientists for Future stellen auf ihrer Homepage mit einem Wissenszentrum vielfältige Materialien zur Verfügung, die die Klima- und Biodiversitätskrise aus wissenschaftlicher Sicht erklären, auch als Informationen für Lehrkräfte, aber auch viele Präsentationen etc., die direkt im Unterricht eingesetzt werden können.

Informationen: https://info-de.scientists4future.org/

Schools for Future

Bei Schools for Future schließen sich Schulen, Lehrkräfte, Schüler*innen und Eltern zusammen, die ihre Schule klimafreundlich gestalten und die Klima- und Biodiversitätskrise deutlich im Unterrichtsgeschehen verorten wollen. Sie können über die Homepage mit anderen Schulen in Kontakt treten und auch Materialien und Unterrichtsentwürfe herunterladen. Ebenso können eigene Ideen, Unterrichtsentwürfe und Materialien über die Homepage zur Verfügung gestellt werden.

Informationen: https://schoolsforfuture.net/de/

Teachers for Future

Bei Teachers for Future vernetzen sich Lehrer*innen, Pädagog*innen und andere schulische Mitarbeiter*innen, die sich für die Zukunft der Schüler*innen einsetzen und auf Politik und Gesellschaft einwirken wollen, um einen schnellen Wandel zu Nachhaltigkeit in allen Bereichen zu erreichen. Die Schule wird dabei als ein wichtiger Ort für gesellschaftliche Transformation gesehen, gerade auch mit einer Fokussierung auf kritisch-politische Bildung für nachhaltige Entwicklung.

Teachers for Future stellen sich ausdrücklich hinter die Fridays-for-Future-Bewegung und die Schulstreiks. Teachers for Future möchte den Austausch von Ideen und Erfahrungen fördern, auch in lokalen und überregionalen Netzwerken und viele Anregungen für eine Bildung für nachhaltige Entwicklung bis hin zum

Aktivismus aufzeigen. Lehrkräfte werden angeregt, sich einzubringen und zu engagieren.

Informationen: https://teachersforfuture.org/

Schools for Earth, Greenpeace

Greenpeace macht mit dem Programm Schools for Earth darauf aufmerksam, dass wir derzeit die letzte Generation sind, die sich dafür einsetzen kann, dass das Pariser Klimaziel noch erreicht wird. Greenpeace betont, dass Schulen einen erheblichen Beitrag zum Klimaschutz leisten können. Zurzeit sind Schulen die größten Energieverbraucher der öffentlichen Hand. Greenpeace möchte Schulen darin unterstützen, klimaneutral zu werden, d. h. Reduktion von Strom- und Heizenergie, Erzeugung von »grünem Strom«, frei von Einweg-Plastik, Minimierung von Restmüll, grüne Schulhöfe mit ökologischer Vielfalt, viel mehr Fahrräder vor der Schule, klimafreundliche Ernährung, Klimaschutz im Unterricht lebendig werden lassen etc. Greenpeace macht darauf aufmerksam, dass es wichtig ist, dass Schulen Klimaschutz auch selbst leben, s. auch Whole Institution Approach, Kap. 4.

Mit dem CO_2-Schulrechner von Greenpeace kann jede Schule ihren eigenen Klimafußabdruck berechnen und daran erkennen, in welchen Bereichen wie viel CO_2 produziert wird und wo es Einsparpotential gibt.

In der Handreichung »Unsere Schule für das Klima« werden Fragebögen für Schüler*innen zur Verfügung gestellt, mit denen sie »Tatorte« entlarven können, d. h. Orte ausfindig machen können, an denen zu viel CO_2 verursacht wird, bzw. zu viele Ressourcen verbraucht werden. Es gibt viele Anregungen zu Einsparung und Nachhaltigkeit und vielfältige Informationen. Es wird angeregt, dass alle zusammenarbeiten: Schüler*innen, Lehrer*innen Schulleitungen, Eltern, Hausmeister*innen, Mensapersonal. Gemeinsam kann man viel bewegen, das vermittelt Greenpeace deutlich. Auf einer digitalen Plattform können sich Schulen vernetzen, und sie bekommen dort auch Unterstützung von Greenpeace bei der Umsetzung von Maßnahmen. Die Gemeinschaft der Schools for Earth wächst beständig und inspiriert und ermutigt zum Handeln. Die Handreichung und auch weitere Bildungsmaterialien können bei Greenpeace kostenlos bestellt werden, und auf der Homepage können sich Schulen für die Teilnahme am Programm anmelden.

Informationen: www.greenpeace.de/ueber-uns/umweltbildung/schools-earth

Homepage »Umwelt im Unterricht« des BMU, insbes. Abteilung Klimabildung

Das Bundesumweltministerium stellt auf seiner Homepage vielfältige Bildungsmaterialien zu BNE-Themen zur Unterrichtsvorbereitung zur Verfügung (Grundschule und Sekundarstufe). Die Materialien werden auch nach Schulstufen, Unterrichtsfächern, Themen und Schlagworten sortiert angeboten. Alle zwei Wochen gibt es neue Materialien und Hintergrundinformationen zu aktuellen Themen. So können auch aktuelle Ereignisse leichter im Unterricht behandelt werden. Lehrkräfte können ohne Registrierung und Kosten auf die Materialien zugreifen und sie frei nutzen. Ein spezieller Schwerpunkt der Homepage widmet sich explizit Klima-Themen.

Informationen:
- www.umwelt-im-unterricht.de/
- www.umwelt-im-unterricht.de/themen/klima

BildungsCent e. V.

BildungsCent e. V. ist ein Verein, der verschiedene Programme für Klimabildung anbietet. Beispielsweise können sich Schulen bei BildungsCent für ein Programm anmelden, bei dem sie über das Schuljahr verteilt sechs KlimaPakete bekommen mit vielen informativen Materialien, die zum Aktivwerden und Handeln anregen. Mit den Paketen werden jeweils unterschiedliche Bereiche thematisiert (orientiert an den Sektoren des Klimaschutzplans der Bundesregierung: Land- und Forstwirtschaft, Industrie, Verkehr, Gebäude und Energie und Einführung in die Thematik). Es wird bei den unterschiedlichen Sektoren jeweils aufgezeigt, wie Klimaneutralität erreicht werden kann und welche Ziele, Herausforderungen und Maßnahmen es dafür gibt. Möglichkeiten, wie Schulen für den Klimaschutz aktiv zu werden können, werden dabei ebenfalls dargestellt. Es gibt zudem einen Newsletter mit aktuellen Informationen zu den Klimapaketen.

Das Programm KlimaDatenSchule verknüpft Klimaschutz, Digitalisierung und Medienkompetenz.

Bildungscent bietet Vernetzungsmöglichkeiten zwischen Schulen, lokalen Akteur*innen, z. B. lokalen Klimaschutzinitiativen, aber auch mit Expert*innen an.

Es gibt viele Materialien zur Information, einen Leitfaden zur nachhaltigen Schulverpflegung, Planspiele (z. B. Plastik im Meer), Expert*innen-Gespräche für Schüler*innenfragen, Anregungen für Schüler*innenpartizipation und vieles mehr.

Informationen: www.bildungscent.de/

Potsdam-Institut für Klimafolgenforschung (PIK), PIKee-Projekt

Mit dem PIKee-Projekt (ee = environmental education) intendiert das PIK, bestehende Expertise zu globalen und lokalen Klimafolgen für die schulische Unterrichtspraxis bereitzustellen.

Es wurden Materialien für unterschiedliche Klassenstufen entwickelt (Sek. I und II sowie Berufsschule), die fächerübergreifend in Projektarbeiten eingesetzt werden können, aber auch fachspezifische Unterrichtseinheiten für Geografie, Mathematik, naturwissenschaftliche Fächer und Englisch. Für die Berufsschule gibt es Materialien für Wirtschaft, Sozialkunde, Politik und für Kaufleute im Bereich Gesundheit, Versicherung und Finanzen. Klimawandel und seine Auswirkungen und Ursachen stehen im Fokus der Materialien und Unterrichtseinheiten.

Informationen: https://klimabildung-pik.de/

BNE-Zentrum Pädagogische Hochschule Heidelberg und SIEGMUND Space & Education gGmbH

Das BNE-Zentrum Heidelberg bietet laufend Veranstaltungen zu Klima- und BNE-Themen online und in Präsenz an. Häufig sind Experten dabei zu Gast. Die Veranstaltungen können von Lehrkräften zur eigenen Information genutzt werden, aber auch von Schüler*innen der höheren Jahrgangsstufen / Sek. II. Weiterhin gibt es Veranstaltungen, die sich gezielt an Lehrkräfte richten und Anregungen für den Unterricht geben.

Die SIEGMUND Space & Education gGmbH stellt viele Materialien und Unterrichtseinheiten zu BNE- und Klimathemen online. Auch ein umfangreiches Booklet kann heruntergeladen werden, sowie eine Handreichung für Lehrkräfte. Schwerpunkt sind Materialien für die Sek. I und die Fächer Geographie, Naturwissenschaften, Physik, Ethik, Technik und Gemeinschaftskunde.

Informationen:
- BNE-Zentrum Heidelberg: www.ph-heidelberg.de/transfertogether/unsere-projekte/bildung-fuer-nachhaltige-entwicklung/bne-zentrum/?S=0
- SIEGMUND Space & Education gGmbH: https://siegmund-se.de/

11.11 Klimaschulen Hamburg, Gütesiegel Klimaschule

In Hamburg gibt es seit einigen Jahren die Möglichkeit, »Klimaschule« zu werden. Schulen, die sich dafür entscheiden, werden vom Referat Umwelterziehung und Klimaschutz sowie dem Projekt »Klimaschule PLUS« der Hamburger Klimaschutzstiftung unterstützt. Inzwischen sind 75 Schulen in Hamburg Klimaschulen. Die Schulen, die Klimaschule« werden möchten, durchlaufen dafür einen Zertifizierungsprozess, im Rahmen dessen unterschiedliche Klimaschutzmaßnahmen in der Schule geplant und durchgeführt werden. Nach erfolgten Umsetzungen erhalten sie dann jeweils für zwei Jahre das Gütesiegel Klimaschule, was natürlich darüber hinaus verlängert werden kann.

Weiterhin stellt das Landesinstitut für Lehrerbildung und Schulentwicklung vielfältige Materialien für Schulen, die sich im Bereich Klimaschutz engagieren möchten, zur Verfügung. Der Ansatz der Klimaschulen kann für andere Bundesländer Vorbildcharakter haben. Zu kritisieren ist allerdings, dass im Bereich der Ernährung in Hamburg bislang nur auf »Veggie-Days« gesetzt wird, was angesichts der des hohen Beitrags der Fleischproduktion zur Klimakrise nicht ausreichend ist. Fleisch sollte aus Klimaschutzgründen die absolute Ausnahme sein. (Vgl. Punkt 3.2.1)

Informationen:
- Zum Programm Klimaschule: https://li.hamburg.de/klimaschule/ und https://li.hamburg.de/klimaschule-werden/
- Zum Gütesiegel: https://li.hamburg.de/guetesiegel-klimaschule/
- Zu Materialien: https://li.hamburg.de/materialien/

Christliche Initiative Oscar Romero

Bei der christlichen Initiative Oscar Romero gibt es sehr viele Bildungsmaterialien, die die Problematik unseres Lebensstils, gerade in Bezug auf den globalen Süden, thematisieren und aufzeigen, welche Auswirkungen beispielsweise unser Konsumverhalten, aber auch unsere Mobilität, unsere Ernährung etc. für den globalen Süden haben. Es geht um prekäre Arbeitsbedingungen weltweit, »modern slavery«, aber auch um die Zerstörung der Biodiversität und die Auswirkungen der Klimakrise.

Die Materialien sind anschaulich, stellen Beziehung her, führen die Auswirkungen unseres Lebensstils direkt vor Augen und stellen Fragen zu globaler Gerechtigkeit. Viele sind kostenlos und können gegen Porto im Klassensatz bestellt bzw. auch online kostenlos heruntergeladen werden. Gerade gesellschaftswissenschaftliche Fächer, Politik, Wirtschaft, Geschichte, aber auch Ethik und Religion können hier fündig werden.

Informationen: www.ci-romero.de/publikationen/

Südwind-Institut

Auch das Südwind-Institut bietet viele Materialien zu globalen Gerechtigkeitsthemen, zu den Sustainable Development Goals (SDGs), zu Lieferketten, Arbeits- und Produktionsbedingungen im globalen Süden, Kinderarbeit etc. Viele Veröffentlichungen stehen online zur Verfügung und können kostenlos heruntergeladen werden bzw. gegen geringe Kosten bestellt werden. Auch diese Materialien sind für Fächer wie Politik, Wirtschaft, Geschichte, aber auch Ethik und Religion hilfreich.

Informationen: www.suedwind-institut.de/themen.html

Stiftung Gesunde Erde gesunde Menschen gGmbH

Die Stiftung Gesunde Erde Gesunde Menschen (Initiator Eckhart von Hirschhausen) stellt mit einer Toolbox hilfreiche Instrumente und »Lifehacks« online mit Hintergrundinformationen, Argumentationshilfen, Erklärvideos, Tipps, Gastbeiträgen von Expert*innen etc. zum Teilen. Sowohl für die eigene Information als auch für den Unterricht können hier Videos u. a. Materialien gefunden werden.

Informationen:
- https://stiftung-gegm.de/
- https://stiftung-gegm.de/toolbox/

Bundeszentrale für Politische Bildung

Die Bundeszentrale für Politische Bildung hat ebenfalls viele Materialien, insbesondere Bücher zu Themen von Klima, Biodiversität, globalen Gerechtigkeitsfragen etc.

Informationen:
- Klima: https://www.bpb.de/themen/klimawandel/
- Biodiversität: https://www.bpb.de/themen/suche/?global=true&global-format-main=all&global-year=all&term=Biodiversit%C3%A4t
- Globale Gerechtigkeit: https://www.bpb.de/themen/suche/?global=true&global-format-main=all&global-year=all&term=Globale%20Gerechtigkeit

»Informationszentrum Verantwortlich Handeln«, Kassel

Das »Informationszentrum Verantwortlich Handeln« war eine Initiative an der Universität Kassel, um Lehramtsstudierenden die Möglichkeit zu geben, sich während ihres Studiums mit der Klima- und Biodiversitätsproblematik, aber auch mit globalen Gerechtigkeitsfragen auseinanderzusetzen, damit sie diese Inhalte später mit an ihre Schulen und in ihren Unterricht nehmen. Das Informationszentrum wird inzwischen als außeruniversitäre Einrichtung weitergeführt und bietet Fortbildungen für Lehrkräfte, Referendar*innen, Lehramtsstudierende und Schulkollegien zur Klima- und Biodiversitätskrise an. Es werden auch viele Materialien zur Verfügung gestellt.

Informationen: www.informationszentrum-verantwortlich-handeln.de

Pioneers of Education

Pioneers of Education möchte das derzeitige Schulsystem verändern und transformieren. Vieles aus der aktuellen Schulpraxis wird grundlegend in Frage gestellt: Leistungsorientierung, Notenpraxis, Unterricht im 45-Minuten-Rhythmus, Facheinteilung…

Die Initiative möchte neue Lehr-Lernformen anregen, ganzheitliches Lernen und Resilienz von Schüler*innen und Lehrkräften stärken sowie Schüler*innen darin unterstützen, eigenverantwortlich und mit Selbstwirksamkeitserfahrungen zu lernen. Zudem unterstützt sie dabei, den Unterricht an zentralen Zukunftsthemen und -aufgaben auszurichten, Kooperationen aufzubauen u. v. a. Das Erlernen von »Future Skills« für eine grundlegende gesellschaftliche Transformation zu Nachhaltigkeit und globaler Gerechtigkeit ist bei Pioneers of Education zentrales Anliegen in Bildungsprozessen.

Pioneers of Education stellt viele Informationsmaterialien ins Internet und auch anregende Vorträge von Expert*innen. Es bietet Vernetzungsmöglichkeiten und Austausch und veranstaltet jedes Jahr Online-Bildungsgipfel mit hochkarätigen Expert*innen. Es gibt Weiterbildungsangebote und eine individuelle Sprechstunde zu Fragen und für Unterstützung bei Veränderungsprozessen. Viele Möglichkeiten, andere Lehr-Lernformen kennenzulernen und zu erproben, werden vorgestellt.

Informationen: https://pioneersofeducation.online/

Klimabildung und BNE von Seiten der Kultusministerien

Verschiedene Ministerien der Bundesländer (Kultusministerien bzw. Umweltministerien) bieten z. T. Unterstützung im Bereich Klimabildung und BNE an. Es gibt für Lehrkräfte Fortbildungsmöglichkeiten, z. T. auch Fördermittel, aber auch konkret Angebote zur Umsetzung von BNE und Klimabildung im Unterricht. Beispielsweise initiiert in Hessen das Ministerium für Umwelt, Klimaschutz, Landwirtschaft und Verbraucherschutz verschiedene Angebote. Es gibt dort Materialien und Unterstützung für ein »Schuljahr der Nachhaltigkeit«.

Angebote der einzelnen Bundesländer können im Folgenden nicht mehr alle aufgeführt werden, z. T. sind sie auch erst im Aufbau oder nur zeitlich befristet. Man kann sich aber direkt an die Kultusministerien wenden und nachfragen und, wenn es keine speziellen Programme und Unterstützungen gibt, diese auch einfordern.

12. Appell an Schulleitungen

Mit den derzeitigen weltweiten Treibhausgasemissionen aus unserer Energiegewinnung, Mobilität, Landwirtschaft, Tierhaltung etc. und durch immer weiter fortschreitende Naturzerstörung befinden wir uns – trotz aller Verlautbarungen und Absichtsbekundungen, trotz aller derzeitigen Bemühungen – auf einem Pfad, der zu einer Erhöhung der Temperatur um drei oder sogar vier Grad führt. (S. Graphik Kap. 1.2) – Drei oder vier Grad! Bei einer solchen Erwärmung steuern wir auf das Ende der menschlichen Zivilisation zu! Wir sind meilenweit vom 1,5-Grad-Ziel entfernt, auf das sich die Klimakonferenz von Paris einigte.

Klimaforscher Prof. Dr. Mojib Latif sagt inzwischen, dass das Ziel, die Erderwärmung auf maximal 1,5 Grad zu begrenzen nicht mehr zu erreichen sei und dass wahrscheinlich auch nicht mehr zwei Grad geschafft würden. Und drei Grad sind eine Katastrophe. »Wir nähern uns dem Punkt, an dem man sich eingestehen muss: Die Zeit ist abgelaufen.« Latif wirft der internationalen Politik Versagen vor. (Latif im Interview der Mediengruppe Bayern 18.07.2022)

Nicht nur die Politik hat bislang versagt, auch der Bildungsbereich leistet einen zu geringen Beitrag. Klima und Nachhaltigkeit stehen noch viel zu wenig im Fokus der schulischen Bildung, sie sind häufig nur Randthemen. Auch wenn die Themen inzwischen Einzug in den Bildungsbereich halten: Es braucht deutlich mehr und das schnell!

Dr. Gregor Hagedorn u. a. von Scientists for Future fordern deshalb das Projekt 20, s. Kap. 1.5, d. h. mindestens 20 Prozent der Bildungsarbeit sollte der Thematik Klima und Biodiversität gewidmet werden – weil die Situation so drängend ist, weil dringend grundlegende Veränderungen passieren müssen und weil Akzeptanz auch für einschneidende Klimaschutz-Maßnahmen entstehen muss.

Schulleitungen haben einen großen Hebel mit vielfacher Multiplikationswirkung, etwas an ihrer Schule zu bewirken: Bei den Lehrkräften, die es auch an ihre Schüler*innen weitergeben, und bei den Schüler*innen selbst. Und über die Schüler*innen kann die Thematik und die Notwendigkeit, grundlegende Veränderungen vorzunehmen und zu akzeptieren, auch in die Familien und das Lebensumfeld weitergetragen werden.

Schulleitungen sollten anerkennen, dass Klima- und BNE-Themen oberste Priorität zukommen muss. Sie können an ihren Schulen wichtige Weichen für Klimabildung stellen.

Das bedeutet zunächst, Schule im Sinne ihrer Vorbildrolle nachhaltig aufzustellen, s. Kap. 4. Nachhaltigkeit und Klimaschutz müssen (vor)gelebt werden. Hierzu gibt es viele Möglichkeiten: klimafreundliche und nachhaltige Ernährung, nachhaltige Klassenfahrten, nachhaltige Beschaffung, nachhaltige Schulhofgestaltung, Einsatz fairer Produkte, Plastikverzicht etc., s. Kap. 4.2.

Schulleitungen sollten sich dafür einsetzen, die Klima- und Biodiversitätsproblematik viel stärker im Unterricht zu verorten, s. Projekt 20, d.h. mindestens 20 Prozent der Unterrichtszeit dafür zu verwenden. Schulleitungen müssen alle Möglichkeiten für eine gute Klimabildung nutzen und ihre Kollegien ermuntern, sich dieser Thematik zu stellen. Sie sollten Initiativen von Kolleg*innen und Schüler*innen für Klima- und Biodiversitätsschutz unterstützen.

Gerade weil das Thema Klima nicht in einzelnen Fächern aufgeht, sollten sie auch fächerübergreifenden Unterricht zu dieser Thematik anregen. Und weil Klimabildung im Fachunterricht an Grenzen stößt, sollten auch neue Formate wie der FREI DAY eingesetzt werden, der verblüffend einfach eine zukunftsorientierte Bildung ermöglicht, Schüler*innen wichtige Selbstwirksamkeitserfahrungen machen lässt und ohne allzu großen Aufwand auch ins traditionelle Schulsystem integriert werden kann (s. Kap. 9.1). Projekte und Projektwochen können bevorzugt zur Klima- und Biodiversitätsthematik durchgeführt und AGs für Klima und Nachhaltigkeit initiiert und gefördert werden.

Es sollten auch Möglichkeiten genutzt werden, die Eltern mit ins Boot zu holen, um so Klima- und Biodiversitätsbildung mit in die Familien zu tragen.

Schulträger können zu nachhaltigen und klimafreundlichen Maßnahmen und zur Sanierung angeregt und aufgefordert werden. (Klimafreundliche Mensen, d. h. regionales und saisonales, überwiegend pflanzenbasiertes Essen, Energiesparmaßnahmen, Gebäudedämmung, Installation von Photovoltaik, Installation von Fahrradständern etc.) Fortbildungen können angeregt werden. Lehrkräfte und auch das ganze Kollegium sollten in Bezug auf die Klimakrise und die Thematisierung dieser im Unterricht und an der Schule weitergebildet werden. Auch Schulleitungen können diesbezügliche Fortbildungen besuchen.

Der ganzen Schulgemeinschaft muss deutlich werden, dass Klimaschutz, einschließlich Schutz der Biodiversität, überaus relevant und nötig ist, dass es das wichtigste Thema für unsere Zukunft ist! Das kann von Seiten der Schulleitung klar vermittelt werden.

Es geht um Veränderung im eigenen Handeln, aber auch um Akzeptanz für einschneidende gesellschaftliche Veränderungen für mehr Klimaschutz und um eine grundlegende gesellschaftliche Transformation. Dass es hier nicht nur um »Verzicht« geht, sondern eine gesellschaftliche Veränderung zu mehr Nachhaltigkeit und Solidarität auch viele Chancen bietet und sich auch sehr positiv auf das Leben der Einzelnen und die Gesellschaft auswirken kann, kann dabei ebenso deutlich werden (vgl. Kap. 2.5).

Schulen haben in Bezug auf Klima und Biodiversität einen sehr wichtigen Bildungsauftrag und eine hohe Verantwortung. Schulleitungen sollten sich bewusst sein, dass sie großen Einfluss darauf haben, ob ihre Schule eine sinnvolle Klimabildung leistet. Sie sollten sich bewusst sein, dass sie mit ihren Schulen überaus wichtige Beiträge für mehr Klimaschutz leisten können. Jedes Zehntel-Grad zählt!

Setzen Sie sich für Ihre Schule und Klimaschutz ein. Es geht um die Zukunft Ihrer Schüler*innen!

Literatur

Acker e. V. (o. J.): Hier wächst Begeisterung. Online unter: www.acker.co. Zugriff 12.12.2022.

Altner, Günter: Natur im Spiegel biologischer Außenseiter im 20. Jahrhundert. In: Altner, Günter / Böhme, Gernot / Ott, Heinrich (Hrsg.): Natur erkennen und anerkennen. Über ethikrelevante Wissenszugänge zur Natur. Zug / Schweiz 2000. S. 53–72. (Die Graue Edition)

Amery, Carl: Das Ende der Vorsehung. Die gnadenlosen Folgen des Christentums. Reinbek bei Hamburg. 1974. (rororo)

Antonovsky, Aaron: Salutogenese. Zur Entmystifizierung der Gesundheit. Deutsche Herausgabe von Alexa Franke. Tübingen 1997. (dgvt Verlag)

Autor*innen von Scientists for Future (2022): Der Klimawandel. Materialsammlung von Scientists for Future. Version für Fortgeschrittene & Oberstufe. Version 2. Juni 2022. Online unter: www.files.scientists4future.org/viewer.php?path=10__Klima&title=Klima__Hauptdatei_(S4F-Sammlung)_-_Fortgeschrittene&no=001&maxno=171. Zugriff 24.07.2022.

Bandura, Albert: Lernen am Modell. Ansätze zu einer sozial-kognitiven Lerntheorie. Stuttgart 1976. (Klett)

Blom, Philipp: Die Unterwerfung. Anfang und Ende der menschlichen Herrschaft über die Natur. München 2022. (Hanser)

Blom, Philipp: Die Welt aus den Angeln. Eine Geschichte der Kleinen Eiszeit von 1570 bis 1700 sowie der Entstehung der modernen Welt, verbunden mit einigen Überlegungen zum Klima der Gegenwart. 3. Aufl. München 2020. (dtv)

Brand, Ulrich / Wissen, Markus: Imperiale Lebensweise. Zur Ausbeutung von Mensch und Natur im globalen Kapitalismus. München 2017. (Oekom)

Bronswijk, Katharina van / Komm, Jan-Ole / Zobel, Ingo: Die Evolution der Drachen der Untätigkeit. Aktuelle Erkenntnisse zur Lücke zwischen Wissen und Handeln. In: Dohm, Lea / Peter, Felix / van Bronswijk, Katharina: Climate Action – Psychologie der Klimakrise. Handlungshemmnisse und Handlungsmöglichkeiten. S. 105–140. Gießen 2021. (Psychosozial-Verlag)

Brot für die Welt (o. J.): Teste Deinen ökologischen Fussabdruck. Online unter: www.fussabdruck.de/ Zugriff 12.12.2022.

Bündnis 90 / Die Grünen / 1. Ordentlicher Länderrat: Beschluss (vorläufig): Ein Sozialpakt für klimagerechten Wohlstand. 19. 09.2021. www.cms.gruene.de/uploads/documents/D-01_Ein_Sozialpakt_f%C3%BCr_klimagerechten_Wohlstand_Beschluss.pdf. Zugriff 10.05.2022.

Bundesinformationszentrum Landwirtschaft (2020). Was wächst auf Deutschlands Feldern? 2022. Online unter: www.landwirtschaft.de/landwirtschaft-verstehen/wie-arbeiten-foerster-und-pflanzenbauer/was-waechst-auf-deutschlands-feldern. Zugriff 31.05.2022.

Bundes-Klimaschutzgesetz (KSG) 12.12.2019. Online unter: www.gesetze-im-internet.de/ksg/KSG.pdf. Zugriff 16.07.2022. S. 1–10.

BUND (o. J.): Überdüngung der Meere. Online unter: www.bund.net/meere/ueberduengung-der-meere/. Zugriff 31.05.2022.

Busse, Tanja: Klimawandel und Artensterben. Gemeinsam gedacht. Gemeinsam publiziert. In: Klima vor acht: Medien in der Klima-Krise. München 2022. (Oekom)

Busse, Tanja: Das Sterben der anderen. Wie wir die biologische Vielfalt noch retten können. München 2. Aufl. 2021. (Blessing)

Christliche Initiative Oscar Romero (o. J.): Diverse Materialien. Online unter: www.ci-romero.de/. Zugriff 26.05.2022.

Christliche Initiative Oscar Romero (o.J).: Fashionchecker. Online unter: www.fashionchecker.org/de/. Zugriff 28.04.2022.

Christliche Initiative Oscar Romero (o. J.): Kritischer Konsum, Kleidung, Fast Fashion. Online unter: www.ci-romero.de/kritischer-konsum/kleidung/fast-fashion. Zugriff 28.04.2022

Csutora, Maria: One More Awareness Gap? The Behaviour-Impact Gap Problem. Journal of Consumer Policy, 35(1), S. 145–163. Online unter: www.doi.org/10.1007/s10603-012-9187-8. Zitiert nach van Bronswijk 2021, S. 131.

Deutsches Kinderhilfswerk (o. J.): Aktionstage »Zu Fuß zur Schule und in den Kindergarten«. Online unter: www.zu-fuss-zur-schule.de/ Zugriff 03.12.2022.

Deutsches Klima-Konsortium / Deutsche Meteorologische Gesellschaft / Deutscher Wetterdienst / Extremwetterkongress Hamburg / Helmholtz – Klimainitiative, klimafakten.de (Hrsg.) (2022): WAS WIR HEUTE ÜBERS KLIMA WISSEN -- Basisfakten zum Klimawandel, die in der Wissenschaft unumstritten sind. Online unter: www.klimafakten.de/meldung/was-wir-heute-uebers-klima-wissen-basisfakten-zum-klimawandel-die-der-wissenschaft. Zugriff 26.05.2022. S. 1–26.

Deutsche UNESCO-Kommission: Bildung und die Sustainable Development Goals (o. J.). Online unter: www.unesco.de/bildung/agenda-bildung-2030/bildung-und-die-sdgs. Zugriff 26.08.2022.

Elhacham, Emily et al.: Global human-made mass exceeds all living biomass. In: Nature 588 2020, S. 442–444. www.nature.com/articles/s41586-020-3010-5. Zugriff 03.05.2022

Energie- und Umweltagentur des Landes Nieder- Österreich (2022): Energiedetektive in der Schule. Online unter: www.umwelt-bildung.at/energie-detektive-in-der-schule. Zugriff 23.11.2022

Engagement Global (2022): CHAT der WELTEN. Virtueller Austausch für Globales Lernen. Online unter: www.engagement-global.de/chat-der-welten.html. Zugriff 04.12.2022.

EPIZ. e. V. Berlin (Entwicklungspolitisches Bildungs- und Informationszentrum e. V. Berlin) (o. J.): Faire Schule: Checkliste. Nachhaltige Klassenfahrten. Ein Leitfaden (nicht nur) für Faire Schulen. (Stand 2018) Online unter: www.epiz-berlin.de/wp-content/uploads/faire_Klassenfahrten_03-1.pdf. Zugriff: 03.06.2022.

Eurich, Claus: Interview. Privates autorisiertes Interview am 02.05.2022.

Fairtrade Deutschland (o. J.): Kakao. Online unter: www.fairtrade-deutschland.de/produkte/kakao/hintergrund-fairtrade-kakao. Zugriff 28.04.2022

Fashionchecker (o. J.): Können die Menschen, die Eure Kleidung herstellen, von ihrem Lohn leben. Online unter: www.fashionchecker.org/de. Zugriff 28.04.2022

Felber, Christian: Gemeinwohl-Ökonomie. Komplett aktualisiert und überarbeitet. München 2018. (Piper)

FREI DAY (o. J.). Online unter: www.frei-day.org/der-frei-day/. Zugriff 15.06.2022.

Fricke, Michael / Kuld, Lothar / Sliwka, Anne (Hrsg.): Konzepte sozialer Bildung an der Schule. Compassion – Diakonisches Lernen – Service Learning. Münster 2022. (Waxmann)

Fuhr, Lili / McKinnon, Hannah / Heinrich Böll Stiftung (2018): Die Heuchelei der fossilen Industrie. Online unter: www.boell.de/de/2018/08/15/die-heuchelei-der-fossilen-industrie. 15.08.2018. Zugriff 23.11.2022.

Gemeinwohl-Ökonomie (o. J.): Ein Wirtschaftsmodell mit Zukunft. Online unter: www.web.ecogood.org. Zugriff 18.05.2022.

Germanwatch (o. J.): Ökologischer Handabdruck-Rechner. Online unter: www.handabdruck.eu/. Zugriff 30.07.2022.

Gifford, Robert (2011): The Dragons of Inaction: Psychological Barriers that Limit Climate Change Mitigation and Adaption. In: American Psychologist, 66, 4, S. 290–302. www.researchgate.net/profile/Robert-Gifford-2/publication/254734365_The_Dragons_of_Inaction_Psychological_Barriers_That_Limit_Climate_Change_Mitigation_and_Adaptation/links/0c96052047aaad383e000000/The-Dragons-of-Inaction-Psychological-Barriers-That-Limit-Climate-Change-Mitigation-and-Adaptation.pdf?origin=publication_detail. Zugriff 06.06.2022.

Glaubrecht, Matthias: Das Ende der Evolution. Der Mensch und die Vernichtung der Arten. München 2021. (Pantheon)

Glaubrecht, Matthias (2021): Interview Aspekte. Online unter: www.youtube.com/watch?v=Z4luevVASWk. Zugriff 27.05.2022.

Global Citizen (o. J.): Elektroschrott. Online unter: www.globalcitizen.org/de/content/elektroschrott-recycling-afrika. Zugriff 19.05.2022

Global Footprint Network (o. J.): Earth / Country Overshoot Day. Online unter: www.footprintnetwork.org/. Zugriff 12.12.2022

Globales Lernen (o. J.): Weltverteilungsspiel: Online unter: www.globaleslernen.de/de/bildungsmaterialien/alle/weltverteilungsspiel. Zugriff 12.12.2022.

Goodall, Jane (o. J.): Janes Botschaft an alle Roots & Shoots Sprösslinge in Deutschland. Online unter: www.janegoodall.de/roots-shoots/ und https://youtu.be/ZjG8tuKmt68. Zugriff 16.06.2022.

Gründerplattform (o. J.): Gemeinwohlökonomie: Online unter: www.gruenderplattform.de/green-economy/gemeinwohl-oekonomie Zugriff 18.05.2022

Hagedorn, Gregor / Peter, Felix: Was müssen wir anders machen? Wie wir uns und unseren Kindern eine Zukunft gewinnen. In: Dohm, Lea / Peter, Felix / van Bronswijk, Katharina: Climate Action – Psychologie der Klimakrise. Handlungshemmnisse und Handlungsmöglichkeiten. Gießen 2021. (Psychosozial-Verlag)

Hagedorn, Gregor et al. / Autor*innen Scientists for Future (2020): Der Klimawandel. Fokus: Kipp-Punkte. Materialsammlung von Scientists for Future, Version für Fortgeschrittene & Oberstufe. Version 19. August 2020. S. 1–82. Online unter: www.schoolsforfuture.net/m/ext/s4f/S4F-Klima_Kipp-Punkte%20-%20Fortgeschrittene_--_72_Folien_--_2020-08-19.pdf. Zugriff 23. Juli 2022.

Hartmann, Evi: Wie viele Sklaven halten Sie? Über Globalisierung und Moral. Frankfurt/New York 2016. (Campus)

Hauck-Thum, Uta / Pallesche, Micha: Lehren und Lernen für die Zukunft – schulische Transformationsprozesse im Kontext kultureller Nachhaltigkeit. In: Ringvorlesung Klimaschutz. LMU 31.05.2021. Online unter: www.youtube.com/watch?v=P7oXxRHsLMA. Zugriff 15.06.2022.

Hauff, Volker: Unsere gemeinsame Zukunft. Der Brundtland-Bericht der Weltkommission für Umwelt und Entwicklung. Greven 1987. (Eggenkamp)

Heinrich Böll Stiftung: Fleischatlas 2021. Daten und Fakten über Tiere als Nahrungsmittel. 2021.

Heinrich Böll Stiftung: Fleischatlas 2018. Daten und Fakten über Tiere als Nahrungsmittel. 6. Auflage 2020.

Heinrich Böll Stiftung. Plastikatlas (2021). Daten und Fakten für eine Welt ohne Kunststoff. 6. Aufl. 2021 Online unter: www.boell.org/de/plastikatlas

I. L.A. Kollektiv (Hrsg.): Das Gute Leben für Alle. Wege in die solidarische Lebensweise. München 2019. (Oekom)

I. L.A. Kollektiv (Hrsg.): Auf Kosten anderer? Wie die imperiale Lebensweise ein gutes Leben für alle verhindert. München 2017. (Oekom)

Intergovernmental Panel on Climate Change (IPCC / Weltklimarat) (2021/22): Sechster IPCC-Sachstandsbericht – AR6. Online unter: www.de-ipcc.de/250.php. Zugriff 28.05.2022.

Intergovernmental Science-Policy Platform on Biodiversity and Ecosystem Services (IPBES) / Weltbiodiversitätsrat: Das «Globale Assessment" des Weltbiodiversitätsrates IPBES. Die umfassendste Beschreibung des Zustands unserer Ökosysteme und ihrer Artenvielfalt seit 2005 – Chancen für die Zukunft. Auszüge aus dem »Summary for policymakers« (SPM). Stand Mai 2019. Online unter: www.db.zs-intern.de/uploads/1557412353-IPBESFactsheet.pdf. Zugriff 28.05.2021.

Ionesco, Dina / Mokhnacheva, Daria / Gemenne, Francois : Atlas der Umweltmigration. München 2017. (Oekom)

Jane Goodall Institut Deutschland (o. J.): Jane Goodalls Roots & Shoots. Online unter: www.janegoodall.de/roots-shoots/. Zugriff 16.06.2022

Jugendrat der Generationenstiftung / Langer, Claudia (Hrsg.) Ihr habt keinen Plan. Darum machen wir einen. 10 Bedingungen für die Rettung unserer Zukunft. München 2019. (Blessing)

Klimafakten. de (2021): Was wir heute übers Klima wissen. S. 2. Online unter: www.klimafakten.de/sites/default/files/downloads/waswirheuteuebersklimawissen2021final.pdf. Zugriff 20. Juli 2022.

Neuere Version (2022): https://www.klimafakten.de/sites/default/files/downloads/waswiruebersklimawissen-akt202222-09-23druck.pdf. Zugriff 13.12.2022.

Klimafakten.de (o. J.): Basiswissen. www.klimafakten.de/fakten-statt-behauptungen/basiswissen. Zugriff 26.05.2022.

Klimafakten. de (o. J.): Verschiedene Publikationen. www.klimafakten.de/service/publikationen. Zugriff 12.12.2022.

Klima vor acht: Medien in der Klima-Krise. München 2022. (Oekom)

Klima vor acht (o. J.): www.klimavoracht.de. Zugriff 17.05.2022.

Kopatz, Michael: Ökoroutine. Damit wir tun, was wir für richtig halten. Bonn 2017. (Bundeszentrale für politische Bildung)

Kuckartz, Udo: Umweltbewusstsein und Umweltverhalten. Berlin, Heidelberg 1998. (Springer)

Kuckartz, Udo / Haan, Gerhard de: Umweltbewusstsein. Denken und Handeln in Umweltkrisen. Opladen 1996. (Westdeutscher Verlag)

Kunstforum International, Günzel, Ann-Katrin (Hrsg.): Utopia. Weltentwürfe und Möglichkeitsräume in der Kunst. Bd. 275. Köln 2021. (Kunstforum International)

Latif, Mojib: Countdown: Unsere Zeit läuft ab – was wir der Klimakatastrophe noch entgegensetzen können. Freiburg im Breisgau 2022. (Herder)

Latif, Mojib: Heißzeit: Mit Vollgas in die Klimakatastrophe - und wie wir auf die Bremse treten. Freiburg im Breisgau 2020. (Herder)

Latif, Mojib: Interview Mediengruppe Bayern (18.07.2022). Online unter: www.mittelbayerische.de/politik-nachrichten/klimaforscher-latif-wir-sind-bei-klimaerwaermung-auf-kurs-in-richtung-drei-grad-21771-art2138970.html. Zugriff 12.12.2022.

Lesch, Harald / Scorza, Cecilia / Theis-Bröhl, Katharina: Den Klimawandel verstehen. Berlin 2021. (Springer)

Lesch, Harald / Kamphausen, Klaus: Die Menschheit schafft sich ab. Die Erde im Griff des Anthropozän. München 2018. (Knaur)

Lesch, Harald (2021): Übrigens zum Klimawandel. Online unter: www.zdf.de/wissen/leschs-kosmos/uebrigens-zum-klimawandel-104.html. Zugriff: 24.07.2022

Lessenich, Stephan: Neben uns die Sintflut. Die Externalisierungsgesellschaft und ihr Preis. Berlin 5. Aufl. 2017a. (Hanser)

Lessenich, Stephan (2017b): Wer zahlt für unseren Wohlstand? »Wir sind verantwortlich«. Der Soziologe Stephan Lessenich im Interview mit Thomas Kretschmer. Deutschlandfunk 05.11.2017. Online unter: www.deutschlandfunk.de/wer-zahlt-fuer-unseren-wohlstand-wir-sind-verantwortlich-100.html. Zugriff: 02.05.2022.

Macy, Joanna / Brown, Molly: Für das Leben! Ohne Warum. Ermutigung zu einer spirituell-ökologischen Revolution. 4. Aufl. Paderborn 2017. (Junfermann)

Mari, Francisco J.: »Ab nach Afrika!?« Hühnerbeine und Schweinepfoten überfluten weiter westafrikanische Märkte. In: Der kritische Agrarbericht 2014, S. 96–100. Online unter: www.kritischer-agrarbericht.de/fileadmin/Daten-KAB/KAB-2014/KAB2014_96_100_Mari.pdf. Zugriff 01.06.2022.

Meadows, Dennis: Die Grenzen des Wachstums. Bericht des Club of Rome zur Lage der Menschheit. Stuttgart 1972. (Deutsche Verlags-Anstalt)

Mendl, Hans: Modelle – Vorbilder – Leitfiguren. Lernen an außergewöhnlichen Biografien. Stuttgart 2015. (Kohlhammer)

Mills, Jon.: The Global Bystander Effect: Moral Responsibility in Our Age of Ecological Crisis. In: Journal of Future Studies, 25 (2), S. 61–76. Online unter: www.doi.org/10.6531/JFS.202012_25(2).0008. Zugriff 01.08.2022.

Ministerium für Kultus, Jugend und Sport Baden-Württemberg: Bildung für nachhaltige Entwicklung 2016. Online unter: www.bildungsplaene-bw.de/,Lde/LS/BP2016BW/ALLG/LP/BNE. Zugriff 06.06.2022.

Nelles, David / Serrer Christian: Kleine Gase – große Wirkung. Der Klimawandel. Friedrichshafen 2018. (KlimaWandel GbR)

Netzwerk Klimajournalismus (o. J.): Charta des Netzwerks Klimajournalismus Deutschland. Online unter: www.klimajournalismus.de/charta/. Zugriff 17.05.2022.

Netzwerk Schule im Aufbruch (o. J.). Online unter: www.schule-im-aufbruch.de. Zugriff 15.06.2022.

Niedersächsisches Kultusministerium: Bildung für nachhaltige Entwicklung (BNE) an öffentlichen allgemeinbildenden und berufsbildenden Schulen sowie Schulen in freier Trägerschaft. 01.03.2021. www.mk.niedersachsen.de/download/166879/BNE-Erlass_Niedersachsen.pdf. Zugriff 06.06.2022.

Ökumenischer Rat der Kirchen: Kairos für die Schöpfung – Hoffnungsbekenntnis für die Erde. Die Wuppertaler Erklärung. 25. Juni 2019. www.archived.oikoumene.org/de/resources/kairos-for-creation-confessing-hope-for-the-earth-the-wuppertal-call/. Zugriff 03.08.2022.

Paech, Niko: Befreiung vom Überfluss. Auf dem Weg in die Postwachstumsökonomie. 9. Aufl. München 2016. (Oekom)

Paech, Niko: Muss unser Lebensstandard sinken? In: Publik-Forum 10, 2018. S. 26–27.

Paech, Niko (o. J.): Postwachstumsökonomie.de. Online unter: http://www.postwachstumsoekonomie.de.

Papst Franziskus: Enzyklika Laudato Si´Laudato Sí. Bonn 2015. (Sekretariat der Deutschen Bischofskonferenz)

Plastikalternative (o. J.): Müllstrudel im Meer. Great Pacific Garbage Patch. Online unter: www.plastikalternative.de/muellstrudel-im-meer/#the-great-pacific-garbage-patch. Zugriff 19.05.2022.

Plöger, Sven: Zieht euch warm an, es wird heiß! Den Klimawandel verstehen und aus der Krise für die Welt von morgen lernen. 2020. (Westend)

Postwachstumsökonomie (o. J.): Online unter: www.postwachstumsoekonomie.de. Zugriff 12.12.2022.

Quaschning, Volker: Die Coronakrise ist eigentlich Kindergarten. Deutschlandfunk 19.03.2021. Online unter: www.deutschlandfunk.de/klimakrise-die-coronakrise-ist-eigentlich-kindergarten-100.html. Zugriff 16.05.2022

Rasfeld, Margret: FREI DAY. Die Welt verändern lernen. Für eine Schule im Aufbruch. 3. Aufl. München 2022. (Oekom)

Rasfeld, Margret: Verantwortungslernen an der Evangelischen Schule Berlin Zentrum. In: Hackl, Armin / Pauly, Claudia / Steenbuck, Olaf / Weigand, Gabriele (Hrsg.): Begabung und Verantwortung. Frankfurt, Main : Karg-Stiftung 2013, S. 62–68. - (Karg-Hefte. Beiträge zur Begabtenförderung und Begabungsforschung; 5). Online unter: www.pedocs.de/volltexte/2014/9906/pdf/Karg_Hefte_5_2013_Rasfeld_Verantwortunglernen.pdf. Zugriff 15.06.2022.

Sacks, Shelley / Kurt, Hildegard: Die rote Blume. Ästhetische Praxis in Zeiten des Wandels. Klein Jasedow 2013. (ThinkOya)

Safran Foer, Jonathan: Wir sind das Klima! Wie wir unseren Planeten schon beim Frühstück retten können. Frankfurt 2021. (S. Fischer)

Salgado, Sebastiao: Genesis. Köln 2013. (Taschen)

Schellnhuber, Hans-Joachim: Selbstverbrennung. Die fatale Dreiecksbeziehung zwischen Klima, Mensch und Kohlenstoff. München 2015. (C. Bertelsmann)

Scientists for Future (o. J.): Materialien-Übersicht.: Online unter: https://info-de.scientists4future.org/materialien/. Zugriff 12.12.2022.

Schmitz, Christoph (o. J.): Was uns antreibt. Online unter: www.acker.co/WasUnsAntreibt. Zugriff 28.06.22

Schrader, Christopher / Klimafakten. de (Hrsg.) (2022): Über Klima sprechen. Das Handbuch. Onlineversion: www.klimakommunikation.klimafakten.de/

Komplettes Buch Onlineversion: www.klimakommunikation.klimafakten.de/wp-content/uploads/HandbuchKlimakommunikation_Gesamt-mitLinks_final.pdf.

Schrader, Christopher / Klimafakten. de (Hrsg.): Über Klima sprechen. Das Handbuch. München 2022. (Oekom)

Schweitzer, Albert: Lesebuch. Herausgegeben von Harald Steffahn. 2. Aufl. München 1986. (C. H. Beck)

Spahn-Skrotzki, Gudrun: Klimakrise, externalisierender Lebensstil und Religionspädagogik. Bad Heilbrunn 2022. (Julius Klinkhardt)

Spahn-Skrotzki, Gudrun: Bildung zur Verantwortung gegenüber dem Leben. Fächerübergreifender Unterricht als Weg zu verantwortlichem Handeln im ökologischen und bioethischen Kontext. Bad Heilbrunn 2010. (Julius Klinkhardt)

Spahn-Skrotzki, Gudrun: Raupe, Puppe Schmetterling. Das Wunder einer Verwandlung im Klassenraum. In: Praxis Grundschule Heft 3. Mai 2013. S.42-49.

Spiegel, Peter / Pechstein, Arndt / von Hattburg, Anabel Ternés / Grüneberg, Annekatrin (Hrsg.): Future Skills. 30 zukunftsentscheidende Kompetenzen und wie wir sie lernen können. München 2021 (Franz Vahlen)

Statistisches Bundesamt (o. J.): Klima. Online unter: www.destatis.de/DE/Im-Fokus/Klima/_inhalt.html. Zugriff 18.07.2022

Stiegler, Richard: Warum uns der Klimawandel an innere Grenzen bringt… …und wie wir daran wachsen können. Freiburg im Breisgau 2020. (arbor)

Südwind-Institut (o. J.): Die Wertschöpfungskette von Mobiltelefonen. Online unter: www.suedwind-institut.de/files/Suedwind/Publikationen/2016/2016-55_aktualisiertes%20Fact_Sheet_Wertschoepfungskette_Mobiltelefonen.pdf. Zugriff 02.05.2022

Südwind-Institut (o. J.): Diverse Materialien. Online unter: www.suedwind-institut.de/startseite.html. Zugriff 26.05.2022.

Südwind-Institut (o. J.): Mobiltelefone. Online unter: www.suedwind-institut.de/mobiltelefone.html. Zugriff 28.04.2022

Scientists for Future: Biodiversität-Artensterben Aussterbeschuld (22.02.2022). Online unter: www.files.scientists4future.org/Themen/21__Biodiversit%C3%A4t/2__PDF_(Export)/Biodiversit%C3%A4t-Artensterben_Aussterbeschuld_%28S4F-Sammlung%29_--_129_Folien_--_2022-02-22.pdf. Zugriff 04.05.2022.

Scientists for Future (2022): Wissenszentrum. Materialien. Online unter: https://info-de.scientists4future.org/materialien/. Zugriff: 14.12.2022.

Tagesschau.de 19.07.2022: Aktueller Hitzetrend bis mindestens 2060. Online unter: https://www.tagesschau.de/ausland/europa/hitze-wmo-101.html. Zugriff 20.07.2022.

Tagesschau de 10.05.2022: 1,5-Grad-Schwelle könnte bis 2026 überschritten werden. Online unter: www.tagesschau.de/ausland/europa/erderwaermung-klimabericht-wmo-101.html. Zugriff 13.12. 2022

Tagesschau. de 22.01.2022: Fast-Fashion-Müllberge. Afrikas Second-Hand-Alptraum. Online unter: www.tagesschau.de/wirtschaft/weltwirtschaft/fast-fashion-afrika-muell-101.html. Zugriff 16.07.2022.

Tagesschau.de 01.12.2020: Drei Fußballfelder weniger - pro Minute. Online unter: www.tagesschau.de/ausland/amerika/regenwald-amazonas-107.html. Zugriff 31.05.2022.

Tagesschau.de 01.10.2019: Elektroschrott in Ghana. Die Gifthalde von Accra. Online unter: www.tagesschau.de/ausland/ghana-elektroschrott-101.html. Zugriff 16.07.2022

Tagesschau.de 24.04.2018: Arktis: Verschmutzung der Meere. Winzige Plastikschnipsel in der Arktis. Online unter: www.tagesschau.de/ausland/mikroplastik-arktis-101.html. Zugriff 31.07.2022.

Thunberg, Greta et al.: Das Klima-Buch. Frankfurt 2022. (S. Fischer)

Thunberg, Greta (2019): How dare you. Rede auf dem UN Climate Action Summit, New York 23.09.2019. Online unter: www.fridaysforfuture.org/what-we-do/activist-speeches/. Zugriff 03.05.2022.

Umweltbundesamt (2021): Wie hoch sind die Treibhausgasemissionen pro Person in Deutschland durchschnittlich? Online unter: www.umweltbundesamt.de/service/uba-fragen/wie-hoch-sind-die-treibhausgasemissionen-pro-person. Zugriff 10.05.2022.

Umweltbundesamt (2020a): Kurzstudie Nahrung. Online unter: www.umweltbundesamt.de/sites/default/files/medien/5750/publikationen/uba_210121_kurzstudie_nahrung_barr.pdf. Zugriff 31.05.2022.

Umweltbundesamt (2020b): Position August 2020. Verkehrswende für ALLE. So erreichen wir eine sozial gerechtere und umweltverträglichere Mobilität. Online unter: www.umweltbundesamt.de/sites/default/files/medien/376/publikationen/2020_pp_verkehrswende_fuer_alle_bf_02.pdf. Zugriff 16.07.2022.

Umweltbundesamt (2015): Ernährung der Deutschen belastet das Klima. Online unter: www.umweltbundesamt.de/presse/pressemitteilungen/ernaehrung-der-deutschen-belastet-das-klima. Zugriff 31.05.2022

Wanzeck, Markus: Einfach unterwegs. In Publik Forum 14, 2022. S. 12–17.

Weizsäcker, Ernst-Ulrich von: So reicht das nicht. Außenpolitik, neue Ökonomie, neue Aufklärung – Was wir in der Klimakrise jetzt wirklich brauchen. Paderborn 2022. (Bonifatius)

Weizsäcker, Ernst-Ulrich von / Wijkman, Anders: Club of Rome: Der große Bericht. Wir sind dran. Was wir ändern müssen, wenn wir bleiben wollen. Eine Aufklärung für eine volle Welt. 2. Aufl. Gütersloh 2017. (Gütersloher Verlagshaus)

Weltagrarbericht (o.J).: Fleisch und Futtermittel. Online unter: www.weltagrarbericht.de/themen-des-weltagrarberichts/fleisch-und-futtermittel.html. Zugriff 31.05.2022.

Wiegandt, Klaus (Hrsg.): 3 Grad mehr. Ein Blick in die drohende Heißzeit und wie uns die Natur helfen kann, sie zu verhindern. München 2022. (Oekom)

Wilberforce-Institute (o.J).: The Justice Hub. Online unter: www.hull.ac.uk/work-with-us/research/institutes/wilberforce-institute/projects/the-justice-hub. Zugriff 27.05.2022

WOXX Luxembourg (2021): Fridays for Future: Schulfach Klimakrise? Online unter: www.woxx.lu/fridays-for-future-schulfach-klimakrise/. Zugriff 06.06.2022.

WWF (o.J).: Das kann kein Meer mehr schlucken: Unsere Ozeane versinken im Plastikmüll. Online unter: www.wwf.de/themen-projekte/plastik/unsere-ozeane-versinken-im-plastikmuell. Zugriff 31.07.2022.

WWF (o. J.): Energie sparen, Ressourcen schonen und das Klima schützen. Online unter: www.wwf.de/aktiv-werden/tipps-fuer-den-alltag/energie-sparen-und-ressourcen-schonen. Zugriff 23.11.22.

WWF (o. J.): WWF-Klimarechner. Online unter: www.wwf.de/themen-projekte/klima-energie/wwf-klimarechner/ Zugriff 12.12.2022.

Ziegler, Jean: Wir lassen sie verhungern. Die Massenvernichtung in der Dritten Welt. München 2013. (btb)

Zukunftsschule SH. (2019). Checkliste für nachhaltige Schulorganisation https://fachportal.lernnetz.de/files/Inhalte%20der%20Unterrichtsf%C3%A4cher/Zukunftsschulematerial/Zukunftsschule_Checkliste.pdf Zugriff: 06.12.2022.

Filme:

Agraprofit. Der Film: www.youtube.com/watch?v=pgCD-4Q-4Wo
Botte, Werner: Plastic Planet. Österreich, Deutschland 2009.
Dion, Cyril / Laurent, Mélanie: Tomorrow. Die Welt ist voller Lösungen. Frankreich 2015.
Lesch, Harald: Übrigens zum Klimawandel. In: Leschs Kosmos spezial 20.07.2021. www.zdf.de/wissen/leschs-kosmos/uebrigens-zum-klimawandel-104.html. Zugriff 24.07.2021.
Morgan, Andrew: The True Cost. Der Preis der Mode. USA 2015.
Schlöndorff, Volker: Der Waldmacher. Deutschland 2022.
Thurn, Valentin: 10 Milliarden – Wie werden wir alle satt? Deutschland 2015.
Tierethik. FWU. Das Medieninstitut der Länder 2014.
Wagenhofer, Erwin: We Feed the World. Dokumentarfilm. Österreich 2005.
Quarks WDR (o. J.): Klimawandel stoppen. Das passiert, wenn wir es nicht schaffen.
www.youtube.com/watch?v=FoMzyF_B7Bg. Zugriff 24.07.2022.
Wenders, Wim / Salgado, Juliano Ribeiro: Das Salz der Erde. Eine Reise mit Sebastiao Salgado. Frankreich / Brasilien 2014.
3 Sat Dokumentation: Die unsichtbaren Hände. 2015 www.youtube.com/watch?v=oLlMhPON-VY4&t=288s.

Danksagung

Vielen Dank für die Unterstützung an Christa Skrotzki, Gerhard Spahn, Wolfgang Ackermann, Dr. Klaus-Dieter Lenzen und Dr. Jochen Wulfhorst.

Weiterhin danke ich Heike Chan Hin von Beltz für das überaus konstruktive Lektorat und Prof. Dr. Mojib Latif für das engagierte Vorwort.